識真
職場
23

2050全球政治經濟新局勢

人口結構

天然資源

貿　易

科　技

政　治

將如何塑造我們
下一代人的世界

The World in 2050

How to Think About the Future

Hamish McRae
哈密斯·麥克雷　著　　龐元媛　譯

國內、外各界專家好評

全球正發生翻天覆地變化，包括人口老化、氣候變遷、科技創新、俄烏戰爭、中美博奕、供應鏈重組及通膨，本書預言新常態的未來世界。

——黃齊元　藍濤亞洲總裁

預測未來，特別是全球社會經濟這樣的複雜系統，從來都不是一件容易的任務。作者以資深國際新聞工作者身分所累積的多年觀察和判斷，輔以由社會、經濟、人口及治理模式等關鍵變數所組成的分析框架，為讀者描畫出了一幅宏大、樂觀但又不失謹慎的未來三十年世界圖景。

——劉奇峯　印度浦那富來明（FLAME）大學社會科學系系主任

未來難以預測，也非線性發展，本書能幫你從經濟學家的角度，快速概略地了解全球各國現狀，並且認知到驅動未來變化的動能，讓我們做出更合理的思考。

——許繼元　Mr.Market 市場先生、財經作家你有想過未來世界的模樣嗎？本書透過五大力量環節，一一解構了五大洲各國的現況，進而推敲出未來世界的模樣，更用心談到台灣的未來，值得你一讀。

——鄭俊德　閱讀人社群主編

地緣政治成為如今影響全球經濟和產業發展的重要因素，透過作者剖析二〇五〇年全球政治經濟新局勢，掌握未來趨勢就能洞燭先機。

——朱楚文　財經主播主持人

美國升息抑制通膨拖垮全球股市、烏俄戰爭推升能源價格並衝擊糧食供給，後疫情時代的全球政治經濟連動密切、反應快速。此書帶著我們洞見未來趨勢、掌握時事脈動。

——呂昱達　丹尼老師的公民教室創辦人

麥克雷以超凡的知識和寫作，為我們呈現一部耀眼的未來歷史。

——Tim Harford　《臥底經濟學家的10堂數據偵探課》作者

這本書議題廣闊、思緒深遠，加上優異的寫作技巧。我們無法百分百預測未來，但幸運的是，我們可以透過閱讀麥克雷大師級的分析，來推測、理解和形塑未來。

——Ian Goldin　牛津大學全球化和發展教授

探索未來需要勇氣和洞見，麥克雷兩者兼俱。在這本引人入勝的著作中，他做了巨量的研究，以檢視那些正在塑造我們世界的大趨勢，並協助我們理解未來世界的樣貌。

——Margaret MacMillan　《戰爭》作者

這本書很重要的一點是，它以全球作為視野。例如，它不只聚焦於美國或歐洲，而是涵蓋了構成全球經濟的每一塊拼圖。

——Ian Harwood　職業經濟學家協會

繁體中文版作者序

我特別高興，能有機會向台灣的讀者介紹這本書闡述的觀念，因為台灣的未來對整個世界至關重要，原因至少有三項。第一，台灣與中國大陸之間的關係，是全球最重要的關係之一，而且就政治層面上，在俄國入侵烏克蘭之後，這幾個月甚至更形關鍵。第二，台灣是世界經濟的要角，尤其在半導體產業。至於第三項也是最重要的原因，台灣在經濟、政治及社會層面的成就，是中華人民共和國未來發展的典範。

這本書提出的重點之一，是中國可能會經歷某種不連續，也許會在二〇三〇年代的某個時候。現在絕對無法預測詳細的狀況，尤其是屆時的種種變化究竟會發生在中國現有的政治體系之內，還是之外。不過中國人口將逐漸高齡化，而且有可能會急速減少，因此，中國追求的目標顯然會改變。中國將變得較不活躍，經濟成長將大幅放緩，也必須分配越來越多的資源照顧年長者，因為這將會是中國人民的要求。

從西方的角度看，這樣的中國會是更容易相處的鄰居，比較像夥伴，而不像對手。西方就能與中國攜手合作，解決世上的許多問題，尤其是環境問題。只是我必須承認，要發展到這樣的境界，勢必要經過一番動盪。中國人民面臨的挑戰，不只是要找出改變中國社會的方法，也需要一個目標，要想像中國成功、受人尊敬的模樣。

世界上其他的漢族社會，沒有一個能成為像台灣這樣的典範。新加坡太小，也太專業化，能示範的有限。香港本應是個不錯的榜樣，但畢竟有殖民地歷史，何況過去五年又發生一些事件，因此不太適合作為榜樣。所以只剩下台灣。

這意思並不是說中國會細細仿效台灣模式，尤其不可能在各方面都模仿。全然仿效就太荒謬了。但我覺得比較有可能出現較不明確的狀況。過去七十年發展出的種種關於中國社會該如何運作的觀念，將左右中國未來展開的各種改革。重點在於相較於美國以及西歐諸國，台灣模式更適合中國參考。

在倫敦寫作的我，對於世界未來的看法，難免與各位台灣讀者不同。簡言之，我的看法自然就是西方的觀點，我很清楚這種看法的侷限。但我也明白西方思想與價值觀的種種缺失。我也樂見目前正在上演的權力與影響力的重新平衡。在重新平衡的過程中，台灣扮演的是舉足輕重的角色。這本書是我們每個人都必須踏上的未來旅程，我很高興能與諸位同行。

哈密斯．麥克雷謹識

二〇二二年九月寫於倫敦

目次

獻給我的孫兒Magnus、Sebastian、Grace、Leonard

還有Frankie，也紀念小James。

世界的現況

序言／從二〇二〇年開始的旅程

如何思考未來

過往許許多多關於未來的預測，後來都證明不僅錯誤，簡直荒謬，那為何還要重視未來的預測？這就是這本書面對的主要挑戰。我相信這項挑戰值得面對，原因有三。

首先，我們展望下一個世代，也就是二十五或三十年後，就會發現屆時許多的總體經濟趨勢，現在已昭然若揭。更久之後就是科幻的領域。因此我們大致知道二〇五〇年會有多少人口，也或多或少知道，這些人會生活在何處。我們也能判斷哪些國家與地區可能會快速成長，哪些會缺乏成長動能。我們也能大致看出哪些科技能帶動經濟成長，只是難以預料這些科技的細節，也難以預測這些科技會在何時啟用。我們也能研判政治與社會發展的趨勢，但確切的轉折點總是難以掌握。然而我們可以參考兩代之間的數據。往後三十年的主要決策者現在就存在，也許還在學校或大學念書，或是才踏上他們選擇的職業生涯。他們的思想將影響整個世界。

其次，其實我們每個人都會判斷未來世界的走向，絕對會在心裡思考，有時還會展現出來。舉個例子，我們選擇的職業，或多或少受到我們對於未來的想法影響。我們不會選擇有可能被機器人取代的工作。大多數人都明白，我們在職業生涯當中，可能要接受幾次的重新訓練。所以預測未來，也能釐清自己的想法與期待。一定會有人不贊同某些預測，但即使不贊同，至少也能將自己的想法，與另一種想法互相驗證。我在過去二十五年來，幾次讓我懂得謙卑的經驗，是有人對我說，我在一九九四年的作品《二〇二〇的世界》改變了他們的人生。他們是看了那本書，才做出原本不會做出的選擇。他們願意承認這一點，就代表他們覺得自己的決策是正確的。至少我希望是如此。這本書若能幫助大家整理自己的預測，也算有點貢獻。

這就談到第三點：我先前有過經驗。我們已經走過二〇二〇年，也明白先前的預測，究竟有多少符合現實。能有幾次預測準確，總是很開心，我也努力從預測準確的經驗學習，但從失敗的預測能學到更多。

《二〇二〇的世界》一書預測，未來的世界將比一九九〇年代初期，甚至比先前任何一段有記載的歷史時期更繁榮、更健康、教育程度更高，也更和平。事實證明這項預測大致正確。世界並未發生諸如核武戰爭之類會讓所有預測變得全無意義的天大災難。就連新冠肺炎疫情，似乎也終將獲得控制，只是人類與經濟都要付出慘痛代價。《二〇二〇的世界》確實預測了疫情會降臨，只不過預測的是一九九〇年代初期仍舊猖獗的愛滋病。但該書也提出警告，先進國家將難以繼續提升國民的生活水準，而西方的自由派民主國家也將因此承受壓力。這項預測也成真，但我覺得經濟學家衡量生活水準的方式有瑕疵，也忽略了通訊革命的成效。至於新興國家，該書倒是低估了新興國家的進步程度。中國會繁榮是毋庸置疑的，只是繁榮的程度超乎我預料。我也沒能料到印度雖說貧富不均，經濟卻是頗為出色。我完全沒想到印度的經濟成長如此之快，成長速度在二〇二〇年之前，就已超越中國。

經濟對於政治的影響甚鉅。本書的主要論點之一，是中國終將超越美國，成為世界第一大經濟體，而經濟勢力的消長，將引發這兩個大國之間的嚴重政治對立。但改變政治局勢的除了經濟之外，還有其他因素，包括認同、宗教，以及民族主義。歷史的長鞭能影響一切，政治人物必須在如此的環境中，努力平衡人民種種矛盾的願望與期望。

所以在一九九〇年代初期，確實有可能看出英國會覺得越來越難以經營與歐洲的關係。也有跡象顯示英國可能脫離歐盟，轉而尋求自由貿易協定。但我也承認，要預料到這些非常困難。但已然明朗的緊張情勢，有時會出現出人意料的結果。我先前覺得蘇格蘭有一半的機率，會在二〇二〇年之前成為獨立國家。結果蘇格蘭選民拒絕獨立之路，至少不願在二〇二〇年之前尋求獨立。我現在認為蘇格蘭獨立仍有不小的機會成真，只是機率可能略低於一半。

至於歐盟，目前展現的凝聚力高於我的預期。我先前預測歐盟會比較接近多速歐洲（multi-speed Europe），亦即由初始會員國組成內部核心，其他國家則是圍繞核心的外環。但歐洲永遠不會有一個最終的樣貌，而且在未來三十年，反對更進一步整合的呼聲可能成為主流。政治結構必須演進，才能因應每一個世代的期望，而且這些期望也會不斷改變。

美國就是一個顯而易見的例子。早在一九九〇年代初期即可看出，既有的利益團體將遭受民粹力量的衝擊。我曾寫道，民粹勢力反對的對象，是「醫療與司法體系、美國步槍協會、好萊塢大亨，甚至包括自由派新聞媒體」的力量。我預測這種現象會出現在本世紀的第二個十年，幸好沒有失準，但正如我先前所言，根本不可能預測這種政治態度的猛然轉變，會以什麼樣的形式出現。這樣說好了：誰也預料不到川普會當選美國總統，但不難看出是哪些力量的影響，讓他得以當選。

那促使改變的其他力量又如何呢？最重要的是，環境承受的壓力如何？可想而知，環境問題在二〇二〇年會比一九九〇年更為嚴重。這是人口壓力與新興國家成長爆炸的緣故。同時也不難預料，已開發國家能解決一些本地污染的問題，但對於氣候變遷的擔憂也會加劇。如今最大的問題，是全球暖化的威脅究竟有多嚴峻，本書也要針對這個問題做出研判。如果未來的氣候，比二十五年前更不樂觀，那麼石油與天然氣短缺之類的其他危機，也許就沒那麼迫切。化石燃料仍然會是帶動全球經濟的主力，但再生能源也在迅速發展當中。然而大致而言，一九九〇年的問題，到了二〇二〇年仍然是問題。現在的世界只是比當時更恐懼，而且我認為也應該更恐懼。

最難預測的領域是科技，尤其是科技變化對於社會的影響。我最「失準」的預測，就出現在這個領域。我預料到這個世界會因為電腦互相連結而改變。我們新聞記者蒐集新聞、報導新聞，已經在使用互相連結的電腦。但我無法預見這種現象會以哪一種機制發生。我的原因是在一九九〇年代初，網際網路已經是一種學術與防禦工具，但尚未全面普及應用。改變網際網路的幾項重要創新，是在一九九〇年代先後問世。因此全球資訊網直到一九九一年才普及。第一款普及的瀏覽器Mosaic，於一九九三年推出。第一批有效的搜尋引擎，包括WebCrawler、Lycos、AltaVista，以及Yahoo!，是在一九九四至一九九五年問世。稱霸世界的搜尋引擎Google，是在一九九八年推出。[1]

這並不是現在才出現的新現象。經濟學家艾弗德．馬歇爾於一九二〇年便已察覺。他在當時寫道：「一個畫時代的思想的完整意義，當代的人往往無法領會。一項新的發現，除非後續又出現許多小小的進步，以及次要的發現，否則往往沒有實用價值。」

汽車即是如此，需要許多小小的進步，例如雨刷及自動起動器，也需要大型的改良，例如更優質的道路。超級市場也一樣，需要美國奧克拉荷馬州連鎖超市老闆西爾萬・高德曼在一九三六年發明超市購物推車。我不曉得 iPhone 算不算「小小的進步」，但 iPhone 結合了電話通訊以及網際網路，得以提供我們現在習以為常的各種服務。早在一九九〇年代中期，就有人能想像出擁有 iPhone 功能的高級手機，但還是需要賈伯斯思考該如何落實。

因此我們面臨的挑戰，是預測二〇五〇年之前，科技會發展出哪些用途。要預測漸進的進步並不困難。現在我們飛越大西洋，搭乘的可能是一九九〇年代初期建造的飛機。最新一代的飛機速度較快，下一代的速度還會更快。但二〇五〇年的人，還是會搭乘現在的飛機，物理學的定律也不會改變。全球各地的汽車多半將是電動車，自動駕駛也將躍居主流。但二〇五〇年汽車行駛的速度，並不會比二〇二〇年快多少。汽車的成本下降，普及率上升，確實將影響社會，我們或多或少可以預測到這些影響。

預測科技的下一個大進步，可就困難得多。我們根本不知道目前可能實現的新科技，哪些將真正改變世界，哪些又會走入死胡同。一種科技能實現，並不代表就具有實用價值。也有可能太昂貴，無法普及。然而在許多領域，社會與經濟問題都迫切需要以科技解決。舉一個很簡單的例子：機場的安檢掃描。科技如此進步，應該能實現無縫安檢掃描。你應該可以帶著行李走過掃描器，不必做把牙膏放進小塑膠袋之類的事情。科技能辨識你的身份，也能辨識你攜帶的物品。但是比較難預料的是，能辨識、追蹤每一個人的科技，在社會或政治層面也許不可行。想像一個世界，每一位移民時時刻刻受到追蹤，或是地球上的每一個人都列入DNA資料庫。

接下來要探討的是，社會上的勞動契約、家庭組織、不平等現象的未來走向，一直到民族國家本身的未來。在一九九〇年代初期，不難預見自營作業的比例將會上升，許多先進經濟體的自營作業比例，也確實有所成長。要預測家庭生活最基本的元素，亦即婚姻契約未來的趨勢，則是比較困難。美國以及大多數已開發國家的離婚率已趨於平穩，但下降的速度比我預期的慢。要預測已開發國家的不平等現象是否會更嚴重，同樣也較為困難，反正從已開發國家的數據，也難以得出確切的結論。但顯而易見的是，隨著新興國家的生活水準趕上先進國家，全球的不平等現象會減少。至於民族國家，還真的是重振旗鼓。中國與印度這兩個民族主義色彩甚濃的國家地位越來越高，因此民族國家再起的趨勢可望持續。本書的大主題之一，正是這兩個亞洲大國的社會與政治思想，將深深影響歐洲與北美。經濟成就並不是一切，但對於社會相關的思想卻有重大影響。

經濟核心

現在預測世界經濟的未來，要比一九九〇年代更為容易，這是基於兩個重要的原因。第一個原因比較矛盾，是我們比較了解過去。而另一個原因，是不少人研究未來成長的模型，而且在某些條件下還相當準確。

關於過去的研究，我們要感謝已故英國經濟史學家安格斯．麥迪森。他的研究多半在位於巴黎的經濟合作暨發展組織（OECD），以及位於荷蘭的格羅寧根大學完成。[2]他回顧過去兩千年，計算全球各區域、各國家的GDP，以及人均GDP。他的研究內容，包括耶穌在世時期的世界概況，一〇〇〇年之後的各項數據的計算則是越來越詳細。經濟合作暨發展組織將他的主要研究結論，發表成一系列小冊子，特別是二〇〇一年的《世界經濟：千禧年觀點》。麥迪森於二〇一〇年逝世，幸好他的研究有一群學術界的好友與追隨者接手。

從麥迪森的研究歸納出的這張圖表來看，這項長期歷史研究的結果，看在很多人眼裡會大感意外。在西元一年，羅馬帝國只是全球第三大經濟區。印度與中國都是遠大於羅馬帝國的經濟區，中國的規模幾乎是羅馬帝國的兩倍，印度甚至更大。在一〇〇〇與一五〇〇年，印度與中國仍然是全球最大經濟體，超越歐洲國家。一直到一八二〇年，歐洲才開始在工業革命的帶動之下領先。在十九世紀，歐洲迅速成長，美國也開始走上全球大國之路，不過直到一八八〇年代，美國才超越中國，成為世界最大經濟體。到了一九五〇年，安格斯．麥迪森所謂的「西方分枝」，亦即美國、加拿大、澳洲，以及紐西蘭，已占全球經濟的三分之一。中國與印度已是遠遠落後。

現在往前看看關於二〇五〇年的世界的預測。中國將在二〇三〇年左右，再度成為世界最大經濟體，印度也將急起直追。美國的領先地位只有一百五十年。我們稍後會介紹這項預測背後的經濟模型。如此看來就不難理解，為何許多中國人覺得自己的國家只是重返在世界上本就該有的地位。

至於印度，一八九〇年代之前，印度的經濟體始終大於英國。到了一八九〇年代，印度則是僅次於中國與美國的世界第三大經濟體。印度似乎有望在二〇二〇年代初期超越英國。如果到了二〇五〇年，印度再次成為世界第三大經濟體，那在許多印度人眼中，也可說是重返本就該有的

歷代最大的經濟體

世界生產總值占比（產出估計值以二〇二〇年美元計價）

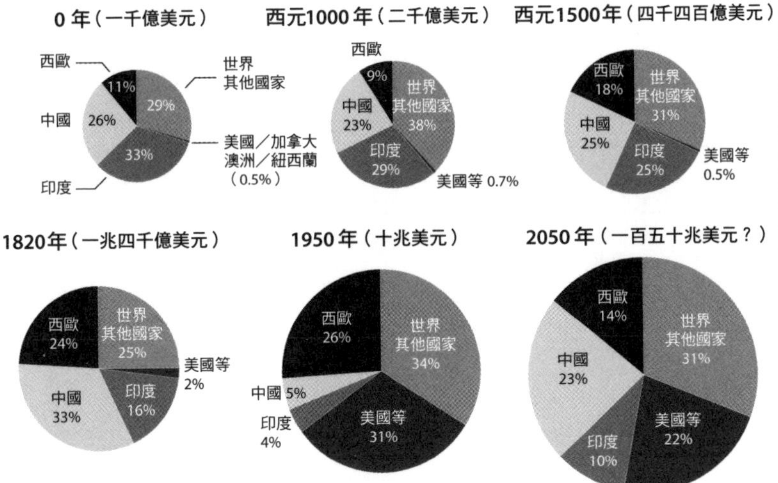

（圓餅圖的大小是依據視覺效果設計，並未反映真實比例。）

資料來源：安格斯．麥迪森，經濟合作暨發展組織；HSBC World in 2050

地位。

還有一個歷史的影響力的例子，既有意思又令人擔憂，就是俄國地位的改變。在第一次世界大戰前夕，俄國革命爆發不久之前，俄國經濟體在歐洲各國之中，規模僅次於德國，大於英國、法國、義大利。此一地位一直保持到一九六〇年代。而在一九九〇年，蘇聯瓦解前夕，即將誕生的俄羅斯聯邦經濟體，大於任何一個歐洲國家。後來爆發了經濟與社會層面的大災難。也許會有人說，俄國的管制經濟無以為繼，蘇聯瓦解時的情況就是明證。但崩潰的程度則是毫無爭議。到了二〇二〇年，俄國的經濟體不僅小於德國、英國、法國，以及義大利，與歐洲鄰國相比，甚至比過去兩千年的任何時候都小。難怪俄國人如此無法接受國家地位的衰退。

安格斯・麥迪森的研究，讓我們了解現況。而要了解未來可能會有的樣貌，最好從勞勃・梭羅的研究開始。[3]梭羅是美國經濟學家，因研發出分析經濟成長原理的模型，而於一九八七年榮獲諾貝爾獎。他分辨出兩種不同的成長。一種是先驅或是尖端成長，來自開發、應用新構想。這種成長的涵蓋範圍很廣，包括更有效率的工廠，以及使用新科技改善服務品質，想想衛星導航節省了多少運送時間就知道了。尖端成長是大多數先進經濟體經濟成長的主因。另一種叫做追趕成長，又稱複製貼上成長，亦即開發程度較低的國家，運用別處發明的科技。這種成長是新興經濟體經濟成長的主因。說白了，這種成長就是中國將會超越美國，成為世界最大經濟體的原因。

經濟模型只是個模型，你得決定要輸入哪些變數。梭羅模型最著名的應用，是高盛的金磚四國（BRICs）報告。金磚四國是四個最大的新興經濟體，這個名詞是由高盛首席經濟學家吉姆·奧尼爾於二〇〇一年一篇很普通的論文首度提出。[4]論文指出，巴西、俄國、印度與中國這金磚四國，對於世界經濟成長的貢獻，高於七大工業國組織（G7），亦即七個最大的已開發國家，包括美國、日本、德國、英國、法國、義大利，以及加拿大。這篇論文指出，中國經濟體已經大於義大利，而且全體金磚四國的成長速度，遠遠超越七大工業國。論文發表兩年後，奧尼爾再次談到這個主題，在他的論文「與金磚四國共同築夢：邁向二〇五〇年之路」運用經濟模型，具體量化金磚四國超越七大工業國的程度。[5]

他的研究結果相當驚人。根據經濟模型的預測，中國將在二〇一五年之前，超越日本成為世界第二大經濟體，並於二〇四〇年左右超越美國，成為全球最大經濟體。印度將於二〇三〇年代超越日本，成為美國之下的第三大經濟體。俄國與巴西也將邁向繁榮，在世界經濟的重要性，將遠超過二〇〇〇年代初期。奧尼爾看待這些預測的態度，倒是較為客觀。他說，這些預測比較樂觀，因為是假設這些國家往後的發展可期，但這些國家當中，也許會有一個或幾個，無法帶動這種成長的條件。我們現在知道，中國與印度的表現超越了這些預測，但俄國與巴西卻因為不同的原因，表現並不如預期。

這篇論文在世界各地引發共鳴，顯然是當下最能體現雨果名言「世上最強大的，莫過於時機成熟的想法」的例子。論文正好遇上正在發生的勢力消長，這種勢力消長也將在二〇五〇年，徹底改變世界。於是現在會舉辦一年一度的金磚五國經濟高峰會，還有一家開發銀行也於上海開設。（金磚第五國是南非，原本是非洲最大經濟體，後於二〇一二年被奈及利亞超越。南非是受邀加入金磚國家的行列，好讓非洲國家有個代表。）

然而，金磚五國之間的差異甚大。中國與印度都是迅速成長的超大開發中經濟體，中國的先進程度，又遠超過印度。巴西是中等所得經濟體，開發時間甚早，從一九三〇年代開始開發，現在卻難以更上層樓。俄國仍在應對蘇聯瓦解之後的動盪。俄國蘊含巨量天然資源，但與印度及巴西不同的是，俄國的人口急遽下降。就整體的世界研究而言，金磚四國研究值得參考，正好符合當下的氛圍。現已身為爵士的奧尼爾推動這項研究，可說是居功厥偉。但金磚四國的概念，後來證明並不正確。把問題稍微說得簡略一些，已開發國家的經濟體大致相同，而開發中與新興經濟體則是截然不同。

滙豐銀行使用哈佛大學教授羅伯特·巴羅提出的另一種模型。這個模型得出的預測，分別於二〇一一年及二〇一二年發表，亦即上表所呈現的預測。正如報告的主要作者凱倫·華德所言，先驅國家無論發生何事，世界的其他國家仍然還會歷經許多年的追趕成長。但她也說：「隨著經濟體更為富有，科技更為精密，這些國家將逐漸失去『後發先至』的優勢。」[6]

一個國家能否趕上其他國家，取決於許多因素，但最重要的是教育水準，以及制度基礎設施的品質，例如財產權以及法治。有趣的是，民主政治並沒有那麼重要，至少短期與中期的影響有限。一個高所得、非民主、教育程度高，而且在二〇二〇年前享有法治的經濟體的標準例子，是香港。在未來，香港將成為法治與成長之間的關係的試驗場。隨著中國進一步嚴控香港的司法體系，香港未來是否會走上衰退？至少以某種程度來說，答案幾乎絕對是「會」。

匯豐銀行團隊再次運用他們的模型，

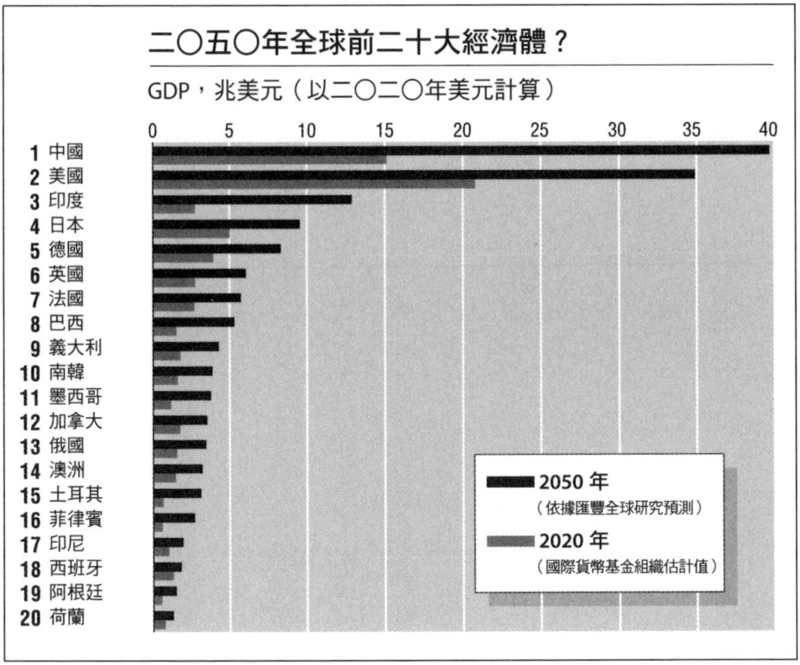

這次加入不同的假設，例如俄國人口減少速度比預期更快。他們也放寬研究的範圍，納入一百個國家。最後得出截然不同的預測，也就是本書的經濟預測的依據。最大的幾個經濟體，包括中國、美國、印度、日本、德國以及英國，地位與高盛研究所形容的相同，但俄國的地位在這項研究中，則是遠低於高盛的預測。依據這些預測，俄國的經濟體甚至將小於土耳其或西班牙。

這些只是預測，毋須過度解讀。這些預測不見得會成真，卻是我們預測未來的最佳依據。這些預測凸顯出幾個很明顯的問題。對於先驅國家，美國當然包括在內，還包括所有其他的先進經濟體而言，一個重要的問題是，生產力以及與之相關的生活水準，是否真正停滯不前。本書討論科技的章節，將詳細探討這個問題。如果已開發國家的下一個世代，生活水準無法超越父母與祖父母那一代，凝聚社會的社會力量則將會大為弱化。如果生活水準比前兩代更好，而且越來越好，那麼主要的問題就在於計算失準，這樣預測就可以樂觀多了。我要在這本書證明這一點。

對於新興國家，問題則是分為兩類。首先，是關於這些國家能否維持追趕成長的一連串問題。一個國家發展人力資本的能力有多強？發展實體基礎設施（道路、港口等等），以及司法暨監管基礎設施（國家財政、公務人員體系、貨幣、貿易關係等等）的投資是否足夠？第二，一個新興經濟體若是即將成為完全開發的經濟體，剪下、複製、貼上的成長所帶來的獲益減少，是否會成為真正的先驅國家？若是不能，那又是為何？歷史上有一些血淋淋的教訓。日本完成了這種轉型。阿根廷沒有完成。我會盡量做出一些判斷，但我有時候難免會過度樂觀，有時候又過度悲觀。最重要的判斷，是世界確實會繼續變得更為繁榮，也會更健康，教育程度更高，我希望也會更和平。但同時也要面臨諸多挑戰，其中最重要的，也許是環境問題。

環境問題

我們對於世界面臨的環境問題的看法，在過去三十年來有所改變。有些環境問題依然存在。無論在過去，現在，還是未來，缺水始終是很嚴重的問題。自然棲息地流失的問題依然存在，任何人若是希望自己的子孫能體驗豐富的生物多樣性，就應該重視這個問題。不過一九九〇年代某些嚴重的問題，現在已經有所緩和。

當時的一項擔憂，是世界即將到達「油峰」，亦即全球石油產量會開始減少，因為現有大型油田將枯竭，我們來不及找到能滿足需求的新供給來源。結果並沒有成真，因為不僅發現了大量的傳統石油，而且以液壓破裂技術處理蘊含石油的岩石，也發現大量的新供給。在未來，石油產量之所以達到顛峰，並不是因為供給短缺，而是因為需求下降。隨著效率提高、全面節約能源，最重要的是全球的汽車從內燃機改為電動，石油需求將開始下降。另外兩種化石燃料，也就是天然氣與煤，往後仍然相當重要。二〇五〇年的世界經濟，仍將倚重化石燃料，但替代能源將逐漸取代化石燃料。

另一個問題是，世界能否餵飽七十五億人。一九九〇年的世界人口是五十三億。當時看來，應該可以勉強餵飽全球人口。結果全球人口的每人熱量攝取增加，顯然不但能吃飽，營養還很充足。而且營養不良的情況無論是以絕對人數來看，還是以全球人口增加後的占比來看，都有下降的趨勢。一九九〇年，全球將近四分之一的人口營養不良。到了二〇一七年，則是將近百分之十營養不良。人數還是太多，但已進步不少。

還有一個問題是都市化的影響。開發中國家的巨大都市，能否承受增長迅速的人口？答案是大致可以。都市所得幾乎總是高於鄉村，健康結果也優於鄉村。本地污染仍然相當嚴重，但三十年前最大的擔憂，如今看來是杞人憂天。

如果說這些問題，看起來多半比以往好處理，那還有一種世人共同面臨的問題，巨大到足以蓋過環境的諸多改善。這個問題就是氣候變遷。寫到氣候變遷，很難保持冷靜，一來是因為氣候變遷涉及複雜的科學，不過最主要的因素，還是但凡討論氣候變遷，難免會引發非常政治化的回應。無可爭議的是，全球暖化以及不斷上升的二氧化碳排放量，在三十年前確實是不小的問題，但當時還不太確定兩者之間確有關連，也比較少人擔憂氣候變遷的危害。現在這個問題已是焦點。

這個問題到了下一個世代會有怎樣的討論，將取決於許多因素。首先是科學，我們將越來越了解現況。明白了之後，世人就得以做出回應。我們了解得越多，政治辯論的空間將會縮小，重點會比較集中在「我們該如何應對？」而不是「我們需要應對嗎？」本書接下來會討論這些。現在要明白的重點，是隨著證據陸續出現，觀念與擔憂也會改變。現在的世人正如三十年前的世人，同樣擔心人類對地球的危害。只是有些擔憂已然減退，但還有一個很大的擔憂卻成為焦點。

科技的難題

科技在過去三十年來突飛猛進，有人認為過去三十年是科學進步最快的時候，但其實也很難斷定。不過對於已開發國家的大多數人來說，大量湧現的新產品與新服務，首先是網際網路，再來是 iPhone、Google、臉書，以及數以百萬計的應用程式，也沒能大幅提升先進經濟體的生活水準。這難道沒有問題？

乍看之下，會覺得絕對有問題。自從工業革命帶動了科技發展，在先前每一段科技迅速發展的期間，已開發國家大多數人口的生活水準都有所提升。但不幸的是，有些人因為科技進步而失去工作，遭到淘汰。科技進步的同時，也要付出環境與健康的代價。但整體而言，先進國家的生活水準，從一八〇〇年代初期始終逐漸上升。新科技在過去三十年來大量出現，照理說先進國家的生活水準應該會持續進步。但數據顯示的情況並非如此。美國的所得中位數，從一九七〇年代至今幾無實質成長。歐洲的情況則是變動較多，但從二〇〇七年至今，所得中位數確實頂多只能算是持平。一般而言，所得最高的人民生活優渥，而在大多數的已開發國家，底層人民的生活水準也得到保障。但對於大多數的中等所得階級來說，這段期間比較慘澹。

關於這個現象有兩種看法。一種主要是由位於美國伊利諾州艾文斯頓的西北大學的羅伯特・戈登教授提出，主張美國的爆發繁榮期已經結束。已經相當牛步的生產力，將會因為越演越烈的不平等、停滯不前的教育、人口老化，以及大學生和聯邦政府不斷攀升的債務而雪上加霜。戈登在著作《美國成長的崛起與衰退》[7]指出，下一個世代的美國人，也許是第一批生活水準低於上一代的美國人。

另一種看法是由加州柏克萊大學榮譽教授哈爾・范里安提出。現為Google首席經濟學家的范里安表示，問題並不在於生產力，而在於衡量：我們低估了通訊革命的效益。[8]他舉的例子之一是攝影。他說，從二〇〇〇年至二〇一六年，全球拍攝的照片數量增加了二十倍。但從影片與印刷，轉換到數位與線上，每張照片的成本從五十美分下降至零，也因此造成GDP減少。世人拍攝的照片數量大增，代表全球生活水準上升，但人均GDP所顯示出的生活水準卻下降，因為你一旦有了智慧型手機，拍攝與分享照片的成本就是零。

出現照片之類的已知產品，或是通話之類的服務，導致成本大降，我們在衡量的時候，可以隨之做出一些調整。但通訊革命衍生出的許多新產品與新服務，卻幾乎不可能如此調整。我們該如何為社群媒體定價？截至二〇二一年，全球大約百分之六十的人口，會在社群媒體平台分享資料。他們使用這些服務，幾乎都是免費。社群媒體賺取的廣告費，主要來自其他媒體。因此從數據上來看，這場偉大的革命完全沒有提升生活水準。

於是，任何人想研究科技在下一個世代將如何改變世界，都會面臨一項重大挑戰。我覺得我們可以看出，大數據與人工智慧這兩項科技的結合，可望大大提升服務業的效率。累積的資料量，已經到了一個世代之前完全無法想像的地步。但人類無法有效使用、參考，或部署如此巨量的資料。這就是一九六〇年代左右發明的人工智慧，能派上用場之處。這一點相當重要，因為服務業亟需提升效率，卻又極難做到。服務業約占美國與英國經濟體的百分之八十。然而在製造業逐漸提升效率的同時，服務業的生產力卻幾乎原地踏步。

原因顯而易見。你可以將工廠自動化，但你不能將醫院自動化。在二十世紀，大量製造是生活水準上升的主因之一。製造業者在一個仔細控管的地點，生產幾乎一模一樣的產品。服務則是必須客製化，而且要在許多地點提供。醫師約診、孩子的音樂課，或是退休人士的退休金計畫，全都需要人力確認服務符合需求。所以我們必須想辦法，將突飛猛進的資訊科技，運用於服務業，以發揮移動的生產線之於製造業的作用。

這樣非常理想，因為我們就會知道，生活水準將持續進步。但正如所有的改變，難免會有些混亂，而且是嚴重的混亂。我們很容易以負面角度看待這種混亂，因為我們很容易以負面方式，解讀先前的混亂時期所發生的事情。舉個例子，我們分析人工智慧的影響，很容易聚焦在眾多將被人工智慧取代的工作，而不是想像世人能脫離重複的工作，找到更有創意、更充實的工作。一九九〇年的人，很難想像二〇二〇年的熱門工作。同樣的道理，現在的我們也無從想像，二〇五〇年的熱門工作會是什麼。但我們可以大致猜測，屆時會需要哪些社會與教育技能。二〇五〇年會需要計算能力、識字能力之類的「硬」實力，但也需要彈性、同理心之類的「軟」實力。至於如何教導、鼓勵、促使年輕人培養這些能力，就是另外一回事了。

這就讓人想起一個令人困擾的問題。科技的變遷會不會導致已開發國家的不平等現象，在下一個世代更為惡化？從現在到二〇五〇年，全球的不平等現象幾乎肯定會急速下降。這是因為科技的轉變帶動了追趕式的經濟成長。倘若上述的經濟預測正確，中國、印度、大半個非洲等國，與已開發國家之間的生活水準差距將會縮小。人類史上將出現最大規模的中產階級人數爆炸。從這個角度看，二〇五〇年將會是中產階級的世界。

但在各國之間差距縮小的同時，各國國內的差距卻會變大。從一九九〇年代初期開始，大多數的已開發國家都出現過這種情形，所得差距或多或少變大，但更明顯的是財富差距變大。在大多數新興國家，國內的財富差距確實也變大。這是科技造就的結果嗎？或多或少絕對是的，因為大量的生產線與中階管理工作顯然已被取代。而市場則是更需要最高階與最低階的技能。

但還有其他因素的影響。西方經歷了沒有大型戰爭的長久和平期。戰爭會摧毀財富。因此，兩次世界大戰導致歐洲的財富差距急遽縮小，美國的財富差距也縮小了些。說穿了，戰爭的費用是由那些擁有財富的人，也就是富人負擔。過去三十年來，也並未發生類似一九二九年華爾街股災，或是一九七〇年代嚴重通膨的重大金融災難。二十一世紀的兩起經濟危機，是由二〇〇八年的金融風暴，以及新冠肺炎疫情所引發，確實摧毀了一些財富，但災情遠不及大型戰爭。世界經濟很快走出金融風暴，我在二〇二一年寫作本書之時，要做出判斷還太早，不過當時看來，新冠疫情帶給經濟的創傷，似乎很快就能癒合。簡單來說，這兩起危機並沒有縮小財富與所得的差距，甚至可以說是擴大了差距。

這兩起危機造成的影響，是讓已開發國家的人民更擔心不平等，亦即市場經濟分配報酬的方式不公平。生活優渥的家庭似乎更優渥了，而生活困苦的家庭則是更為艱難。

已開發國家不平等惡化的現象，還有一個轉折：交往與擇偶的變化，至少有一部分是由科技所造成。似乎從一九八〇年代開始，年輕人普遍傾向選擇教育程度與所得與自己相當的另一半，而不是選擇教育程度與所得與自己不同的另一半，這種可以約略稱為選型交配的現象，在美國尤其明顯，之所以普及，似乎是因為網路交友的關係。[9]人與人之間若是隨機互相認識，比方說在酒吧或是職場，至少會有某種程度的混合。低所得的勞工與高所得的勞工，同樣都會上酒吧。人們若是具體指出自己想認識具備哪些條件的對象，似乎就會偏好教育程度、興趣或其他條件與自己相當的對象。高所得者會與其他高所得者結合，結果就是不平等的問題越發嚴重。

這裡要表達的重點，純粹是科技會產生複雜的社會與經濟影響，絕對不僅止於創造某些類型的工作，又毀滅某些類型的工作而已。目前的焦點，是科技如何改變世人取得新聞、理解新聞的方式，亦即所謂的「假新聞」問題。隨著新聞從平面轉為線上，也許現在的人比以前更刻意挑選自己收看的新聞與評論。因此科技也可能強化了政治對立。但通訊革命對於人類行為更重要的影響，也許並不是購物或投票行為，而是選擇人生伴侶的方式！

「理想的社會模式」觀念的變遷

預測社會變遷向來不容易，而且從某些角度看，現在預測甚至比一九九〇年代初期更困難。當時普遍認為，西方民主價值將在全球更為普及。法蘭西斯．福山的文章「歷史的終結？」便是如此主張。這篇文章於一九八九年發表，後於一九九二年成書。[10]過去三十年來大部分的時間，也確實實現了這項預言。柏林圍牆倒下、歐盟東擴、蘇聯瓦解、中國的鄧小平展開經濟改革、印度經濟的官僚控制鬆綁、非洲與拉丁美洲多國逐漸走向市場經濟，種種現象再三顯示，西方已經贏得「理想的經濟體模式」的思想戰爭。你的國家要想富有，除了依循西方模式，別無他途。

這似乎代表消費主義戰勝共產主義，亦即新興國家的人民，很高興自己有能力仿效西方的生活方式。中國生產的客車數量，在一九九〇年不到一百萬台，到了二〇一七年卻達到顛峰，約為兩千五百萬台。[11]這不僅是工業與經濟的奇蹟，也是非常具體的社會奇蹟。四十年來捱過某種共產主義，壓抑個人主義與個人消費的那些人，如今就像一九五〇年代至今的美國消費者，一心想「與鄰居互別苗頭」。中國人民樂於以汽車展現自身的地位，一如兩個世代以前的美國及歐洲國民。照理說印度變得更為富有之後，印度人民應該會走上類似的道路，其實跡象已經很明顯，確實會走上類似的道路。

這就引出一個很重要的問題：中國、印度以及新興國家的新中產階級價值觀，未來是否會大致貼近已開發國家的中產階級？

我覺得答案會是：大致是的。但這兩種價值觀都不是固定不變。看看大多數的已開發國家自二次世界大戰至今的家庭結構變化，即可略窺一二：婚姻式微、大家庭關係疏遠，以及獨居人口比例上升。人們對於女性在職場的角色的態度，也出現顯著變化，只是很多女性認為改變得太少。全球新中產階級似乎也會出現類似的社會態度變化，而全球新中產階級絕對不是一個共同的實體。新興國家的社會價值觀的範圍，絕對遠比已開發國家寬廣。不僅如此，新興國家存在已久的文化價值觀與現代價值觀之間的對立，也比西方國家更嚴重。

但所謂的「中產階級生活」似乎有一種共通性。邦加羅爾郊區的住宅，與世界上任何一個大城市的郊區住宅無甚差異。世上每個家庭做出「要生幾個孩子」這種最基本的家庭決策，也不會有多大的差異。隨著所得提升，女性的教育機會增加，世界各地的家庭人數都變得較少。中產階級的期望如果會出現很大的變化，大概會是全球性的變化。未來的世界很有可能由中產階級價值觀主宰，原因很簡單，全球人口的絕大多數將是中產階級，這可是人類史上頭一回出現這種現象。但很難預測的是，這些價值觀不再由歐美人民主導之後，本身是否會改變，又會如何改變。這是在未來會持續發生的大規模權力轉移的一部分，而這種權力轉移，將會影響未來幾個世代的全球政治。

政治、宗教、衝突

經濟力量與政治力量難免會緊密相連，但過去五十年的經驗告訴我們，兩者之間的關連其實很薄弱。日本與德國都沒有重建軍事力量，箇中原因非常明顯，但這兩個國家也沒認真想在海外打造經濟帝國。這兩個國家的企業之所以在海外設廠，是基於商業需求：德國汽車在美國與中國生產，是著眼於這兩個市場，而不是為了實現某個更大的國家目標。相較之下，俄國確實刻意在全球拓展勢力，但也受到自身經濟疲弱所拖累。本書付梓之際，俄國對烏克蘭的公然入侵正式開始。我們雖然無法判斷俄國侵略行動的所有後果，但可想而知俄國往後的國力將更為衰弱。

中國則有所不同，中國也希望得到全球重視，只是用的方法較為謹慎，也有效多了。中國希望自己在世人眼中不僅是經濟強權，也是商業與政治強權。中國在非洲興建道路，不只是為了運輸當地的礦產與農產品，也是為了強力擴張自身的政治影響力。其他開發中國家看見中國經濟的成功，難免會認為中國政治制度確實有效。中國經濟的成功還有一個隱含的訊息，是相較於西方民主國家的援助計畫，以及非政府組織的活動，中國提供的經濟援助較為有效，對援助對象的干涉也較少。中國投資的方式自然也受到批評，例如雇用的是中國勞工，而不是本地勞工。但任何人只要在撒哈拉以南的地區開車駕駛，都會肯定中國興建的道路，以及中國提供的其他基礎設施的品質。[12]

中國在西方的投資，也帶有戰略目標：取得科技或自然資源。歐洲與美國原本歡迎投資，現在則是較為審慎看待，或多或少是因為缺乏互惠，不過也是基於一種更普遍的想法，甚至可說是恐懼，覺得西方的開放遭到利用。這種對立在未來將不會消失，而隨著中國在世界經濟的勢力逐漸擴大，這個問題遲早要解決。

經濟關係與政治關係之間的關連，是本書的主題之一。一方面是美國與歐洲之間的政治對立，另一方面是俄國。這兩者從二次世界大戰至今，始終是世界的一大特色。不幸的是，這種狀況將會持續。之所以說不幸，是因為其實沒有非得持續不可的理由。俄國與歐洲是理所當然的經濟夥伴，而美國則是贏得對抗俄國的經濟戰。至於中國，則是不難看出原本應該是互相合作的關係，為何會分崩離析。中國與東亞各鄰國的關係並不友好。中國想控制南海的野心，必須面臨海事法的考驗，這個問題在未來幾個世代，也將是一個爆發點。整個區域除了日本之外，會不會有朝一日成為中國自稱的勢力範圍，一如在二十世紀初，拉丁美洲被納入美國的勢力範圍？美國能接受中國這麼做嗎？

類似的壓力在中國與印度之間也將持續。這完全不是新鮮事，畢竟過去五十年來已是有目共睹。但隨著中、印兩國在世界秩序的地位越發重要，要控制這些其實說穿了就是民族主義的壓力，可能更不容易。二〇二〇年的中國經濟是印度的五倍，人均ＧＤＰ也將近是印度的五倍。但這種差距是近期才出現。在二十世紀的前半，印度的人均ＧＤＰ其實高於中國，中國雖然人口較多，一九六〇年代初的經濟體，卻只是略大於印度。印度人口將在二〇二〇年代超越中國，而且未來幾乎可以肯定會成長更迅速。所以如果說中國是現正崛起的強國，到了二〇五〇年，印度就會是崛起的新強國。

除了上述之外，還有其他可能爆發衝突的地區，有兩個值得介紹。這兩個區域的權力平衡已然改變，也將繼續改變。一個是俄國西伯利亞與中國之間的交界。俄國的人口逐漸老化、減少，未來將越來越難以經營遠東地區的經濟體。中國則是需要這個地區的自然資源，也有足夠的人力開發這些資源。從實際的角度看，已經有不少中國人民在西伯利亞東部生活、工作。另外還有司法問題。包括外東北在內的一些地區，原本是中國領土，後依據一八六〇年的北京條約，以及十九世紀末的其他條約，由中國割讓給俄國，因此俄國統治這些地區至今，也才一百五十年左右。包括一八四二年南京條約在內的這些條約，將香港島割讓給英國，都被中國視為不平等條約，也很正常。[13]中國在某些階段，也展現出收復這些失地的決心。在一九九〇年代初期，中國與俄國之間的地位高低完全不同，中國想收復失地簡直不可能。現在無論是以人口論，還是以經濟實力論，中國都比俄國強盛得多。到了二〇五〇年，差距會變得更大。

歷經大國勢力消長的另一個地區，是中東。中東在一九九〇年代初期之前尚屬穩定。戰爭也曾於此地區爆發，包括一九六七年的六日戰爭、一九八〇至一九八八年間的兩伊戰爭，以及一九九〇年伊拉克入侵科威特之後爆發的第一次波斯灣戰爭。誰都不應淡化戰爭帶來的苦難，不過這幾場戰爭的災禍大致得到控制。後來中東地區變得更不穩定，第二次波斯灣戰爭爆發，尤其從二〇一〇年底開始，中東與北非地區發生一連串政治動亂，亦即所謂的阿拉伯之春，從此更是不太平。

現在要分析這些動亂尚嫌過早，但必須了解中東地區一項顯著的特質：人口。中東地區的人口成長非常迅速，年齡中位數也很年輕。舉個例子，埃及人口在一九九〇年是五千七百萬，二〇二〇年已增至一億零兩百萬，預計二〇五〇年會到達一億六千萬。年齡中位數目前是二十五歲。伊拉克在這三個年份的人口數字，則分別是一千七百萬、四千萬，以及八千萬，年齡中位數僅僅二十歲。如此迅速的人口成長，當然很難以穩定且永續的方式管理，更難的是滿足這些數以百萬計的年輕人的希望與期待。他們的問題很合理，為何歐洲年輕人擁有的人生機會，比他們好得多？

還有宗教因素。要討論越演越烈的宗教對立，一不小心就容易冒犯他人。中東內部的宗教對立顯然越演越烈，但其實各地都有類似的衝突。我在一九九〇年代初寫作的時候，刻意避開這個主題，主要是因為我當時沒能料到，不斷上升的宗教情緒將形成一股巨大的力量，在通往二〇二〇年的未來幾十年，影響整個世界。沒能料到這一點，顯然是我的疏失。現在不可能忽視宗教情緒，但也極難預測從現在到二〇五〇年，宗教情緒將如何影響不同的社會。過去兩千年來，不時發生宗教衝突，有些格外慘烈。但也有長期互相包容的時候，各宗教群體互相尊重，和諧共處。

所以我覺得從現在到二〇五〇年，要研究的問題是：世界什麼時候才會回到宗教和諧時期？我們需要再等待一個世代，還是近期會出現某種轉捩點？這是本書接下來要討論的題目之一。

另外還有戰爭。第一次世界大戰的慘況，以及二十世紀前半的災難，是所有歐洲人民心中的夢魘，應該說是稍微熟悉歷史的人的夢魘。一個世紀的非凡進步，連同難免會有的瑕疵，盡皆因為歐洲領袖的傲慢與愚蠢而灰飛煙滅。我在一九九〇年代寫作的時候，覺得人民對於這種愚蠢的深刻記憶，應該足以維持一個世代的穩定。但我對於二〇二〇至二〇五〇年這段期間，甚至更久以後，那些記憶消退之後的情勢，則是憂心得多。俄國的所作所為已經證實，我並非杞人憂天。

現在要想不擔心已不可能，但我覺得從加拿大認知心理學教授史蒂芬．平克的著作，可以找到一些值得參考的觀點。他在麻省理工學院與哈佛大學度過大半個職業生涯。他在二〇一一年的著作《我們本性中的善良》[14]主張，無論是從長期還是從短期來看，暴力都已經減少。即使二十世紀前半時局混亂，也確實是如此。我們每天都看見、讀到不少衝突，因此可能覺得這世界充滿了衝突。但其實現在的我們，是人類史上最善待彼此，最善良，也最懂得合作。如果我們不這麼覺得，那也許是我們閱聽的新聞媒體有問題。我身為新聞記者，非常清楚好消息不是新聞，壞消息才是。大家想看的是悲觀。我們偶爾報導成功的故事，還會被嘲笑「過分樂觀」。我也覺得我們之所以認為世界充滿衝突，也與非政府組織變多有關。非政府組織的工作就是災難救助，所以會刻意強調災難，募款的時候更是拿災難當成主要訴求。不過也有可能是因為相較於先前的世代，現在的我們比較無法容忍暴力。我們對別人要求更多，對自己要求也更多。如果真是如此，那真是天大的好消息，未來的三十年也有了希望。

世界更平衡，還是更混亂？

理性與情緒之間是有衝突的。理性告訴我們，世界上的權力分配得越平均，就會越理智，越安全。但很多人的情緒卻不這麼想。世界歷經這麼久的成功，為何現在的我們卻比三十年前感覺更脆弱？或者應該說，歐洲與北美的老牌已開發國家為何會有這種感覺，而印度、中國等新興國家則是普遍樂觀？

不幸於二〇一七年去世的瑞典國際衛生教授漢斯・羅斯林的研究，提供了一部分的答案。他以在TED演說發表健康與幸福的統計數據聞名，有時候還會在演講結束時表演吞劍花招。他與兒子、媳婦合著的著作《真確：扭轉十大直覺偏誤，發現事情比你想的美好》在他逝世之後出版。他在書中提出一般人容易答錯的十三個關於世界的問題。舉例來說，很少人知道，二〇一七年之前的二十年間，世界赤貧人口比例幾乎下降一半。同樣很少人知道，現在的平均預期壽命是七十二歲。而且絕大多數的人是生活在中等所得國家，而不是貧窮國家。對於他提出的問題，大多數人的答案不但不正確（而且過於悲觀），錯誤的程度甚至比隨機選擇更嚴重。羅斯林表示，就算把答案換成香蕉，給黑猩猩選擇，答對的機率也會比較高。更令人憂心的是，教育程度越高的人就越悲觀，答題表現就越差。羅斯林在達佛斯舉行的世界經濟論壇，向與會者提出三個問題。在其中的兩個問題，與會者的表現還是不如黑猩猩。二〇一四年在瑞典林道市的一群諾貝爾獎得主與年輕科學家，成績更差。一群前來聽他演講的挪威教師，更是交出最差的成績。

但答題表現不理想，不可能只是因為答題者不具備相關知識，也不可能是因為某個領域的專家，對於超出自己研究領域之外的事情特別不在行。答題者不可能僅僅因為受到媒體上的負面新聞，或是非政府組織的募款活動影響，就有如此糟糕的答題表現。一定有更深層的原因。羅斯林稱之為負面直覺，史蒂芬．平克稱之為負向偏誤，又稱「進步恐懼症」。

這很複雜。羅斯林認為或多或少與記錯過往的事情有關。一般人通常不記得先前發生過的負面的事情，因此不了解進步了多少。另外一個原因，則是明明就有很明顯的例子，能證明世界並沒有進步，若還要告訴大家，這個世界大致而言越來越好，也未免太無情了。平克認為這是一種以智取勝的伎倆，批評現代社會其實是一種間接對付敵人的手段。也許純粹只是一種思想的風氣。說一句「世風日下……」，你就會成為別人眼中的智者。說這個世界越來越好，厚道的人會說你天真，不厚道的人會說你愚蠢。平克說，樂觀看待人類進步的書籍陸續問世，至今卻沒有一本贏得主要文學獎項。表揚非文學類的普立茲獎，則是頒給「四本討論種族滅絕的書、三本討論恐怖主義的書、兩本討論癌症的書、兩本討論種族歧視的書，以及一本討論滅絕的書」。然而，觀點錯的常常是悲觀的人，反而樂觀的人才是對的（至少大致而言是如此）。

不過，還是有一個很重要的條件。盲目樂觀當然和盲目悲觀一樣不理性。雖然大家很難接受這種觀念，但其實我們面對任何對於未來的樂觀看法，都應該謹慎。我們應該知道，人類確實有闖下大禍的本事。我們真正需要的，是能判斷最大風險的能力。羅斯林認為我們應該要有以事實為依據的世界觀，亦即「世界並沒有看上去的那麼壞」。要預測未來，就該秉持這種最理想的觀念。我們必須先釐清現狀，才有可能預測未來。

旅程的下個階段

這本書的下一個部分，要探討世界各地的現況。我們要以現況為基礎，做出未來的預測。下一個部分會提到已開發國家固有的特質與優勢，也會探討已開發區域的相同與不同之處。儘管美國歷經川普總統任內的政治動盪，至今在許多方面依然對立，但這本書對於美國的實力，仍比許多美國國民樂觀。另外也會探討新興國家，當然也包括中國與印度這兩個大國，同時也強調「新興國家」的概念，不足以凸顯中所得與低所得國家非凡的多樣性。「新興國家」一詞，只能約略代表一個飛快前進的世界，確實是「新興」，但在很多方面已經逐漸接近已開發國家的等級。但各國進步的速度不會一致。各民族國家面臨的挑戰，是各國領袖必須盡量發揮各自國內的優勢，同時解決劣勢。先進國家與新興國家的國民，也面臨同樣的挑戰。

這本書隨後要探討五個改變世界的力量，首先從人口開始。人口是極為重要的指標，能判斷經濟成長的潛力，以及社會的「感覺」，尤其是社會有無活力。這本書也會探討資源與環境面臨的壓力，尤其是氣候變遷的巨大挑戰。其次則要探討變動的國際貿易與金融，以及全球化是否會繼續影響每個人的生活。接下來當然也要談科技：哪些是會改變我們的生活的轉化型科技。這個部分的最後一章，要討論的是世界各國對於政府的角色，以及社會的治理的觀念，會有怎樣的改變。

接下來我要預測，一個世代以後的世界會有怎樣的樣貌，五種改變世界的力量，對於第一章描述的國家與區域，會有怎樣的影響。我以傳統的五大洲作為研究框架：南北美洲、歐洲、亞洲、非洲，以及大洋洲。當然這種架構也會出現異數。舉例來說，俄國大部分的領土位於亞洲，但大多數的國民卻生活在歐洲。有些區域難免只能概略帶過，我覺得篇幅可能太少了些。這一點還請讀者見諒。這本書的某些預測，可能會令某些讀者不快。有些預測則有可能錯得離譜。但想一窺未來的每一個人，其實都等於踏上一段旅程。未來若出現新的證據，我們的觀點也將隨之改變，因為原本參考的路線圖必須重新繪製。我認為寧可有個路線圖，以後再調整，也不要完全沒有路線圖可參考。

接下來就是這本書最後的部分「世界在二〇五〇年可能的樣貌」。我盡了最大的努力，將所有的資訊、預測、判斷、恐懼，以及希望，彙整成一個連貫的整體。我將提出我最憂心的十件事情，也會選出在我看來是從這本書誕生的十個最大的觀念。

不過一切的核心是一個觀念，在我看來是一個真理，用美國前總統歐巴馬的話表達最為貼切。這個觀念呼應羅斯林與平克的觀點，歐巴馬也屢次提及。但我最喜歡的版本[16]，是歐巴馬在二〇一六年九月，在寮國向一群年輕人發表的談話。以下是重要段落：

如果你能選擇在何時出生，而你無法預先得知你會成為什麼樣的人，會是哪一國人，會是男還是女，會信仰哪一種宗教。你想知道，人類史上的哪個時機最適合出生？現在，就是最好的時機。現在的世界是史上最健康、最富庶、教育程度最高、最不暴力、最包容的世界。

歐巴馬接著說，我們有時沒能領會這一點，因為世上總有駭人慘劇與不公不義。但現在的年輕人擁有史上最好的撥亂反正的機會。我在烏克蘭承受戰火蹂躪、全球疫情延燒、國際關係詭譎難測之際完成這本書，我們確實應該將現在的世界，放在悠久的歷史脈絡來看。最適合出生的時機，一定就是現在。所以就讓我們邁開輕快的步伐，踏上旅程的下一個階段，一路走向我們子孫主宰的世界。

第一章／我們現在生活的世界

美洲：仍將是世界的未來

美國與加拿大

美國是個不平凡的國家。大家都知道，美國至今仍是世上唯一的超級大國。但很多人覺得美國似乎遇到麻煩。確實是個大國，但卻是正在退步的大國。這種想法並不正確，不過很多美國人老是聽見自己的國家被貶低，現在發現這種想法不正確，可能會感到訝異。從很多方面來看，美國在世界上的影響力其實是與日俱增，不僅經濟實力強大，影響力也擴及幾乎世界各地人民的日常生活。

我們從經濟開始。美國在全球GDP的占比確實在退步，但那是因為新興國家突飛猛進，尤其是中國。在先進國家當中，美國經濟成長的速度，幾乎超越每一個已開發國家。一九九〇年的美國經濟體小於歐盟（即使把即將成為歐盟會員國的東歐國家算進去）。但從一九九〇年開始，美國經濟成長速度遠超過歐盟，到了二〇二〇年，美國經濟體已經遠大於歐盟。美國的財富與影響力持續超越歐洲，地位的竄升更是讓俄國望塵莫及。一九九〇年的美國經濟，大約是蘇聯經濟的三倍大。到了二〇二〇年，美國經濟已經是俄國以及其他前蘇聯國家的十倍以上，大約是俄國的十五倍。

所以美國經濟的表現始終亮眼。為何會如此？那麼多美國人又為何渾然不覺？

問題出在美國人民，以及美國如何運用（有時是揮霍）整個國家最豐富的資源，亦即人才的方式。美國的人口比起歐洲相對年輕，比起日本更是年輕許多。過去三十年大部分的時間中，美國的生育率也高於歐洲或日本，平均一位母親生育兩名以上子女，但這個數字在二〇一五年之後略有下降。移民讓人口進一步增加，同時吸引了世界各地充滿抱負的年輕人前往美國。我們在後面會再詳加討論。

美國也重拾全球能源供應大國的地位。美國受益於液壓破裂技術革命，從二〇一〇年代中期開始，始終是世界最大產油國，重拾二十世紀直到一九七〇年代初期之前一直擁有的頭銜。[1] 石油、尤其是廉價的天然氣，再加上勞動力效率提升，帶動了製造業的復甦。

但美國的優勢地位背後最強大的力量，是她掌握了人力資本。以高等教育為例。每一種排名的結果不同，但在二〇一七至二〇一八年的每一種排名，全球排名前二十的大學，都有半數以上位於美國。上海交通大學發表的上海排名，也包含十六間美國大學。[2]唯一能與之匹敵的是英國，牛津大學與劍橋大學均位列前十。知識會帶動新領域成長，美國校院吸引了全球最有才華的學生。美國擁有這項優勢，在未來幾年仍能穩坐全球聯盟的龍頭。其他國家終將挑戰美國的地位，尤其是中國，但要等到一個世代之後才有可能。

於是，我們來到美國經濟實力最重要的成分，以及美國經濟實力在未來也仍將穩固的原因：美國的高科技巨擘。[3]美國的西岸出現奇蹟。這一帶的企業改變了世界，他們的名字已是家喻戶曉，毋須一一點名。這些企業包括五大巨擘：蘋果、Alphabet（Google 的母公司）、亞馬遜、微軟，以及臉書，但還有其他幾百家企業追趕在後。世界上沒有第二個國家具有如此實力。英國或歐洲的高科技業的規模不及美國，日本的高科技業無甚可觀，印度的高科技業則是仍在萌芽，但也許很快就會有巨擘誕生。只有中國擁有旗鼓相當的巨擘，包括騰訊、阿里巴巴等幾家企業。而且中國企業是複製美國企業，至少在發展初期是如此，之所以能成長，是因為中國政府基於種種原因，能將美國排除在外。

美國何以擁有如此優勢？我們先回到二〇〇〇年。當時的電腦世界，確實是由兩家美國企業壟斷，一家是微軟，另一家則是蘋果。但其他國家也有高科技巨擘。世界最大的行動通訊公司，是位於英國的 Vodafone。世界最大的手機製造業者，是芬蘭的諾基亞。加拿大的 Research in Motion 發明了黑莓智慧型手機。日本生產的手機，比歐美產品更為精密。但在這個世紀的前二十年，美國還是在高科技領域遙遙領先。美國發明了能行動上網的 iPhone，發明了社群網路的概念，也發明了 Uber、Airbnb 平台，改變了計程車與度假住宿這兩種服務業。這樣的例子不勝枚舉。世界上沒有其他地方，能誕生臉書這樣的構想，由當時十九歲的馬克．祖克柏，在位於美國麻州劍橋的哈佛大學宿舍所設計。截至二〇二一年，臉書共有二十九億用戶，超過全球人口的三分之一。

這並不是白手起家的故事。祖克柏的雙親是紐約的成功專業人士。他就讀的菲利普斯埃克塞特學院，是美國最有名望（也最昂貴）的獨立學校。這是投資一位聰明且有抱負的美國年輕人的教育。[4]

美國對於人才的投資始終不間斷，卻也不均等，這是美國國力強盛的原因之一。另一個原因，是美國能吸引移民，能吸引世上最聰明、最有抱負的人前往美國，再發展他們的人力資本。美國價值最高的科技公司當中，超過一半是由第一代或第二代移民創辦。其他國家努力仿效美國，但並不成功，至少沒能達到美國的程度。

教育、文化與移民，是美國在下一個世代的三大決定性優勢，也是美國這位巨人在本世紀的前半應該不會退步的原因。但美國的成功故事，難免也有黑暗面，我們接下來就要討論。

任何一個像美國這樣活潑且充滿競爭力的社會，難免會有對立。這些對立升溫多年，終於在二〇一六年川普當選美國總統之後浮上檯面。現在的問題，是引發對立的經濟與社會力量，能否得到有效控制、疏導。其他問題則與不平等及教育有關。美國的財富在於人才，只是經常因為管理不善與缺乏機會而浪費。美國的頂尖大學極其理想，但經濟合作暨發展組織的國際學生能力評估計畫（PISA）研究顯示，美國學校的學生能力，在全球排名只是中等。[5]

要正確評估這些並不容易。美國的健康結果相對不理想，所謂相對不理想，不僅是與其他已開發國家相比，也是相較於醫療支出而言。從另一方面看，美國不同於加拿大、英國，以及西班牙，並沒有嚴重的國家分裂行動。美國人民不想分裂國家。美國有嚴重的種族歧視，不過已經更努力解決。很多歐洲國家也有這個問題，而且有些還不太願意面對。無論如何，美國多年來始終願意正視社會需要改革的地方。美國確實有黑暗面，黑暗面一直都在，然而照亮黑暗的精神與意志，也一直都在。

美國未來三十年面臨的主要問題之一，是能否妥善處理這些對立，以及能否發揮無窮的精力與動力，讓每個人受益。美國曾經面臨重大挑戰，現在處理這個問題想必不難。任何人目睹川普任內混亂的美國，看過川普支持者闖入國會的亂象，都會認為當務之急是化解美國的對立。但這些對立從美國建國之初即已存在，只是比起自南北戰爭以來的大半歲月，現在的對立比較為人所知。要思考如何解決對立，首先要承認對立確實存在。

美國會出手處理對立，以往就曾經出手，未來也沒有理由不出手。等到中國成為世界最大經濟體，將會強勢衝擊美國的全球領導地位。誰將領導世界？本書在後面會詳談這個問題。但如果要一一列舉美國的強項，確實能開出一長串清單。

美國的優勢之一，是身為英語世界，亦即英語圈的領袖，我們在後面會討論。接下來要談談美國北方的鄰居：加拿大。

加拿大是個很討喜的國家：沒有敵人、歡迎移民、陸地面積廣闊、自然資源豐富，其中包括世上第三大石油儲量。加拿大可說是一個較為平靜、較為親切，較不極端的美國。加拿大擁有這些特色，因此極具吸引力。加拿大具備許多美國的優勢，而且還不僅於此。加拿大的中等教育相當優質，在經濟合作暨發展組織的國際學生能力評估計畫（PISA）研究，加拿大的十五歲年輕人得分高於英國，且遠高於美國。加拿大的高等教育也很優良，雖然沒有一間大學名列全球前二十大，但還是有幾間能排上全球前二十幾名。加拿大也有經營完善的銀行與保險公司。歷經二〇〇八年的金融風暴，加拿大金融系統的表現，超越七大工業國的其他會員國。[6]

然而在商業方面，加拿大過往的表現則是有好有壞，至今仍居美國之下的次要地位。加拿大挑戰美國高科技霸權的努力，大致宣告失敗。曾為巨擘的 Nortel Networks 電信集團，於二〇〇九年成為加拿大最大宗破產案。黑莓機以行動電子郵件改變世界，也吸引了歐巴馬與希拉蕊．柯林頓這幾位名人愛用者，卻不敵蘋果的 iPhone，以及 Google 的 Android，如今只是一家軟體公司。

企業有起有落，穩定的金融系統能扶植新企業萌芽崛起。加拿大也有高科技新創公司，也有存在已久的高科技公司。但加拿大經濟的未來，難免要與美國經濟綁在一起。任何人思考加拿大的競爭優勢，都必須從一個最重要的事實開始：加拿大的地理位置。

在世界各國當中，加拿大的領土面積是世界第二大，但如此遼闊的版圖，卻幾乎無人居住。大約百分之九十的人口，居住在距離美國邊界一百六十公里的範圍之內。最大城市多倫多位於距離美國邊界一百二十八公里處。第二大城蒙特婁距離美國邊界六十四公里。第三大城溫哥華距離美國邊界四十八公里。加拿大只有一個大城位於美國邊界三百二十公里之外：愛德蒙頓。加拿大的經濟依賴美國，因為加拿大的經濟說穿了就是美國經濟的延伸，只是碰巧位於另一個憲政管轄區而已。舉一項統計數據：四分之三的加拿大出口產品是銷往美國。加拿大的未來與這個熱鬧的鄰國緊密相連，能否繁榮也取決於與美國的關係。

地理位置是不會改變的，但其他兩樣東西可能會：一個是語言與民族主義的分歧，二是加拿大對移民的同化。

加拿大差一點點就要分裂成兩個國家。說法語的魁北克省於一九九五年舉行公民投票，以百分之五十．五八對上百分之四十九．四二的結果，決定不脫離加拿大。雖然此後獨立的支持度有所下降，但不會完全消失。獨立的聲浪可能會沉寂一個世代，也許更久，但以全球過往的民族主義運動看來，獨立運動隨時有可能爆發。[7]

當然，加拿大就像美國，也是移民國家。三千七百萬人口當中，大約有兩百萬出頭的原住民。加拿大仍然是新移民極度嚮往的國家，也始終歡迎新移民。截至二〇一八年，每年超過三十萬人移民加拿大，而且人數有上升的跡象。因此加拿大也會像美國，成為更流動、更開放的社會。

從過往的表現來看，加拿大將能妥善處理魁北克省的語言及認同問題，也將成功駕馭大規模移民所帶來的機會與對立。若真能如此，加拿大將依然是世上最受尊崇的國家之一。但加拿大也必須耕耘與美國的關係，這在未來三十年也許較為困難，視美加各自的發展而定。

拉丁美洲

南美洲的表現為何遠不如北美洲？任何人研究南美洲的經濟前景，都不能迴避這項難題。如果說，影響過去一百年的因素值得參考的話，那麼南美洲未來將繼續表現不佳。

無論是從人均GDP之類的基本經濟指標，還是從社會指標來看，南美洲都遠遠落後。最令人震驚的是南美洲的他殺率。二〇一八年，《華爾街日報》的報導標題寫著「拉丁美洲是世界的他殺首都」。[8]廣義的拉丁美洲也包括墨西哥，以及墨西哥以南與加勒比海上的眾小國，人口占全球百分之八，他殺案件卻占全球百分之三十八。

拉丁美洲並非一向如此。一個世紀之前，拉丁美洲的經濟體還能與歐洲國家並駕齊驅。以人均財富來看，一八九〇年代的阿根廷，是全世界最富有的國家之一，甚至在某些排名是最富有的。[9]巴西是南美洲最大經濟體，也是高盛的「金磚四國」之一（BRICs的「B」），但人均財富始終不如阿根廷。然而在一九五〇年代，巴西的生活水準並沒有落後葡萄牙太多，但到了二〇一七年，巴西的生活水準已經滑落到不及前殖民母國葡萄牙的一半。拉丁美洲諸國當中，過往財富與如今貧窮差距最大的，是委內瑞拉。一九六〇年的委內瑞拉，人均所得高於加拿大、澳洲，以及瑞士以外的所有西歐國家，落後美國的幅度也不大。到了二〇一八年，委內瑞拉三千兩百萬人口的生活水準，只有西歐國家的十分之一，落後美國的幅度更大。

南美洲還是有一些成功的故事。智利就是其中之一，生活水準與波蘭之類的東歐國家相當。但成功是相對而言，因為一八九〇年代的智利可是比西班牙、義大利富有。

所以真正的問題，在於拉丁美洲能否重返十九世紀末相對富裕的榮景，還是慘澹的二十世紀後半會成為常態。重點在於拉丁美洲擁有豐富的天然資源與人力資源，但不知為何，未能發揮出應有的水準，不知是教育、文化，還是政治出了問題？

歐洲：最古老的大洲

二〇二〇年之前的三十年間，歐洲國家在政治上越來越團結，經濟體也逐漸整合。有兩項重大的改變，一個是當時的歐洲共同體的擴張，從一九九三年的十二個會員國，增至二〇二〇年歐盟的二十七個會員國。另一個則是歐元於一九九九年問世。用「成功」形容擴張，未免太過簡化，但我希望如此簡略的言語，也能將意思表達清楚。然而歐元卻是失敗的。

歐盟涵蓋大多數前蘇聯集團國家，整個區域也因此獲得極大的經濟利益。東歐得到歐盟的補助，以及歐盟既有會員國的投資，又得以接觸繁榮的西歐的富人市場。歐盟的「老」會員國，則是得到較為廉價的勞動力，以及迅速成長的新市場。當然難免也有缺點。具有技術的年輕人不斷流失，是幾個國家共有的問題，尤其是波蘭與保加利亞。整個歐盟區原本就不佳的人口結構也是每況愈下。社會對立更加嚴重，歐盟得到的政治支持也減少。儘管如此，中歐與東歐國家在這段期間，經濟還是普遍繁榮。

西歐國家的狀況則是各自不同。對於某些國家，尤其是德國、英國，以及大多數北歐國家，這段期間經濟成長表現不俗，而且在二〇〇八年的金融危機之前，整體的生活水準也有所提升。其他國家則是歷經二十年的停滯甚至衰退，失業率衝上已開發國家的最高，許多優秀年輕人移民出走。義大利二〇一八年的整體生活水準，低於一九九九年歐元上路之時。希臘的GDP與生活水準，從二〇〇八至二〇一八年，創下先進經濟體自二次世界大戰以來，最嚴重的跌幅。

為何會有如此不一致的表現？有很多種解釋，大多數都非常政治化。但我們不得不承認，許多問題是源自歐元問世。究竟該責怪單一貨幣的設計，還是整個概念出了問題，目前未有定論。但歐元造成的結果卻是毋庸置疑。殘酷的事實是，沒有採用歐元的歐洲國家，整體而言成長速度超越採用歐元的歐洲國家。[10]表現相對較佳的經濟體包括歐元區國家愛爾蘭，以及已經完全脫離歐盟的英國。

英國與愛爾蘭

我們暫時不談政治。無論英國國內、與愛爾蘭共和國之間，以及與歐盟之間依循著怎樣的憲政體系，歐洲時區內說英語的經濟體，都會持續繁榮。原因有很多。其中一個是普遍說英語的國家，似乎擁有一項越來越大的競爭優勢。臉書或Google在英國或愛爾蘭經營歐洲業務，要比在歐洲大陸經營更為容易。擁有普通法也是一種競爭優勢，非本國國民較為容易理解，因此英國與愛爾蘭是許多跨國契約偏好的司法管轄地。高等教育也是一大顯著的優勢，英國在這方面是美國的唯一強敵。在英國脫離歐盟之後，《泰晤士報》、QS、上海排名這三大大學排行榜當中，排名最高的歐盟區大學，竟然連前三十名都進不了。除了英國的大學院校之外，前二十名當中還有一間歐洲的明星大學：蘇黎世聯邦理工學院。但這間學校位於從未加入歐盟的瑞士。[11]

英國與愛爾蘭在企業家精神方面，可能有一些文化優勢。但是，就管理能力而言，很難說英國與愛爾蘭有任何優勢，應該說毫無優勢才對。在英國，外國持有、外國經營的企業，生產力高於本國企業。[12]然而，英國與愛爾蘭的新創企業比例，高於大多數西歐國家，尤其遠高於法國、德國、義大利、西班牙。[13]

英國經濟還有兩個特色，一個大致正面，另一個則顯然是負面。正面特色是服務業的規模大於其他產業，尤其是金融服務業的規模。雖然服務業在新冠疫情期間遭受重創，但大多數的服務業終將適應局勢，重振旗鼓。服務業約占英國經濟的百分之八十，這種比例與美國類似，但高於其他歐洲國家以及日本，其中金融業占百分之十二。[14]這主要是因為製造業在產出的占比逐漸下降，英國與美國下降的程度，高於大多數歐陸國家與日本。如果要將更多所得用於醫療、教育與娛樂（無論是透過繳稅，還是直接消費），減少在汽車、洗衣機等等的花費，那也是個人自己的選擇。每一個已開發國家的人民，都在做這樣的選擇，我們稍後也會發現，迅速成長的新興國家，尤其是中國，正在積極規畫這樣的轉變。

所以，英國可以說是先驅經濟體。英國是全球第二大服務出口國，僅次於美國。英國運用服務業的順差，抵銷商品貿易的逆差。有些人認為，依賴服務業的順差抵銷商品的逆差，是一種缺陷，但這種模式其實早在十九世紀初便已出現。即使在英國曾經是全球工廠的年代，當時對美國出口輪船，向阿根廷出口火車頭，英國向國外購買的商品，仍比賣到國外的還多。當時的英國依賴在全球各地的投資收益，包括不斷擴張的帝國版圖各地的投資收益，以抵銷貿易赤字。所以英國長期的表現是可靠的。真正的問題在於：英國的競爭優勢在哪裡？市場表示在於服務業。

有三項警訊值得注意。第一，英國的強項是高端製造業，包括飛機引擎、賽車、製藥等等。第二，英國的製造業支撐了服務業，兩者密不可分。勞斯萊斯不僅生產飛機引擎，也提供未來二十年的維修服務。大半的獲利，甚至可以說全數的獲利，是來自那二十年，而不是來自飛機引擎出產的那一刻。第三，從製造業到服務業的轉型若是出了差錯，後果可是不堪設想。英國在這方面表現不理想。

因此，英國經濟有個重大缺陷：嚴重不平衡。從地理上來說不平衡，內倫敦的西區是歐洲北方最富庶的地區，但五個最貧窮的地區同樣位於英國，包括西威爾斯、康瓦爾，以及林肯郡。[15]

健康不平衡。同樣位於格拉斯哥市，中區居民的預期壽命，比東敦巴頓郡富有的北郊居民少了五年。[16]

教育不平衡。在經濟合作暨發展組織的國際學生能力評估計畫（PISA）研究，英國學校的得分，略高於已開發國家平均值，但威爾斯的學校得分很低，而英國頂尖私立學校的得分，則是與世界上任何頂尖的私立學校相當或更高。[17]

企業表現也不平衡。英國有生產力問題：每位員工的產出，比其他七大工業國經濟體低百分之十至二十五。頂尖的英國企業（通常為外國持有）能與全球頂尖企業並駕齊驅，問題則在於為數眾多的企業經營不善。[18]

愛爾蘭的不平衡則是截然不同的。過去五十年來，愛爾蘭的經濟成就在全球舞台有目共睹。原本過度依賴一種出口，也就是農產品，也過度依賴一個主要市場，也就是英國，後來轉型成出口大國。許多美國科技巨擘，包括蘋果、Google、推特和臉書，如今的歐洲總部都位於愛爾蘭。一九七〇年，食品占愛爾蘭出口的一半。到了二〇一七年，占比減少至百分之十出頭。製造品以及更重要的智慧財產的出口量則是大增，填補了空缺。為何會如此？或多或少與稅制有關，因為愛爾蘭的公司稅率，在大型經濟體當中是最低的，另外的原因包括其他的獎勵，以及教育程度較高、說英語的愛爾蘭勞動力。愛爾蘭成為「凱爾特之虎」[19]，是已開發國家當中成長最快的經濟體。二〇〇八至二〇〇九年的房地產與金融危機，對於愛爾蘭的成長是個暫時卻也慘重的打擊。

這項政策向來備受爭議。哥本哈根大學與加州柏克萊大學所做的一項研究，將愛爾蘭稱為全球最大公司稅的避稅港。[20]但每個國家都能自由設定稅率，愛爾蘭也巧妙運用這種自由。然而，這項政策造就了雙層經濟，一層是繁榮的外國持有部門，另一層則是較不興盛的本土經濟基礎。在未來，愛爾蘭很容易受到全球稅制與法規變化的影響。

英國與愛爾蘭經濟的共同點，不僅在於同樣使用英語，也在於同樣具備英語圈其他國家的許多特質。這些英語圈國家當然包括美國，另外還有加拿大、澳洲，以及紐西蘭。這些國家歡迎外國投資，司法制度相通，金融體系以及金融市場架構相似，勞動市場法令也大致相同，消費者願意嘗新，樂於購買外國貨，企業實務也相通。

這些使用英語的經濟體，還有一個共同的特質：以已開發國家，尤其是歐陸與日本的標準來看，這些國家的人口前景相當樂觀。英國與愛爾蘭的成長速度，會比西歐其他已開發國家更快，原因很簡單，這兩個國家未來的人口會比較年輕（或者應該說沒那麼老），而且會逐漸增加，而不是減少。這並不能保證國家經濟一定會繁榮，但至少會更有能力處理未來的挑戰，尤其是上述的幾種不平衡。

歐洲大陸

要是能把歐盟寫成一個整合的經濟實體，也挺美好的。這的確是歐洲單一市場的支持者追求的目標。歐洲單一市場於一九九三年成立，以推動商品、資本服務，以及勞力的自由流通為目標。結果並未成真。歐洲目前的整合程度其實是低於、而非高於一九九〇年代初期。以德國的出口貿易為例。在一九九〇年代初，鄰近的法國是德國最大的市場，購買百分之十三的德國出口品。第二大市場則是義大利，購買超過百分之九的德國出口品。美國只占百分之七。到了二〇二〇年[21]，情況已然逆轉。美國已取代法國，成為德國的最大市場，占德國出口將近百分之九，法國則是不到百分之八，而義大利僅占百分之五。

這種現象背後的原因很簡單。美國在這段期間的成長比法國快，也比義大利快得多，所以成為德國更理想的出口市場。然而無論是單一市場，還是歐元這個單一貨幣，都無法縮小歐盟各會員國經濟表現的差距。這個差距反而還更大，義大利更是難以跟上德國。所以，在寫書論述時，最好把歐洲國家視為個別的經濟實體，各有不同的優缺點，而不是當成一個整體。先從最大的經濟體德國談起，接下來是三個與德國關係最密切的經濟體：比利時、荷蘭，以及盧森堡。

德國與荷比盧三國

德國的高端製造業是全球第一。有好幾項數據能證明德國的成功。德國擁有世上最高的貿易順差，也是世上最大的汽車出口國，二〇一九年的汽車出口總額達到一千四百二十億美元[22]，大幅領先位居第二名、出口總額為九百八十億美元的日本。德國也是藥物與藥品的最大出口國。[23]德國在其他產業的表現也是數一數二，因此引起其他國家的妒羨。在戰後大多數的日子裡，德國最睿智的舉動是，每次本國產品的競爭力可能受到貨幣重估影響時，德國就進軍高端市場。所以每次德國馬克重新估價，出口就會暫時停滯，但德國的產業每次都能降低成本，提升品質，以維持較高的價格。德國上次使出這種本事，是在二〇〇〇年代初期，在以一開始不具競爭力的匯率加入歐元區之後。當時德國的經濟成長緩慢，失業率衝上兩位數，被冠上「歐洲病夫」的綽號，因為還要額外負擔重建前東德的支出。幸好後來實施勞動改革，不過更重要的是德國產業的經營能力與適應能力，整個國家得以重拾競爭力，成為歐洲強國。歐元匯率反映出歐元區實力較差的某些會員國，也凸顯出德國超強的競爭力。目前的局面終將改變，但在改變之前，德國仍將稱霸全歐洲。

但德國經濟也有另一面。德國是出口大國，但國內服務品質不盡理想。金融服務、高等教育（無論在哪一種排名，都沒有一間德國大學名列前四十五名），以及某些基礎建設計畫也有缺陷。但最大的問題，也許是德國頂尖的工程技術，在未來是否仍具關鍵競爭力。如今製造業在全球總產出的占比下降，服務業則是上升，也許頂尖的服務會成為未來的重點。這樣說也許會引發爭議，但德國的製造業可能太過龐大。二〇一九年，製造業占德國GDP百分之十九，美國是百分之十一，法國是百分之十，英國則是百分之九。[24]這裡有一個更大的重點：也許德國很擅長生產大家不太願意購買的東西？汽車就是個明顯的例子。已開發國家的年輕人，現在比較少使用汽車。相較於較為年長的世代，年輕人持有駕照的人數較少。電動車比內燃機汽車容易製造多了。而且電池技術目前是在美國與亞洲研發，而非歐洲。

這些並不代表德國未來不會是最成功的經濟體。過去七十年來，德國每次都能勇於面對挑戰。但也許其他能力在未來會變得更為重要，例如生產奢侈品的能力。德國的鄰國法國在奢侈品領域，就是全球第一。

至於荷比盧三國，經濟能否繁榮取決於德國。比利時是歐洲的行政重鎮，也因此獲得不少利益，歐洲單一最大的淨捐助國是德國。荷蘭經濟幾乎變成德國的分支，荷蘭出口的四分之一流向德國。荷蘭的人口稠密（面積比美國馬里蘭州大不了多少，人口卻有一千七百萬），卻是農產出口大國，這一點也許出乎很多人意料。荷蘭的農產品出口貿易量僅次於美國，並與墨西哥爭奪世界第二大番茄出口國的地位。[25]

盧森堡是個小國，人口約僅六十萬，與布里斯托、巴爾的摩相差不遠，聞名天下的原因則不同。這個國家極為富有。全世界大概除了石油國家卡達，以及極小的列支敦士登之外，就屬盧森堡的人均GDP最高。能有如此成就，是因為採取了聰明的策略，成立離岸金融中心，主要由德國銀行經營。這些德國銀行就能規避德國的稅制以及其他限制。盧森堡也以減稅協定，吸引包括亞馬遜在內的美國跨國公司在當地設立歐洲總部。乍看之下盧森堡好像很委屈，其實不然。盧森堡的自然資源非常稀少，但向來非常精明，值得肯定。

法國

法國是個誘人的國家。從很多方面看，法國都締造了非凡的經濟成就。從精品談起非常合理，因為全球十大精品品牌當中，法國就占了六個，包括前三大品牌路易威登、香奈兒，以及愛馬仕。[26]一個國家能如此稱霸精品業，實屬不易，但更神奇的是，法國是在十七世紀就稱霸精品業。法王路易十四的財政大臣尚—巴蒂斯特．柯爾貝最為人熟知的，是他的一句妙語：「向人民徵稅就像拔鵝毛，技巧在於要盡可能拔下最多的鵝毛，又要讓鵝感受到最少的疼痛。」

但他也在一六六五年說道：「時尚之於法國，好比祕魯的金礦之於西班牙。」這句話反映出法國的財富從何而來。法國的精品業曾因法國大革命暫時停擺，後於十九世紀復甦。在一九〇〇年的巴黎世界博覽會上[27]，法國代表著世上文明的顛峰。

法國在另外幾個比較不光鮮亮麗的產業也表現出色。在新冠疫情影響國際旅遊之前，法國的外國觀光客人數是全球最高，每年將近九千萬人。法國也是全球第三大武器出口國，僅次於美國與俄國。空中巴士是歐洲公司，但總部位於法國，與波音是瓜分全球民用飛機市場的兩大龍頭。法國的醫療服務業也相當發達。舉例來說，法國的嬰兒死亡率是歐洲第二低（僅次於瑞典）。

這些成績令人刮目相看。再加上法國眾多的天然美景，包括阿爾卑斯山脈、地中海，以及大西洋海岸，整個國家簡直可說是人間天堂。但也有令人費解之處：法國人相對而言較不快樂，比方說與德國人、英國人相比。有一個原因是失業率，一個世代以來始終居高不下，從一九九〇年代中期至今，平均約為百分之九。我們知道失業的人民生活困苦。另一個原因是法國的賦稅占GDP的比例，是全球各大經濟體當中數一數二的高，僅次於丹麥。公共支出也很高，也帶動了優質的公共服務。但租稅負擔畢竟是一種負擔，人民並不喜歡。

還有一個重點：局內人與局外人。法國的勞動市場分為兩大群體：一個是高齡的高薪勞工，工作非常穩定，能較早退休，且退休金相當優渥。另一個則是打臨時工的年輕勞工，工作很不穩定，有時必須以一連串的兼職工作，湊成全職工作。這是因為法國對於勞動市場嚴格管制，保護了有工作的人，卻犧牲了要找工作的人。受創最深的是資歷不足的年輕人，包括許多來自移民家庭的人。法國陸續推出改革，但歷任政府得到的政治支持不夠，無法貫徹。改變會出現在未來的某個時候，但除非改革成功，否則法國會持續居於劣勢。法國在很多方面都很成功，但這種成功是脆弱的。法國的雙層就業市場，是雙層社會的一部分。將分離的部分結合在一起，是個艱難的挑戰。

最弱的環節：義大利與希臘

義大利這個國家也很有意思，跟法國一樣有許多優點。義大利人的生活方式，在許多人眼中是全世界最令人羨慕的。義大利人的預期壽命是大國之中第二長的，僅次於日本。但義大利的出生率極低，年輕人大舉外移，而且經濟從二〇〇〇年至今始終停滯。義大利的年輕人大批出走，留下來的不孕育後代，收入也有限。

綜合以上所述，義大利現在的競爭力，以及未來的角色值得擔憂。客觀來看，義大利擁有幾項巨大優勢，包括高端工藝製造、精品業（全球僅次於法國），以及頂級工程。義大利也有文化遺產（當然有），再加上迷人的生活方式，帶動了旺盛的旅遊業。義大利也有全球最大的釀酒業。這些都是很難精通的產業。其他國家不僅不敢奢望會有羅馬、佛羅倫斯、威尼斯這樣的城市，也很難仿效或達成義大利的強項，例如發展時尚業，或者至少打造一個享譽全球的時尚品牌。

但還是出了差錯。一九八〇年代末，義大利的經濟規模超越英國，當地人盛讚這次「超車」。但到了一九九七年，英國又超越義大利，而且在二十一世紀的前十五年，義大利經濟幾乎完全沒有成長。原因很簡單，義大利在一九九九年採用歐元之前，還能透過定期貨幣貶值保持競爭力。但採用歐元之後，就再也無法這樣做，於是經濟每況愈下。但這只是一部分的原因，因為義大利在治理方面，還有其他的缺陷，包括勞動法令、逃稅、與黑手黨相關的非法活動，經濟因而日漸崩壞。曾經長期實行城邦制度，且成效頗佳的義大利北部，如今比長年由君主統治的義大利南部強盛許多。美國政治學家羅伯特．普南於一九九三年的著作《讓民主運作》（*Making Democracy Work*），是探討義大利南北差異的經典[28]。唉，過去三十年的經濟停滯，凸顯了義大利擺脫過往歷史的難度。義大利的司法與警方有勇氣、也有決心對抗組織犯罪，政治人物卻不積極貫徹改革。義大利大概還是會一如既往混過去，但這個國家很脆弱，不是文化或能力脆弱，而是政治與社會凝聚力脆弱。在未來三十年，義大利的領導者要面臨的考驗，就是如何克服這種脆弱。

希臘無法克服自身的脆弱，無法償還債務，幸好有歐盟從二〇一〇年開始陸續提供紓困貸款。八年後，希臘脫離歐盟控制，但經濟體卻比金融危機之前縮小了百分之二十五。失業率在二〇一三年衝上百分之二十七，青年失業率更是高達百分之五十八。超過四十萬人移民國外。但希臘仍然巨債纏身，前途未卜。我們目前已知的是，希臘經歷了已開發國家自一九三〇年代以來，最嚴重的經濟蕭條。[29]

西班牙與葡萄牙

西班牙與葡萄牙同樣飽受經濟衰退衝擊。但他們擁有其他歐盟會員國所沒有的選項，因為這兩個國家的語言及文化，都與拉丁美洲有關。這兩個國家各自都是富有的歐洲國家，只是西班牙比葡萄牙更為富庶。拉丁美洲以及北美的拉美裔人口，對這兩個國家來說是另一個重點，在未來會更為重要。

西班牙擁有許多先天優勢。首先面積很大，是歐盟會員國的第二大，人口雖然不及英國，陸地面積卻是英國的兩倍。西班牙擁有長長的地中海海岸線，因此成為國際旅客人數第二多的觀光勝地，僅次於法國。西班牙的酒類產量是全球第三大，僅次於義大利與法國。有知名大學，也有許多教育程度高的年輕人。巴塞隆納是西班牙一個迷人的港口城市，有興盛的產業，也有活潑的文化，但這一切的前提是，加泰隆尼亞沒有脫離西班牙獨立，西班牙仍然是一個國家。

但還是有黑暗面。西班牙的平均失業率從一九八〇年代初期至今，始終是已開發國家當中最高的。在這幾十年間，西班牙的失業率多半超過百分之十，而且經常超過百分之二十。只有二〇一二年之後的希臘失業率，才稍微高於西班牙。因此，難免有許多西班牙年輕人打黑工，還有一些則是出走海外。人口外流的同時也有移民流入，兩者互相抵銷，移入民包括多半為年長者的北歐人，退休之後移居西班牙，還有越來越多的拉丁美洲人。因此西班牙有五百萬居民是在外國出生，比例在大型歐洲國家當中是最高的。然而西班牙的生育率也是全球數一數二的低，平均每位母親只生育一．三位嬰兒。雖然生育率在未來可能會略為升高，但西班牙仍將面臨人口負成長的問題。西班牙國家統計局甚至預測，全國人口在二〇五〇年之前，將減少百分之十一。[30]

形勢會改變。經濟繁榮能吸引許多出走的年輕人回歸。但純粹就經濟而言，西班牙手上最強的王牌，是與西語世界其他國家的關係。說白了，西班牙的重要性將會下降。大多數生活在美洲的西語人口，則會更為重要。如果世界將因為語言與文化，而非因為鄰近而更為親近，那未來就會更美好。

對於葡萄牙來說，最重要的關係當然是與巴西的關係。相較於西班牙與西語世界其他國家在人口與經濟實力的差距，葡萄牙與巴西之間的差距更大。西班牙的經濟體目前大於墨西哥、阿根廷，但會在二〇二〇年代被墨西哥超越。巴西的經濟體已經是葡萄牙的十倍，而且差距還會擴大。以西歐的標準來看，葡萄牙算是貧窮。葡萄牙是歐盟在二〇一一年紓困的國家之一，政府背負巨債，中產階級的生活水準下降，導致自信盡失。葡萄牙後來略有復甦，但仍舊相當依賴歐洲市場，畢竟約有四分之三的出口流向歐洲市場。葡萄牙跟西班牙一樣，也有年輕人大量出走海外的問題。未來三十年的情況會好轉，但好轉的程度，將取決於能否妥善經營與巴西之間的關係。葡萄牙有一千一百萬人口。巴西有兩億一千一百萬人口。巴西能助葡萄牙的經濟前景一臂之力，至於如何發揮這種潛力，則是取決於廣大的前殖民地，而非年邁的殖民母國。

北歐國家與瑞士：社會與經濟的領導者

丹麥、芬蘭、冰島、挪威以及瑞典這北歐五國，是世界上最富有的國家之一，而瑞士則是最富有的「真正」國家。之所以說是真正，是因為人口超過八百萬的瑞士既不是小小的石油國家，也不是避稅港。

這些國家全都是社會凝聚力的典範：成功且相對平等的社會，完善的醫療與福利，生活水準令人羨慕。在很多人心目中，北歐國家就是模範社會，證明了高稅收支撐的大量公共支出，能為人民創造最好的機會。但也有人認為小國要達到這種平衡比較容易，畢竟丹麥、芬蘭、挪威的居民約為五至六百萬，瑞典的居民才一千萬出頭。冰島只有三十四萬居民。人民很信任政府。財富與所得差距相對較小，女性享有充足的機會，這是平等的重要條件。

長年實施民主傳統的瑞士，則是稍有不同。民粹選項決定了政策走向，造就了更傳統的社會。然而這些國家的共通點，是至少在外人眼中，似乎是動盪不安的世界中，平靜而滿足的避風港。

北歐國家難免被拿來互相比較。這幾個國家的許多主要社會特質，也的確十分相似。但財富的來源卻不同。挪威是歐洲最大石油生產國。雖然石油產量在二〇〇一年達到顛峰，但挪威決定將石油出口的大半收益保留下來，因此打造出全球規模最大的主權財富基金[31]，規模大於中國以及阿拉伯聯合大公國。挪威等於完全沒有背負國債。

瑞典的經濟來源較為廣泛。國家的財富來自歷史悠久、成績斐然的工程業，而且越來越多財富來自服務出口。舉例來說，瑞典雖然國土面積遠不如加拿大，卻與加拿大並列為世界最大音樂出口國。瑞典兼具財政保守與積極創新，許多高科技新創公司應運而生。不過瑞典最特別的特色，在於財富的分配相當平均。在所有歐洲國家中，唯有瑞典是每一個地區的所得，都高於歐盟平均值。瑞典也不乏黑暗面，尤其是相對來說大規模湧入的移民，對於瑞典的社會模式會有怎樣的考驗，不過瑞典的經濟表現倒是可圈可點。

丹麥也一樣。國家經濟的來源略有不同，來自石油、天然氣，以及食品生產的收益較多，來自工業的收益較少。丹麥與德國接壤，因此與歐洲核心國家的關係較為密切。但丹麥有個特色，是世上最快樂的國家，屢次在全球排名第一或是將近第一。[32]丹麥語的「hygge」最能表達丹麥人在生活中所感受到的舒適、和諧、團體感，以及安逸。丹麥也面臨與瑞典類似的挑戰，但就目前來說，前景依然樂觀。

至於芬蘭，尤其是冰島，一路走來則是較為顛簸。芬蘭的諾基亞曾是全球最大行動電話製造商，也是歐洲最具價值的企業。諾基亞崛起，芬蘭經濟也隨之扶搖直上，但諾基亞後來的衰敗也影響全國。至於冰島，在二〇〇八年金融危機爆發之前，出現更強勁的經濟榮景，後來卻遭逢全球最慘烈的衰退。芬蘭與冰島皆已復甦，但先前承受的傷害足以提醒世人，小國容易受到經濟災難牽連，且恢復力不如大國強。

北歐地區面臨的重要問題，是現有的社會模式能否持續。高支出、高稅收的社會，需要大量的認同與信任支撐。人民要相信不會有人濫用整個制度。如今來自歐洲以外地區的大量移民湧入北歐，現有的社會模式要延續下去實屬不易。當局極力推動移民融入，但社會仍然承受莫大壓力。這是全歐洲面臨的問題，但北歐國家在未來會是主要的試驗場。

瑞士也是一個試驗場，是與代議民主相反的直接民主的試驗場。政府若要做出重大決策，無論是自行車道，還是金融法令，只要人民投票率夠高，就能交付人民以公民投票決定。瑞士通常一年舉辦十次公投。但公投作業相當繁重。如果科技夠發達，大量的政治決策能透過人民直接投票完成，而不是由民選代表代為決策，情勢會是如何呢？民粹主義已經在改變歐美的民主政治。瑞士的經濟非常繁榮，簡直可說是令人驚艷。瑞士是個內陸國家，境內有四種語言流通，自然資源甚少，但貨幣卻是世上最強勢，也是世上最富有的國家。這是非凡的成就。在西方人質疑民主制度的同時，瑞士則是證明了更為民主，而非降低民主，照樣能表現出色。

中歐與東歐

這些國家涵蓋波羅的海、亞得里亞海，一直到黑海一帶諸國。把這麼多形形色色，歷史、文化、經濟發展程度各有不同的國家混在一起說，難免容易讓人誤解。這些國家大多數已成為歐盟會員國，為整個區域增添一種凝聚力。然而，前南斯拉夫國家多半並未加入歐盟，烏克蘭與白俄羅斯也一樣，因此不免讓人質疑，歐盟的擴張是否已達極限。

從經濟的角度來看，隨著經濟互助委員會（Comecon）於一九九一年解散，這些國家也歷經重大轉變。經濟互助委員會是蘇聯成立的經濟聯盟，控制著中歐與東歐的大多數國家。經濟互助委員會的影響非常深遠：包括奧地利在內，原本隸屬西歐經濟體系的國家，即使到了現在，富有程度仍然遠遠超越經濟互助委員會前成員國當中最為富有者，例如捷克共和國。換句話說，用了三十多年還是沒能趕上。前東德儘管獲得鉅額補助，仍比西德貧窮。依照過往經驗，國家的地理位置越偏東，經濟發展程度越低；國家距離西歐市場越近，就越容易自行創造財富。

不過，還是有例外。與俄國接壤的愛沙尼亞，是「連線」程度最高的國家，一百三十萬國民能在線上使用幾乎所有的政府服務。整體而言，中歐與東歐進步極多。在已開發大國當中，唯有波蘭安然度過二〇〇九年的金融危機，沒有陷入衰退的泥沼。斯洛伐克是前捷克斯洛伐克的東半部，如今是中歐與東歐地區的主要汽車生產國，每年生產超過一百萬台汽車。羅馬尼亞與保加利亞大有成長，只是保加利亞仍是最貧窮的歐盟會員國。不過保加利亞仍比至今尚未加入歐盟的阿爾巴尼亞及塞爾維亞富有。

這些國家加入歐盟，意味在現在的歐盟範圍，有一條陸路可以直通希臘。論地理位置，下一個要加入歐盟的本應是烏克蘭。在烏克蘭，經濟被政治與戰爭摧毀。俄國於二〇一四年吞併克里米亞半島，又於二〇二二年惡意入侵烏克蘭。因此很難準確預測烏克蘭未來的發展，只能說既然烏克蘭遠比西方的幾個鄰國貧窮，理應有很大的潛力能縮短差距。這就讓人聯想到一個很有意思的可能性：俄國會不會也迎頭趕上？

俄國

我們不談可怕的政治，因為政治是會變的。我們要談的是俄國經濟體的基本競爭力。有三項很明顯的優勢，也有三項令人擔憂的缺點。

第一，俄國這個世界上面積最大的國家，擁有大量天然資源：石油、天然氣、礦物、稀土、木材。也許某些資源的需求會下降，但隨著全球人口增加，生活水準上升，掌握這些資源將會更形重要。

第二，俄國的人力資本非常理想：才華洋溢、教育程度高、有企業家精神、積極有活力，而且敢於冒險。[33]但俄國的人力資本，就像這個國家的許多方面，並不平衡。許多最優秀的人才寧願到海外工作。不過，這也代表俄國有一群勞工具有海外工作經驗與人脈，這也是一項優勢。

第三，俄國與世界三個最大經濟實體的其中兩個接壤。一個是歐盟，另一個是中國。

除此之外，俄國也有三大劣勢。第一是人口結構。俄國的人口較為高齡，而且預計將會在二〇五〇年之前，從一億四千三百萬，降至一億一千六百萬。男性壽命是中等所得國家中最低的，平均預期壽命為六十六歲，不過女性平均預期壽命則是長得多，為七十七歲。

第二，俄國很難建立高所得國家必備的法令穩定性。當地的企業實務變幻莫測，因此外資很難流入，知識也很難轉移。

第三，俄國過於依賴能源與原料出口，兩者約占該國總出口的三分之二。俄國不但得應付石油與天然氣價格波動，而且重視初級生產量，也代表俄國並沒有其他的生財之道。

俄國無法解決這些問題，因此不僅漸漸不如美國，跟其他已開發國家相比也逐漸落後。因此在全球只能算是中等規模的經濟體，排名大約第十五左右，小於西班牙與澳洲，比土耳其大一點。照理說俄國的表現應該遠比現在理想。俄國能做到嗎？會做到嗎？倘若做不到，與東方的強鄰中國的關係又會如何？

崛起當中的亞洲強國：中國與印度

中國、香港、台灣，還有新加坡

中國從一個基本生活維持經濟、且數百萬人民曾死於饑荒，演變為今日的強國。這是這個時代兩起經濟奇蹟之一，另一起是資訊革命。一九七八年，也就是鄧小平掌權的那一年[34]，中國人民平均而言比印度人民，以及大多數撒哈拉以南的非洲人民貧窮。到了二〇二〇年，中國的生活水準，平均而言高於巴西，近於包括羅馬尼亞在內的較為貧窮的歐洲國家。這個大國在四十年間，從世界最貧窮的國家之一，躍升到全球的中段班。數億中國人脫離貧窮，進階中產階級。若以擁有汽車作為衡量標準，每一千名中國人擁有三百台汽車，大約等於一九七〇年代英國的水準。不僅是生活水準提升，健康也有所進步。目前的預期壽命是七十六歲，與一九八〇年代的瑞典相當。

中國經濟成長的數據相當驚人：中國現役的高速鐵路數量，比世界其他國家全部加起來還多，生產汽車數量也超過美國、日本、德國等國。但從人類的角度來看，全世界人口最多的國家，讓這麼多人民脫離貧窮，絕對是最重要，也是最美好的故事。中國是怎麼做到的？

這個問題有兩種回答的方式，兩種都會讓人質疑中國模式能否持續。

一種是分析中國從一九七八年至今的政策變化，尤其是逐步放鬆共產黨自一九四八年執政以來實施的計畫經濟。中國政府逐步鬆綁，讓市場訊號慢慢取代官僚目標，同時也仿效西方的混合式經濟架構，不過幸好改變是循序漸進的，因此得以避免前蘇聯那樣的經濟大崩潰。即使在四十年後，中國經濟大部分依然是國營，貨幣並不是完全可兌換，雖也有不少國外投資，卻受到嚴格管制。總而言之，中國從管制經濟到市場經濟的轉型是成功的。過程中難免會犯錯，一味急著投資更多、生產更多、消費更多，也扭曲了經濟。舉個例子，很多新建房屋都不合格，可能永遠不會有人居住。投資不善的債務陰影籠罩著全國。至於環境受到的破壞，最理想的狀況也要幾十年才能修復，最糟糕則是無法修復。

另一種分析中國經濟成長的方式，是注意到中國仿效西方，引進現有的科技，有時是藉由外來投資發展科技，有時則是直接竊取。任何人造訪中國，都會看見西方汽車的複製品行駛在街道上，但還是與真品不盡相同。從勞斯萊斯幻影、保時捷卡曼，到小小的印度馬魯蒂，在中國都能看見複製品。但中國複製的不只是實體物品，還有服務。所以，全世界唯有中國的社群媒體與搜尋引擎巨擘並非美國企業。美國的社群媒體公司向來被拒於中國的門外，也大致接受被排擠的現實，而中國複製的社群媒體公司則是欣欣向榮。[35]

中國若是積極追趕，經濟也會隨之成長許多年，但發展到一個階段，也許會陷入瓶頸，難以突破。這就是所謂的「中等收入陷阱」。中國除了運用西方的科技之外，還得想出別的策略，才不會落入陷阱。該怎麼做？兩個城邦的表現可供參考。這兩個城邦亮眼的經濟成就並不相同。帶動經濟成長的推手，是各自境內聰明的中國人。這兩個城邦的其中一個，現在是中國的一部分，另一個則是獨立國家。一個是香港，另一個是新加坡。

在二十世紀的後半，香港與新加坡的經濟呈現爆發式成長。香港與新加坡一九五〇年的人均GDP，大約是殖民母國英國的三分之一。到了一九九七年，依據「一國兩制」協議，香港回歸中國，這時香港的富有程度已經大有提升[36]。新加坡也一樣。然而到了二〇一九年，香港與新加坡雖然都超越英國，但新加坡已經開始領先香港。以人均GDP來看，新加坡可是全球第三高。香港的經濟表現向來頗為出色，在中國大陸治下，也繼續精采。但新加坡的表現始終優異，在各項指標的排名都名列前茅，包括經商容易度、經濟自由、競爭力、人類發展、全球教育等。新加坡的各項表現並非完美，但能有如今的成就，執政當局居功厥偉，也值得中國借鏡。

台灣也一樣。我們在這裡不需要討論台灣與中國之間的關係，不過應該可以合理推斷，目前的緊張局勢將得以和平解決，不至於動武。國民黨政府一九四九年從中國撤退到台灣之時，台灣的人均財富只是略高於中國大陸。但從一九五〇年代，尤其是一九六〇年代開始，台灣持續大幅領先。現在台灣的高所得國家地位已然穩固，雖然不如香港與新加坡，但仍遙遙領先中國大陸。台灣尤其擅長製造電子消費品，而且與中國經濟息息相關。台灣對中國與香港的出口，占出口總額超過百分之四十。

然而，台灣的成功也要打上問號。不知為何，台灣始終無法像新加坡或香港能推升自身在價值鏈的地位，也不像南韓能打造全球品牌。難道，台灣雖說富裕卻難以更上層樓，比葡萄牙富裕，但不如西班牙？還是台灣是一個正在努力前進的拓荒經濟？這也是中國很快就將面臨的兩難困境。

當然，規模是天差地遠的。台灣的人口約為兩千四百萬，香港為七百五十萬，新加坡不到六百萬，中國則是有十四億人口。規模是中國的一大優勢，卻也代表中國無法依靠追趕，必須自行拓荒。其實從許多跡象，可以看出中國正在拓荒。舉個例子，中國是全球太陽能與電動車生產的先驅，運用龐大的市場，在自身研判的重要領域取得領導地位。也許中國進步道路上最大的問題，是中國究竟會成為真正的創新者，還是繼續待在舒適圈，以緩和內部壓力為重，而不是向外擴張。

印度次大陸

印度在二〇二二年左右，將超越中國，成為全球人口最多的國家。如果把原本屬於英屬印度、後於一九四七年脫離印度獨立的巴基斯坦及孟加拉算進去，那麼印度次大陸的人口已遠超過中國，也即將取代德國，成為全球第四大經濟體。到了二〇三〇年，印度本身將超越德國與日本，成為全球第三大經濟體。[37]

印度與中國一樣，在二十世紀的最後二十五年，突然重新覺醒。剛宣布獨立的那些年，印度一路跌跌撞撞，經濟成長只是稍微快於人口成長的速度。生活水準也是緩慢提升；不過在一九七七年，中國經濟即將起飛之際，印度的人均GDP略高於中國。後來中國大舉超前。如下圖所示，在二十世紀初，印度次大陸整體而言確實略比中國富有。

印度在一九九〇年代，也許受到中國經驗的啟發，開始推動對企業有益的改革。改革的步伐在這個世紀初加快，到了二〇一七年，印度的經濟成長已超越中國，成為全球成長最快的大型經濟體。

然而，印度如此遼闊且多元，若是只比較國與國之間的財富，難免忽略了印度國內極大的差異。舉例來說，果亞邦是印度最富有的邦，生活水準類似保加利亞之類的歐洲窮國。而印度最貧窮的比哈爾邦，生活水準則是與撒哈拉以南的非洲國家馬利相當。所以進步的關鍵，在於帶動落後的各邦與人民。快速的成長應該還能持續很多年。原因之一是相較於中國，印度追趕的空間更大。印度的人均GDP是中國的四分之一。基礎建設投資的規模與需求，以及仍在成長的人口所供給的勞力，將帶動經濟成長。

印度擁有許多天賦。印度的菁英階層教育程度高、有自信，也有抱負。所謂有

一五〇〇年以後的人均 GDP

（以二〇二〇年美元計算，購買力平價匯率，對數尺度）

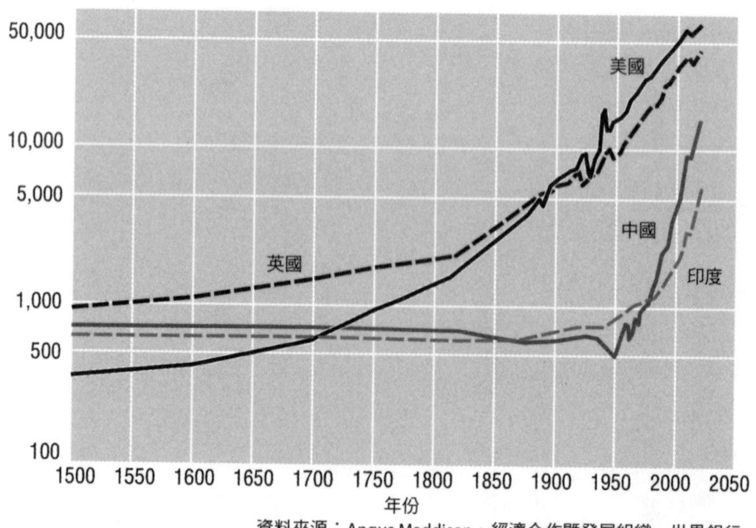

資料來源：Angus Maddison、經濟合作暨發展組織、世界銀行。

抱負，不僅在於為自己、為家人努力，也包括為自己的國家奮鬥。每年都有大批具備技術的印度年輕人結束高等教育，投入印度的高科技產業。服務業與製造業也是印度的兩大強項。在這方面印度勝過中國，因為中國擅長製造更甚於服務。所以成長不是問題。印度面臨的問題，其實是如何妥善管理成長，為全體國民，以及迅速成長的中產階級牟利。治理品質、環境控制，以及優質教育的普及度，將決定印度能以多快的速度趕上中國。印度努力的目標很多，眼前的挑戰嚴峻，但也有絕佳的機會。

巴基斯坦、孟加拉、斯里蘭卡

印度強勢稱霸次大陸，因此很多人忘了人口超過兩億的巴基斯坦，是世界人口第六大國。人口一億六千萬的孟加拉，是世界人口第八大國。但這幾個鄰國之間劍拔弩張，因此整個區域難以整合成經濟區，國防支出幾乎耗盡了資源。巴基斯坦與印度之間對比明顯。依據世界銀行計算[38]，巴基斯坦的人均ＧＤＰ在二〇一〇年之前，略高於印度。然而到了二〇一七年，印度的人均ＧＤＰ平均超越巴基斯坦三分之一。

次大陸最貧窮的國家是孟加拉，人均所得是印度的一半。人口兩千兩百萬的斯里蘭卡，則是遠遠超越其他國家。斯里蘭卡實際上是中等所得國家，或多或少因為旅遊業發達的關係，人均

GDP只略為落後巴西。所以斯里蘭卡前景樂觀，至少經濟表現可期。那巴基斯坦還有孟加拉呢？有無經濟起飛的可能？

這兩個國家照理說應該會走向繁榮。他們親眼看見印度的成就：更快的經濟成長典範，就在他們的家門口。匯豐甚至預測，孟加拉在二〇三〇年之前，會是全球成長最快的經濟體，印度次之，巴基斯坦第四。但兩國都面臨政治問題，必須想辦法提升治理的標準，也要面對環境壓力。巴基斯坦最大城市卡拉奇將難以滿足居民的用水需求。巴基斯坦的人口可望在二〇五〇年之前，暴增至兩億七千五百萬，卡拉奇的人口也許會超過三千萬。孟加拉首都達卡人口可望達到三千五百萬，成為世上第三大城市。人口成長會刺激經濟成長，但前提是教育、醫療，以及其他社會服務能跟上。但這兩個國家都有結構上的缺陷。例如巴基斯坦是全球第三大稻米出口國，表現確實不俗，然而種植稻米需要使用大量的水。孟加拉約有百分之九十的出口獲利來自成衣，也是不錯的成績，但如此依賴單一產業非常危險。一般而言，一個國家是否具備照顧數百萬新增國民的能力，將決定這個國家的未來。是的，這些國家將會飛快成長。重點在於成長能否持續，如若不能，也要知道是哪裡出了問題。

日本與南北韓

日本

如果印度次大陸最大的挑戰是青年，日本最大的挑戰就是老年。日本是世上最高齡的社會，也是人類史上最高齡的社會。從這個角度看，日本是人類的先驅國家。過去五十年來，日本好比坐上飛天遁地的雲霄飛車。從一九五〇年代一直到一九九〇年代早期，日本都是世上成長最快的經濟體，是僅次於美國的世界第二大經濟體。以市場外匯匯率計算，日本一九九五年的GDP是五．四五兆美元，美國則是七．六六兆美元。日本的人均國民所得比美國高出三分之一。但後來就不再成長。二〇一八年的GDP甚至低於二十三年前的水準，國民也遠比美國人民窮。日本不但沒能實現某些人的預言，沒能挑戰美國的全球經濟霸主地位，反而把眼光朝向國內，專心照顧自己的國民。日本社會仍舊井然有序，令人尊敬，但對於整個世界的影響力，已經不如一個世代以前。包括豐田汽車在內，有些家喻戶曉的日本企業，在各自的領域仍是全球第一。但其他日本企業，例如索尼、東芝，以及松下，已難以維持二十年前的優勢。

這可不妙，因為日本有很多地方值得世界學習。兩個鐵錚錚的事實：日本的犯罪率是全球最低，壽命則是全球最長[39]。再加上有效率、互助合作又和諧的人際關係，服務的品質，以及城市的清潔程度，可以看出日本創造了一個非常特別的社會。但日本值得全世界學習的還不只這些，還包括處理高齡化人口的方式。世界其他國家也會面對這個問題。

朝鮮半島

南、北韓分別代表一場經濟與政治實驗的兩個極端。北韓是無法餵飽人民的管制經濟，南韓則是全球最有活力的市場經濟之一。世界上還有其他經濟管理成功與失敗的極端案例：新加坡克服了缺乏自然資源的缺陷，委內瑞拉則是將自身的石油財富揮霍殆盡。但自從東、西德重新統一以來，韓民族是世上唯一因為意識形態對立，而擁有截然不同命運的民族。所以，問題顯然在於目前的對立還能持續多久，統一又會以什麼樣的形式發生。

這些問題的答案並沒有定論。顯而易見的是，積極且有能力的韓民族，創造了南韓的經濟榮景。現代汽車是全球第四大汽車製造商，三星是全球最大智慧型手機製造商。有人說，南韓現在太依賴這兩個產業，服務業則是有待加強。但南韓確實已經脫離中等收入陷阱，就像日本一樣。但南韓不同於日本的是，南韓避開了一九八〇年代與一九九〇年代金融泡沫膨脹最厲害的時候。但南韓與日本還有一個共同的特質，而且甚至比日本嚴重：新生兒非常少。

根據世界銀行二〇一九年估計，南韓的總生育率，亦即平均每位女性一生當中生育的嬰兒，是〇．九二，是世界最低的數字[40]。北韓的總生育率卻遠高於南韓，將近二，與替代率相去不遠。經濟富裕國家的人民，相較於貧困國家的人民，生育子女的數量竟然少得多，實在令人百思不得其解。除非有重大改變，否則南韓人口將逐漸減少，南韓也將面臨老年人口增加的問題。南韓雖然成就斐然，卻仍面臨重大挑戰。

東南亞「諸虎」

要研究東南亞，首先必須了解過去二十年來，東南亞是世界上最有活力的區域之一，成長速度不如中國、印度，卻幾乎超越其他每一個國家[41]。研究東南亞的傳統方式，是將形形色色的東南亞國家，放在東南亞國家協會（ASEAN）的大框架來看。東協於一九六七年成立，宗旨之一是鼓勵區域貿易，正如歐洲經濟共同體也是為了促進歐洲貿易而設置。另一項宗旨則是串連東南亞地區的非共產國家。東協有五個原始成員國：印尼、馬來西亞、菲律賓、新加坡，以及泰國。後來加入的則有汶萊、越南、寮國、緬甸，以及東埔寨。

東南亞與歐洲有明顯的相似之處：先是一群市場經濟國家，後來又有一群先前實施計畫經濟的國家加入。但也有鮮明差異。東協各國並不打算形成越發緊密的聯盟。沒有使用單一貨幣，沒有共同旅行區，也沒有高額的中央預算。東協各國是在能互惠的前提下合作。東協的口號「同一願景，同一立場，同一聯盟」，比較像是宣示志向，而不是反映現狀。歐洲雖然具有優勢，團結的效果卻可能不如個別會員國的總和。東南亞則不同，各成員國一起發揮活力與奮鬥精神，整個區域也許會大放異彩，但前提是整個區域不會因為中國擴張而不穩定。

東協諸國的人口差異甚大，汶萊人口不到五十萬，印尼人口則是超過兩億七千萬。財富的鴻溝也頗為巨大，新加坡的人均ＧＤＰ超過六萬美元，緬甸則是不到一千五百美元。一個是經濟發展的資優生，另一個都還沒開始發展經濟。東協諸國的歷史、文化、認同各有不同，也面臨不同的壓力。而且我們必須理解，這些國家的經濟潛力也大不相同。因此，新加坡是「先驅國家」，印尼則是典型的「追趕」案例。印尼的人口增長、生產力上升，帶動了經濟成長，可望名列全球十五大經濟體之一。緬甸的前景則不容樂觀。

各國面臨的挑戰不同。例如印尼必須處理首都雅加達人口暴增的問題。雅加達有可能超越東京，成為世上最大城市。印尼人口可望在二〇三〇年前逼近三億，屆時將成為世界上人口第四多的國家。這個國土零散的大國面臨的問題，是如何駕馭老虎：如何提升生產力、改善環境標準，重要的是也要讓年輕人得以實現抱負。

人口第二多的東協國家是菲律賓，也是唯一基督徒占絕大多數的亞洲國家，一億一千萬人口當中，超過百分之九十信奉基督教。菲律賓的人口結構相對理想，成長前景也極佳，卻面臨環境與治理的問題。而且菲律賓就像幾個東南亞國家，也可能遇到中等收入陷阱，不太可能達到已開發國家的地位。越南、泰國、緬甸、（以人口而言）較小的柬埔寨以及寮國，都必須以不同的方式克服中等收入陷阱。以人均GDP來看，除了新加坡以及盛產石油的汶萊之外，馬來西亞是東南亞最富有的國家，富有的程度大概足以在未來避開中等收入陷阱。泰國也一樣，該國以旺盛的旅遊業聞名，長期名列世界十大最受歡迎旅遊勝地之一，製造業出口也很強大。

東協國家的重點，在於形勢對他們非常有利。無論是地理位置、具備的能力、與生俱來的活力，還有共同追求經濟發展的決心，這些條件足以讓他們搭上全球成長的順風車。東協國家處於截然不同的發展階段，但這其實是一種優勢。這些國家近年的發展十分精采，未來也相當樂觀。

非洲與中東：世界最年輕的區域

非洲的成功故事即將上演。對於一個具有許多文化、許多問題、許多緊張局勢，以及許多不確定性的大洲來說，這是一個很重大的宣示。以人均所得而論，撒哈拉以南非洲仍然是全世界最貧窮的區域，預期壽命也是全球最低，所以比較精確的說法，應該是非洲有不少成功案例。非洲在西方呈現的不少形象都是負面的，慈善機構的廣告經常出現營養不良的非洲兒童，但非洲還是不乏成功的案例，我們不應低估非洲的表現。想一想，以ＧＤＰ成長幅度而論，非洲是這個世紀以來成長最快的區域，成長甚至比中國還快。這本身就很有意思，因為中國的投資是非洲成長的主因，至少是主因之一。但從這一點也能預見未來，因為非洲的人口年輕，生育率又高，未來將持續快速成長。所以未來的重大挑戰，當然是投資基礎設施，但也要投資人力資本。非洲必須改善治理、教育與訓練，才能建立穩定的成長架構，年輕人也才能準備好迎接飛速成長的經濟所帶來的複雜機會。

這是共同的課題，但對於撒哈拉以南的四個人口最多的非洲國家而言格外重要。這四個國家分別是奈及利亞、衣索比亞、剛果民主共和國，以及南非。每一個都是非洲經濟的支柱。倘若經濟發展順利，也能帶動其他非洲國家。倘若不順利，整個非洲都遭殃。

以下是對於每個國家的一些想法。

奈及利亞是個大國，但在對外貿易上太倚賴生產石油的獲利。擁有兩億零七百萬人口的奈及利亞，與五千八百萬人口的南非競爭撒哈拉以南最大經濟體的寶座。兩國的地位消長，主要取決於石油價格波動，以及奈及利亞的石油產量。石油產品，其中大多是原油，占奈及利亞出口收入的百分之九十五，可見該國依賴石油的程度。石油讓奈及利亞一年的ＧＤＰ高達大約四千億美元，人均GDP約為兩千五百美元。以購買力平價匯率換算，大約是兩倍左右，所以奈及利亞並非窮國，而是處於中等所得國家的末段。但若是與其他國家比較，奈及利亞二〇二〇年的GDP並沒有超越愛爾蘭共和國多少，而愛爾蘭的人口不到五百萬。

奈及利亞就像其他依賴石油的國家，必須另闢財源。但要這樣做談何容易，僅僅是發展其他有出口潛力的產業並不夠，不過這也很重要。但除此之外，還要讓目前以農業為生的三分之二人口都能找到工作[42]。隨著奈及利亞進一步發展，這些人很有可能會出走海外。不過，奈及利亞興起了創業潮，問題在於如何能讓整個國家受益。關鍵在於良性治理。

一個國家該怎麼治理自身，外國作者沒有資格置喙。值得一提的是，奈及利亞以西二百四十公里的迦納，近年來大幅改善經濟施政，因此在二〇一七年成為成長第二快的非洲經濟體[43]，僅次於衣索比亞，堪稱西非的表率。迦納同樣非常依賴原料出口，包括黃金與石油。迦納有一半的勞動力從事農業，而農業在未來仍將是迦納經濟的支柱。不過迦納製造業與服務業的發展，比其他國家顯著。

迦納遠比奈及利亞小，人口兩千七百萬，一年GDP約為五百億美元。但從茅利塔尼亞一路到奈及利亞，有些說法語、有些說英語的海岸帶國家當中，迦納卻是第二大的。這些國家的殖民歷史、本地文化、宗教以及資源各有不同，因此，整個區域難以在經濟方面一致行動。曾任聯合國祕書長的已故迦納外交官科菲．安南曾經埋怨，非洲與歐洲之間的交通，比非洲各國之間的交通還要理想[44]。不過，中國十年來在當地投資基礎設施，或多或少解決了這個問題。一旦交通改善，迦納、尤其是奈及利亞發展得更好，西非整體就會欣欣向榮。

衣索比亞的人口超過一億，是非洲人口第二多的國家，在本世紀也始終是全球成長最快的經濟體之一。幾年來一直是成長速度第一的經濟體：從二〇〇七與二〇〇八年，一直到二〇一七與二〇一八年的十年間，年成長率平均超過百分之十[45]。這是驚人的成就，值得肯定。然而，此一成長率的計算基數確實很低。在本世紀初，衣索比亞是非洲最窮的國家之一，衡量衣索比亞的進步，也不能忽略這一點。衣索比亞曾是全球第三窮的國家[46]。歷經這些年的成長，人均GDP仍然只有奈及利亞的四分之一，或者換個角度看，大約是一九七〇年代中國與印度的水準。努力的空間還很大。眼前的挑戰是繼續努力，三十年後將整個國家提升到中等所得水準。

衣索比亞獲得已開發國家提供的高額援助基金，因此不少人分析衣索比亞的競爭力、問題，以及機會。分析的結果普遍樂觀[47]，但該國必須繼續與社會及種族對立問題纏鬥。衣索比亞的競爭優勢在於旅遊業及相關服務，但製造業也應該有發展的機會。衣索比亞人口眾多，預計將在二〇五〇年前逼近兩億，薪資水準相對較低，如此規模的基礎，應該足以發展工業化經濟體。通往繁榮的道路，已有許多國家走過，所以問題在於衣索比亞能否繼續走在這條路上。

廣大的剛果民主共和國（一九七一至一九九七年的國名為薩伊）面臨的挑戰不同，但同樣艱鉅。剛果是撒哈拉以南地區最大的國家，也是礦產資源最豐富的國家，銅與鈷占該國出口貿易百分之八十。但無論是從人均所得，還是人類發展的角度看，剛果都是世上最窮的國家之一。之所以會出現潛在財富與當前貧窮並存的悲哀局面，主要是因為政府管理不當，加上政治不穩定。這種亂象在二〇一〇年之前延續了三十年，人均財富大降至一九六〇年代與一九七〇年代的三分之一左右，二〇一〇年之後才略有起色。

探究這起悲劇的細節意義不大，但也許我們應該知道，政治不穩定或多或少是因為鄰近幾個國家爆發衝突，尤其是盧安達的戰爭。必須強調的是，剛果只要妥善治理，政局又穩定，應該就能走向繁榮。剛果越繁榮，整個中非也會越興盛。這個區域蘊含著一些財富，例如盛產石油的加彭，人均GDP超過七千美元，人口卻只有兩百萬。位於加彭北方，同樣盛產石油的赤道幾內亞，是非洲最富有的國家，一百四十萬人口，卻是全球最不平等的地方，只有不到一半的人口能取得乾淨的飲用水。顯然有些問題尚待解決，但人口最多的國家必須帶領整個區域走向繁榮。

撒哈拉以南非洲地區的強國向來都是南非。南非也是非洲最富有的大型經濟體，擁有發展程度最高的產業、教育程度最高的勞動力，以及人數最多的非洲黑人中產階級。南非有豐富的自然資源、強勁的旅遊和金融服務業，以及非洲最大的製造業。簡言之，是具備了不少成功的條件。

但南非近年來的表現並不理想，是非洲成長最慢的經濟體之一。大多數其他非洲國家的成長率約為百分之八，南非則是連百分之二都難以達成。

成長並非一切。但南非經濟不振，代表失業與不平等惡化，已經緊張的社會也因此承受更大的壓力。官方發布的失業率約為百分之二十七，青年失業率則是將近百分之四十[48]。難怪犯罪問題很嚴重。南非的他殺率低於拉丁美洲，但依據包括其他非洲國家在內的其他標準，還是偏高。

南非難免會受到種族隔離政策遺毒的影響。但自從曼德拉一九九四年當選總統，之後的二十五年間，種族隔離政策對於經濟的負面影響應該有所減退。一個國家的經濟要繁榮，企業界必須有信心，但南非企業界的信心卻很薄弱。所以真正的問題在於，經濟需求是否將左右未來的政策，或者未來的執政當局，會不會繼續積極平息社會對立。南非面臨的是雞生蛋還是蛋生雞的挑戰：長期的經濟成長需要更穩定的社會，但社會要穩定，必須有更好的就業機會，而經濟成長才能創造更好的就業機會。

整個非洲大陸都面臨這種矛盾。但非洲還有另一項障礙：交通不良。整個非洲從東北方的肯亞與烏干達，到西南方的納米比亞與南非，可以畫一條長長的弧線。這些國家大多是大英國協的成員國，人口多寡不一。坦尚尼亞的人口將近六千萬，肯亞五千萬，賴索托與史瓦濟蘭則是不到兩百萬。至於國土面積，坦尚尼亞的面積相當於西歐，史瓦濟蘭則是小於威爾斯。富有的波札那人均GDP約為八千美元，人類發展指數在撒哈拉以南的非洲地區也是排名第一。馬拉威的人均GDP則是不到五百美元。

這個廣大的區域約有兩億五千萬人口，若將南非計入，則是超過三億。這個區域還有豐厚的天然資源、進步的城市，以及興盛的旅遊業。這些條件照理說足以造就繁榮的經濟。但為何這個區域也有一些世界上最窮的國家？交通不佳的問題源自道路。至今仍然沒有優質的南北向道路，內部道路也多半品質不佳。鐵路很少。即使是航空運輸也很薄弱。在非洲，搭乘飛機到數千英里之外的歐洲，往往比前往鄰國的首都還容易。不過現在漸有起色。中國正在斥資改造路網。分線公路的數量有限，但非洲各地現在有越來越多的優質雙車道道路網。

非洲經濟正在快速成長中，中國對於非洲的農業、基礎設施，以及製造業的投資，在未來能否支撐甚至擴大非洲的經濟成長？說得直白一些，西方援助計畫沒能做到的，中國的商業投資能否做到？投資非洲是中國所謂的「一帶一路」計畫的重點[49]。非洲與中國是一拍即合。非洲需要商業投資，中國需要自然資源。中國也許是因為沒有殖民者內疚感的心理包袱，因此在非洲運作，比西方的政府及企業更為容易。非洲與中國的關係能否順利經營，將決定非洲的未來。但無論未來如何，非洲在世界經濟的地位將更形重要。

相較之下，中東的重要性可能會下降。討論中東地區的經濟優勢與缺陷，很難不談中東地區的政治。從政治角度看，中東地區無論是現在，還是在未來，都會是全球最脆弱的區域之一。然而，最好還是將討論的重點放在經濟上，因為一個區域越能為年輕人創造就業及機會，區域裡的不同國家就更能處理政治對立的問題。

中東諸國的差異極大。以財富為例，從人均GDP來說，卡達是世界上最富有的國家。位於中東東方的阿富汗，則是全世界最窮的國家之一。或者從人口密度的角度看，利比亞的七百萬人口，生活在全世界陸地面積第十六大的國家，而埃及的北尼羅河區域，包括開羅與亞歷山卓，則是世上人口密度最高的地方之一。或是從經濟結構的角度看，石油與天然氣是波斯灣與沙烏地阿拉伯的經濟命脈。埃及經濟分散的程度非比尋常，從事農業與工業的勞動力大約各占總勞動力的四分之一，其他的勞動力則是從事服務業與公職。位於中東地區西北側的土耳其，則是全世界前二十大經濟體之一。最東方的塔吉克與吉爾吉斯的經濟體極小，大約是英國牛津市的規模。以色列則是位於中等所得地區的高所得「西方」已開發經濟體。

中東各國如此多元，很難歸納出共同的重點。有些值得注意的地方倒是很明顯。盛產石油的國家必須廣闢財源。人口眾多的國家，必須想辦法為年輕人創造就業機會。教育水準必須提高。而且政治當然要穩定，成長才能延續。但提出這一點，也就忽略了更大的重點。中東地區在下一個世代的表現，可能會遠超過前一個世代。年輕有活力的中東，是逐漸老化的歐洲的最佳拍檔。

從歐洲的角度，常常把中東的年輕視為一種威脅，認為大規模移民湧入，可能會帶來老一輩的歐洲人無法接受的觀念與文化。這種恐懼也不是沒道理。不過大多數人若能在國內找到理想的機會，就不想離開自己的國家、家人與朋友。

好幾百年來，歐洲與中東始終交惡。指望雙方的關係能好轉，未免太過樂觀。不過歐洲與中東是理所當然的經濟夥伴，這也許會是關係好轉的起點。歐洲提供投資資本、技術，也給予中東的出口商品更為開放的市場。而歐洲付出這些，換得中東商品與服務，也比從其他地方得到的更便宜，更優質。客觀來看，中東能提供的資源不少。歐洲若能認清這一點，用心經營與中東的關係，盡量發揮巧思，對自己將大為有利。中東國家若能將歐洲視為能幫助他們解決自身問題的盟友，對自己也很有好處。

大洋洲：澳洲還會繼續幸運下去嗎？

一九六〇年代的兩本經典之作，捕捉了澳洲的精髓。澳洲仍然很幸運，也許可以說比唐諾·霍恩在一九六四年發表著作《幸運國家》（*The Lucky Country*）時更為幸運。霍恩指出，澳洲人民之所以成功，與其說是天賦異稟，不如說是因為擁有大自然給予的財富，又得以遠離其他國家的問題。然而後來的歷史證明，澳洲人民將一手好牌玩得精明。澳洲之所以比較幸運，或多或少是因為與澳洲位處相同時區的亞洲國家，在全球的地位更形重要，例如伯斯就位處與北京相同的時區。但也是因為通訊革命為澳洲掃除了一項潛在的經濟障礙：跟其他西方國家相距甚遠。傑弗里．布萊尼一九六七年的著作《距離的暴政》（*The Tyranny of Distance*），探討這種地理位置上的孤立對澳洲的影響。他表示，澳洲當時面臨的挑戰，是要在一片處女地，至少是移民眼中的處女地，創造一個說英語的新社會，而且要脫離遙遠的歐洲根源，自行獨立。不過航空運輸的價格不斷下降，尤其是電信通訊幾乎免費，已經縮短了澳洲與世界的距離。

看看誰購買澳洲的出口品，即可看出在澳洲所屬時區的成長，對澳洲產生怎樣的影響。在本世紀初，澳洲大約一半的出口品流向亞洲。這個比例在二〇一八年已經超過三分之二，其中將近三分之一流向中國。原因很明顯。澳洲能滿足蓬勃發展的亞洲的需求。澳洲是全球最大鐵礦出口國，占全球市場將近百分之六十。其他主要出口品包括煤、黃金、天然氣，以及小麥，在亞洲都有大量需求。

但只看實體出口，無法窺見全貌。澳洲也發展出一流的服務業，包括大家都知道的旅遊業，教育也是澳洲的強項。依照QS世界大學排名，全球百大大學當中，澳洲大學的數量為第三多，僅次於美國及英國。以一個人口只有兩千五百萬的國家來說，是項驚人的成就[50]。亞洲人若想在英美之外的英語環境求學，澳洲是個合理的選擇。這一點在未來是為澳洲加分的強項：會有許多聰明的年輕人熟悉澳洲。

這幾項優勢相加：自然資源、英語以及英式司法體系、優質教育、遼闊空間、東亞時區、正常運作的優質民主，澳洲的吸引力非同一般。但也有一項嚴重的潛在缺點：環境。澳洲是最乾燥的大洲，也因此面臨最嚴重的氣候變遷危機。當地不斷增長的人口必須解決這個問題。

紐西蘭作為澳洲面積較小的表親，經常與澳洲相提並論。把兩國放在一起討論相當方便，畢竟有共同的傳統，文化也相近，但也會忽略兩國的大小與地理的鮮明差異。紐西蘭有五百萬人口，國土面積略大於六千七百萬人口的英國。氣候溫和，而且非但不缺水，南島西岸甚至是全世界最潮濕的地方。因此，在日益擁擠的世界，紐西蘭是個具有吸引力的地方。紐西蘭並沒有澳洲的規模，但這也許不重要。紐西蘭跟澳洲一樣，必須做出一些重大的決定，例如希望藉由吸引更多移民，發展到什麼樣的地步。

這就說到關於澳洲及紐西蘭的最後一個重點。這兩國就像加拿大，是其他國家羨慕的對象，而且無論怎麼做，前途都是光明的。世界上許多人都想移居這三國。這是對三國的一種肯定，代表他們走在正確的道路上。也有其他的已開發國家具有類似的吸引力，北歐國家就是一例，不過這三國是大家想居住的地方，是吸引人才的磁鐵。這是最好的肯定，但同時也是棘手的挑戰。

現在的世界塑造了未來的世界

國家有一些自己無法改變的東西，最明顯的就是地理位置與鄰國。他們的人口會隨著時間改變，會增加或是會減少，但改變的速度很緩慢。勞動力的教育程度的改變，也同樣很緩慢，畢竟平均的工作壽命超過四十年。人口移入與向外移民，會影響一個國家人口的年齡結構與人數多寡，但人口移入與向外移民都有社會面以及現實面的限制。一個國家若是突然發現自然資源，GDP可能會突飛猛進，但倘若該國的政治與制度的結構薄弱，就會虛擲這項優勢。

衡量任何國家的經濟優勢與劣勢，都必須釐清哪些可以改變，哪些又不能改變。一個內陸小國，四周若又都是貧窮的鄰國，就很難克服先天地理位置的劣勢。富國環繞的國家，本身也可能會富有。如果不富有，那絕對是經濟管理有嚴重瑕疵。但是許多國家不分大小，都讓人民承受不必要的貧窮，尤其是鄧小平改革之前的中國。

文化與教育顯然至關重要。北美為何比南美富有？北歐又為何比南歐富有？但文化可以隨著時間改變，也的確會隨著時間改變，教育水準更是如此。我們判斷一個國家在下一個世代的發展，必須先了解這個國家是否有能力、有意願改變。長期的教育表現，也是一個國家能否改善經濟的可靠指標。但促進經濟繁榮的因素，絕對不是只有政策與社會特質而已。我們不可能僅憑一個簡單的指標，就能判斷一個國家是能超常發揮，還是發揮不出應有的水準。我們知道法律很重要，貪腐會摧毀財富，但有些國家司法難以捉摸，貪腐問題嚴重，經濟成長表現卻依舊不俗。

亞當斯密曾說：「一個國家完蛋的地方多了去了。」[51]常有人引用這句話示警，一個國家若是管理不當，經濟前景就會毀滅。他說這句話其實是反諷的意思。他的朋友在英國於一七七七年薩拉托加之役失利之後，對他哀嘆道：「我們都完了。」他在回覆朋友的信上寫了這句話。英國確實失去了美洲殖民地，但當時發生了一件遠比這重要的事。工業革命的腳步正在加快，不只是英國、美洲、歐洲，全世界的生活水準都徹底改變。美國獨立革命是政治上的大事，但以全球經濟而言，則是無足輕重。我認為，美國目前的緊張局勢放在三十年後看，也會顯得無足輕重。

從現在到二〇五〇年，有些國家的經濟地位將大幅提升，有些則會略有進步。但無論哪一個國家，都不應受到自身的過往所限，也不應死守過往刺激經濟成長的方法，畢竟時間已經證明，這些方法是死胡同。其他因素更為重要，後續的章節會將這些因素概括為五大改變的力量。我們現在就要討論這些力量。

改變的力量

第二章／人口結構：老化的世界與年輕的世界

朝向一百億前進

先從幾個數字說起。未來的世界會有多少人口？在二〇五〇年，世界人口將會逼近一百億，從二〇一九年年中的七十七億一路增加。這並不是精確的預測，而是聯合國[1]於二〇一九年年中所做的兩年一度的預測。不過我們可以信任聯合國的研究，因為早在一九九〇年代初，聯合國就準確預測二〇二〇年世界人口將會介於七十五億至八十億之間。至於二一〇〇年甚至之後的遙遠未來，就只能用猜的。但若只要預測一個世代之後，除非發生天大的災難，否則聯合國的數字應該大致正確。畢竟會在二〇五〇年超過三十歲的人，現在都已經出生。

屆時人口最多的國家，會是人口超過十六億的印度。緊追在後的是人口十四億的中國。其他國家則會遠遠落後這兩個大國。四億人口的美國將會是第三名，人口將近四億的奈及利亞會是第四名。接下來則是人口介於兩億至三億的印尼、巴基斯坦、巴西，以及孟加拉，大概就是第五至第八名。

我們大致可以確定這些數字，但只能**大致**確定而已。全球總人口預測值主要有兩個依據：生育率與壽命。但要預測個別國家與區域，就必須參考第三項依據：遷移。你可以大致準確預測全球整體人口的數字，因為移出一個國家，和移入另一個國家的淨人口變化，應該會互相抵銷。但是預測的單位越小，就越沒有把握。

就全球而言，遷移並無好壞之分，但遷移可以改變一個國家。舉個例子，保加利亞從一九八五至二〇一九年，流失超過五分之一的人口，總人口數從將近九百萬

人口預測

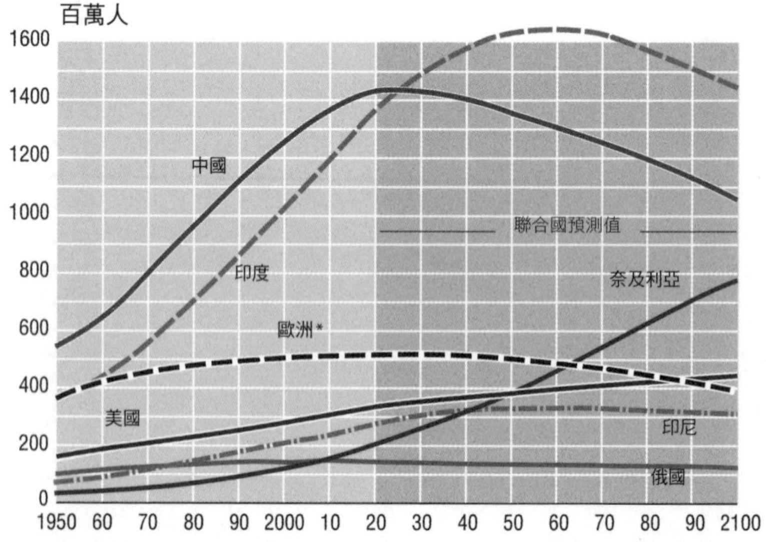

* 包括歐盟目前的二十七個會員國以及英國

資料來源：聯合國、Eurostat

的顛峰，下降到七百萬以下。人口外移到其他的歐洲國家，當然不是總人口劇降的唯一原因。保加利亞的死亡率仍然偏高，下降的速度比鄰國希臘慢。出生率也持續偏低，總生育率為一．四，亦即每位女性終其一生平均生育一．四位嬰兒。全世界只有保加利亞與拉脫維亞兩個國家，二〇一九年的人口少於一九五〇年的人口。

如果全球人口將在二〇五〇年達到一百億，就會引發一連串棘手甚至困擾的問題。有些問題與環境承受的負擔有關：我們屆時最起碼需要足夠的食物、乾淨的水，以及生活空間。其他問題則包括全球金融所受到的影響。負債沉重、人口減少的國家，將難以支付國債的利息。還有一些問題與人力資本有關。非洲增長迅速的十幾歲年輕人，能否享有夠好的教育？科技的進步能否讓已開發國家逐漸老化的國民，維持優質的生活？最重要的是，隨著歐洲人口減少，印度取代中國成為全球人口最多的國家，以及非洲年輕人口大增，各地經濟實力將會有所消長。

後面的章節會討論這種人口變遷的影響。這一章則是要強調全球人口幾乎一定會發生的主要變化，但也會討論一些不確定性，尤其是遷移的不確定性。

人口的變化有三大趨勢。首先是所有已開發國家都要面臨人口老化，有些國家的人口也會減少。第二是全球人口的重心，在亞洲內部有所轉移（亞洲占全球總人口百分之六十），從中國轉移至印度。第三則是非洲人口逐漸成長。這三項我們會一一討論，再探討這些變遷所引發的一些問題。

更年邁的已開發國家

已開發國家人口老化是已知的事實。從下方的圖表即可發現，已開發國家的人口已經在老化，而且至少會再持續一個世代。

不只是已開發國家，現在發生在日本、歐洲，以及慢慢出現在美國的現象，已經擴散到中國與俄國。人口老化終究會席捲印度，以及印度次大陸的其他國家。要說未來五十年我們能確定會發生什麼事，那就是人口老化也會蔓延到非洲。

一個更高齡的世界，在許多方面會帶

一九五〇至二〇五〇年全球人口，按寬廣年齡組分類

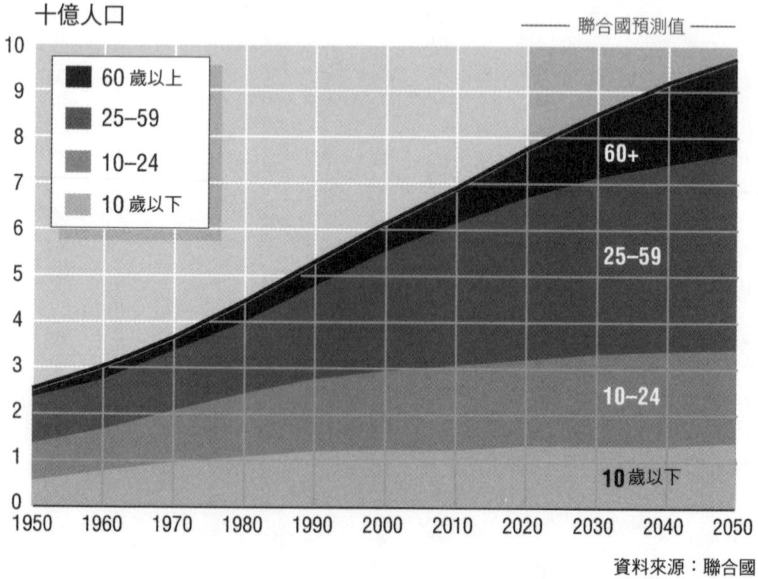

資料來源：聯合國

給我們不一樣的感受。想體驗這種感覺，可以前往全球人口最老邁的日本。表面上，日本應對人口老化的策略極為成功。當然畢竟日本社會長年來極為團結合作。家庭也很重要。這種社會凝聚力的作用極強，由所謂的「小老人」，也就是中老年人，照顧超高齡「老老人」。許多日本的長者即使早已過了正常的退休年齡，仍然繼續做支薪的工作。但日本有些城市沒有兒童，學校只能關閉。這些城市先是成為退休社區，後來就只能廢棄[2]。

目前有不少研究探討日本老化且縮減的人口的相關預測，以及因應策略。負責研究的日本國立社會保障暨人口問題研究所表示[3]，日本四分之一的勞動力，在二〇四五年之前將超過七十五歲。但到時候他們會做著怎樣的工作？這又代表這個國家有著怎樣的生活水準？一般而言，年輕勞工的生產力高於高齡勞工。日本的生產力已在下降，每位勞工的產出是七大工業國當中最低。雖然生產力下降的原因，可能是勞動力老化以及企業作風太古板各占一半，但這種頹勢未來也很難扭轉。

現在的日本平靜、有序、乾淨，治安良好。很多國民的生活優渥。但現在的日本，已經不是一九八〇年代汲汲營營追求創新的日本，未來也不太可能恢復昔日的活力。大約一九九〇至二〇一〇年，這經濟幾乎全面停滯的二十年，日本人稱之為失落的二十年。然而，日本還會繼續面臨長期的經濟停滯。

這有關係嗎？如果現在的工作年齡人口與老年人口比例維持不變，那也許無所謂。但這個比例年年下降，因此到了二〇四五年，預計會變成每七位退休人士，只有十位勞工。大規模移民可能會改變這個比例，問題是日本人似乎不歡迎移民。日本社會向來和諧，所以目前的情況尚可控制，但未來真的很危險。

說穿了就是如此。假設年輕人願意接受較低的、可能低於父執輩的生活水準，那麼老化的社會應該就能正常運作，保持平靜。日本的問題雖然最嚴重，但或許也是最能應對問題的。可是歐洲呢？

歐洲的老化模式與日本相同。南歐的生育率往往低於北歐，東歐的生育率更低。南歐與東歐都經歷過年輕人出走，向北或往西遷移。有人說歐洲是下一個日本，這可不是溢美之詞。但歐洲國家與日本有兩大不同之處。歐洲社會較為分散，移入與移出的人口較多。所以，應該說歐洲的某些地方像日本，至少在人口老化的比例上相似，而其他歐洲國家則是像美國，面對的問題也不同。

義大利與日本最為類似，生育率同樣低迷，估計每位母親平均生育一．三五個子女。日本則是一．四，兩國都遠低於二．一的人口替代率。在除了日本之外的大型經濟體當中，義大利負擔的國債最高，是GDP的百分之一百三十二，日本是百分之二百五十，只是義大利缺乏日本那種控制本國貨幣的自由。義大利近年的經濟，也跟日本一樣幾無成長。

但相似之處也就僅此而已。義大利經歷過大規模的人口移入與外移，日本則沒有。近年來，移入義大利的移民主要來自北非，而外移的人口主要流向其他歐洲國家，但義大利的國外出生人口超過五百萬，占總人口超過百分之八。二〇一五年，超過一百萬人移入義大利，當局也面臨控制移民潮的政治壓力，移入人口後來大為減少。

義大利的移民政策向來飽受各界批評[4]，但從某些角度來看，比較少人關注的年輕人出走的問題，其實更嚴重。從二〇〇八至二〇一五年，超過五十萬義大利年輕人移居海外，多半前往北歐，但也有一些流向北美。出走的原因包括社會與經濟因素：工作機會較少、升遷是依據年齡而非功績等等。年輕人出走，對於義大利的人口結構影響深遠。西班牙，尤其是希臘，也面臨同樣的壓力。因此，南歐國家的人口將會減少，勞動力迅速老化。北歐國家的轉變速度將緩慢得多，而且在某些國家，尤其是英國，人口將一路成長到二〇五〇年以後。到了二〇七〇年，英國可能取代德國，成為人口最多的歐洲國家。

德國與法國未來的人口數，將介於英國與義大利之間。德國的人口有所減少，然而，由於二〇一五至二〇一七年大量移民湧入，人口減少的速度略為緩慢。出生率較高的法國，人口老化的速度將會更慢。不過真正的差異，將是較有活力的北方，與較為遲緩的南方之間的差異，難免將引發對立。這種對立能化解嗎？在柏林圍牆倒塌之後，一九九一年成立的歐洲研究中心「羅伯特舒曼基金會」形容歐洲二〇五〇年的前景是「人口結構的自殺」[5]。這樣形容也許太殘酷了些。但歐洲在全球的勢力必然會大減，尤其在英國經濟更加遠離歐陸之後。羅伯特舒曼基金會認為，歐洲無法面對這項挑戰。不幸的是，這句話可能還說對了。

歐洲的衰退也將引發對立，是歐洲與美國之間的對立。美國以及北美其他國家的人口將繼續增加，美國人口可能在二〇七〇年代超越歐洲。把加拿大算進北美洲總人口，再將英國從歐洲總人口扣除，轉折點可能在二〇四〇年代就會出現。人口將近四億的美國，仍將是全球人口第三大國家。但屆時的人口，與現今的人口將有三大差異。美國政府預測[6]屆時的人口將會更老，六十五歲以上人口比例將從百分之十五增至百分之二十二，也會更為多元，非西班牙裔的白人族群將成為少數，約占總人口百分之四十。而且美國會再次越來越接近移民國家，國外出生的族群占總人口的比例，將從百分之十四上升到百分之十七，創下一八五〇年以來的最高比例。

美國比歐洲更清楚該如何讓移民融入社會，畢竟有較長久的經驗。這幾百年來，歐洲的人口都是淨移出，而非淨移入。對於歐洲人而言，大規模移民是近年的現象。對於美國人來說，大規模移民是整個國家的基礎。況且美國向來擁有最頂尖的移民。美國是大多數移民的首選。許多移民至少一開始是受到美國提供的高等教育吸引，而且幾乎所有的移民，都嚮往美國極具吸引力的就業市場。移民將取代自然增加，成為人口增加的主要原因，畢竟現有人口的生育率，似乎會降至一．八以下，遠低於人口替代率[7]。某些歐洲國家的生育率上升，也許美國也會，但應該不會恢復到能讓美國不需依靠移民，也能維持人口成長的地步。

因此，美國人口將一路成長至二〇五〇年，歐洲人口則會減少。全球最大的兩個已開發國家集團之間的關係，也會隨之改變。這兩個集團面臨同樣的挑戰：要扭轉潛在的負面力量，創造正面的結果。但歐洲較難完成這項挑戰。

還有另一個轉折：俄國的未來。聯合國預測，俄國人口將從二〇二〇年的一億四千六百萬，降至二〇五〇年的一億三千六百萬。即使人口減少又老化，俄國還是有不少人口。但俄國是全球國土面積最大的國家，雖然大多數的地方都是不適合人類居住的惡劣環境，但希望擁有大片土地的人，自然會選擇移居俄國。所以俄國面臨的大問題，是未來會成為人口移入還是移出的國家。說來或許讓人吃驚，自從蘇聯於一九九〇年代初瓦解之後，俄國始終是人口移入的國家。俄國其實是全世界移入人口第二多的國家，僅次於美國[8]，大多數的移民來自擁有大量俄語人口的國家。俄國需要這些移民，真的很需要，因為俄國的生育率就像美國，每位女性只生育一．八位子女。俄羅斯聯邦國家統計局（Rosstat）估計，俄國一年需要五十萬名移民，總人口才能保持穩定[9]。問題是，俄國的人口可能已經從流入變為流出。現在還無法確認，但俄國可能已經開始出現人口淨流出。倘若這個趨勢持續下去，俄國人口減少的速度將更快。

中國減少，印度增加

然而與新興國家的人口變化相比，已開發國家的人口變化相對較小。未來全球人口可望增加，而增加的人口幾乎完全來自新興國家。大多數的人口增加，將來自印度、其他南亞國家，以及非洲。

在擁有全球百分之六十人口的亞洲，最大的人口變化將出現在中國與印度之間。在二〇二〇年代初期，印度總人口將超越中國，這會是印度人口自一七〇〇年代初期，首度超越中國。從羅馬帝國時代開始，一直到十八世紀初，印度人口始終超越中國[10]。根據估計，印度在一七〇〇年的人口約為一億六千五百萬，中國則是一億三千五百萬。後來中國超前，因此到了一九〇〇年，中國人口為四億，印度則是兩億八千五百萬。一九八二年，中國實施一胎政策的三年後，人口突破十億大關。印度當時有七億人口。即使將孟加拉的九千三百萬人口，以及巴基斯坦的九千一百萬人口計入，整個印度次大陸的人口仍然低於中國。中國現已取消一胎化政策，連兩孩政策都放棄，但三百多年來兩個大國之間的人口消長，中國人口始終多於印度的局面，仍然很快就要逆轉。

我們可以確定，印度在未來將擴大領先的幅度。至於人口消長對於民族心理會有怎樣的影響，則是較難確定，但我們可以體會老化社會與年輕社會的差異。就目前來看，中國仍然展現從管制經濟轉型至市場經濟、從維生轉型至消費主義的活力。但就像先前的日本，這股活力會隨著國家老化而衰退。相較之下，印度的年輕人能讓國家在未來許多年保持活潑、有活力、有自信。

印度相對年輕的人口也是個問題，當然巴基斯坦與孟加拉也一樣。未來的世界要求更高的學歷、更多的訓練，該如何確保年輕人做好準備，不但能勝任目前存在的角色，也能駕馭未來會出現的角色？投入就業市場的年輕人暴增，就業機會也必須隨之暴增。不少國家飽受青年失業問題困擾，而在印度，這個問題嚴重到令人咋舌。印度每年約有一千萬至一千兩百萬新增勞動力。生活在都市，年齡介於十五至二十八歲的人當中，大約每五人就有一人失業[11]。要創造這麼多就業機會，也許是印度次大陸面臨的最艱鉅挑戰。

暴增的非洲人口

非洲人口成長的預測數字，高到了令人難以想像的地步。我們稍後會討論相關的問題。首先從聯合國的預測數字開始。聯合國在二〇一九年預測[12]，撒哈拉以南的非洲地區人口，將在二〇一九至二〇五〇年間成長一倍，從十億五千萬增至二十一億。再把北非加進去，總人口就從十三億上升至二十五億，占全球總人口四分之一。每個非洲國家的人口都增加，但最大的增幅，將出現在已經承受經濟壓力的國家。

按照經驗法則，一個國家目前經濟發展的程度越低，預期的人口增幅就越大。因此相對來說，較為先進的南非，總人口預計將從五千九百萬增至七千六百萬。而人口與南非相當、所得卻較低的坦尚尼亞，總人口則是預計將從五千八百萬增至一億兩千九百萬。在最貧窮的非洲國家當中，尼

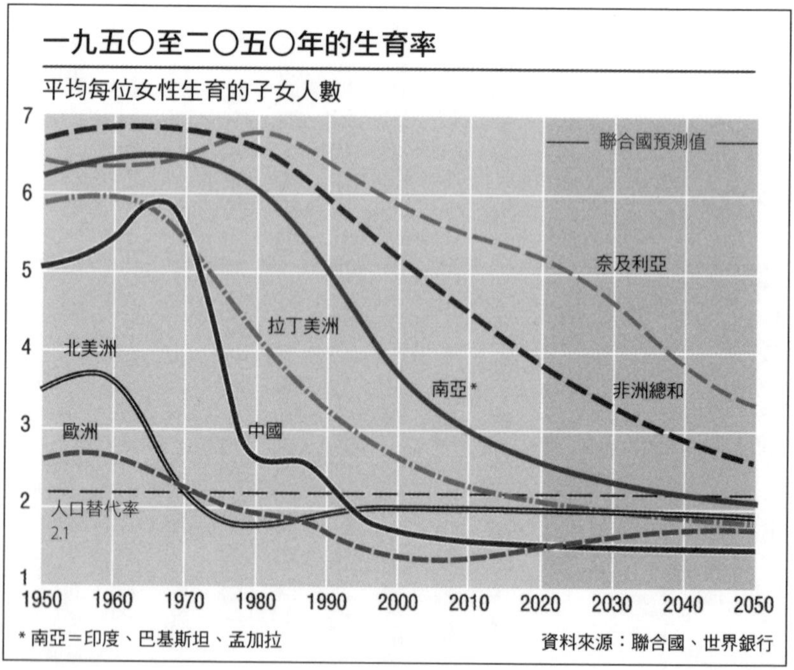

日的人口將增至三倍，從兩千一百萬增至六千六百萬。

至少如果聯合國的估算正確，人口便會如此增加。聯合國的預測，是依據推估出來的生育率變化，如上頁的圖表所示。

但聯合國的估算會隨著時間改變，主要是因為生育率下降的速度，並不如十年或十二年前預期得那樣快，而且學術界對於現在會發生的情況也沒有共識[13]。主要的問題是：生育率下降的速度會有多快？我們從未來三十年，撒哈拉以南非洲符合生育年齡的女性人數，即可判斷非洲人口將大幅增加。所以預估非洲人口將成長一倍，大致是正確的。但我們並不知道，到時候成長幅度是會因為女性教育水準提升而減少，還是會一路增加到二一〇〇年之後。在此還是要鄭重聲明，聯合國預估二一〇〇年的非洲人口將達到四十三億，占全球總人口一百〇九億的百分之四十。屆時全球其他地區的人口將會減少，但非洲人口仍將增加。非洲將會很年輕，而大半個世界將會年邁。

現在的我們很難想像這樣的情況，但我認為我們必須接受，這就是最有可能出現的結果。非洲即使生育率下降得比預期更快，對於未來世界的影響也只會更大。非洲人民會變得更重要，非洲環境會變得更重要，非洲對於社會如何運作的觀念，也將變得更重要。

人口結構為何如此重要

已開發國家人口老化、中國與印度的人口消長，以及非洲逐漸增長的重要性這三大主題，衍生出一些重要的問題，也就是世界有無能力應付長期人口結構改變的重大挑戰。「人口即命運」是常見的名言，原本指的是人口改變對於美國政治的影響，但也常出現在各種語境[14]。這句話有一種天然的共鳴，也許這就是常有人引用的原因。但我覺得應該換個沒那麼漂亮，卻比較有用的說法：「應對人口問題是命運」。每個社會的應對可以很妥善，也可以不理想。我們無論生活在哪裡，生活都會受到人口變遷影響，因此必須妥善應對。

全體世人面臨一個嚴重的問題：如何保護我們生活的地球，好讓一百億或更多的人口能擁有優質生活，又不會耗盡地球資源？探討環境的下一章會討論這個問題。還有一個問題則是，人口越來越多，究竟是好事還是壞事？或者應該說，如何將壞事變成好事？

但從這一章一開頭談到的人口結構趨勢，可以看出各國家、各區域面臨許多挑戰，所以接下來就要預測各國、各區域將如何應對這些問題。以下是六項最大的挑戰：

一、歐洲該如何調整政策，以因應逐漸老化的人口的需求。

二、美國能否繼續成長，能否像美國詩人艾瑪．拉撒路一八八三年的著名詩作所形容的，歡迎全世界「互相依偎，渴望呼吸自由空氣的芸芸眾生」，同時又能維持社會和諧。

三、人口急速下降的區域，尤其是東歐與俄國，如何應對此問題。

四、中國能否適應逐漸老化的社會。

五、印度以及印度次大陸如何將人口年輕的優勢發揮到最大。

六、全球最年輕的兩個區域，非洲與中東，能否因應急遽成長的人口，讓年輕人得以享有優質生活。

歐洲別無選擇，只能適應。指望出生率能大幅增加到與人口替代率一樣高，未免不切實際。這種情況可能會出現在某些小國，也許出現在愛爾蘭與北歐，但不會發生在整個歐洲。通往未來的道路大致有兩條。歐洲可以歡迎移民，吸引各國人民前往歐洲從事需要有人從事的工作。歐洲也可以重新安排自身的工作與社會模式，現有的（在很多國家也是逐漸縮小的）人口就能完成該做的工作。所謂該做的工作，當然包括照顧人數漸增的老人。

歐洲這兩項都會做到，但歐洲各國重視的項目不會一致。引進更多移民的壓力將會非常巨大，尤其是來自非洲與中東的移民。我們現在已經看見這種現象。但歐洲國家會越來越希望能挑選具有技術的移民。然而，歐盟執行委員會二〇一九年發布的研究[15]提出了一個重點：勞動參與率不斷上升對於歐洲勞動力的影響，將大於移民。移民越多，勞動力當然就越多，但如果移民帶著家人一起過來，對於勞工與非勞工的比例，並不會產生影響。然而，這項比例必須提高，才能改善生活水準。提升勞動力的品質，也能改善生活水準。向來重要的教育與訓練，隨著勞動人口下降將更形重要。

這幾點也能用來形容美國。但美國面臨的壓力稍微小一些。美國勞動力的生產力，優於大多數歐洲國家。美國人口將迅速成長，而不是維持不變或減少。而且美國接受大批移民的傳統，遠比其他國家長久。美國面臨的挑戰並不在於「如何完成該完成的工作？」而在於「如何維持社會和諧？」

參考過往歷史，可以大致研判美國將如何因應。美國歷經過好幾波移民潮，而在移民潮過後，美國都會限制移入民人數，努力協助移民融入社會。在二十一世紀的前二十年，移民至美國的人數極高，包括合法與非法的移民。美國對此也有所因應，其中之一是前總統川普打算在美墨邊境築起一道牆，將非法移民阻擋在外。許多美國人民則是不同，以各種方式展現接納移民的胸懷，例如在美國與加拿大各地的「庇護城市」，移民的權利受到特別保護[16]。

這種對立將會持續。從未來可能會移民的人的角度來看，美國經濟的吸引力仍將強大，因此，無論美國政府用什麼辦法限制移民，他們都會想辦法進入美國就業市場。但限制非法移民的壓力不會消失。比較有可能出現的結果，是十年甚至更久的限制，隨後是十年甚至更久的放鬆管制。我們很難預判細節，但整體的結果很明顯：美國人口將更為多元，種族、文化，以及社會規範更為混雜。而且美國人口會增加很多。

處理人口增加、比處理人口減少容易。人口減少是許多已開發國家面臨的問題，而且正如我們所知，在南歐與東歐國家格外嚴重。這些國家的政府若是置之不理，就要付出慘痛的政治代價，但要拿出有效的政策對抗人口減少的效應，卻又難如登天。道理用說的很簡單，關鍵就在於給年輕人更好的工作機會，要留住、也要鼓勵本地人才。但很難找到已開發國家以這種方式，扭轉人口減少的負面影響的成功案例。

是很難，但並非不可能。曾經面臨本國年輕人出走海外問題的愛爾蘭，就是扭轉成功的案例。愛爾蘭共和國的人口，從一九二二年與北愛爾蘭分離時的三百二十萬，滑落至一九六〇年代的兩百八十萬。（一八四〇年代饑荒爆發前，愛爾蘭的人口是六百五十萬。）從一九五〇年代開始，愛爾蘭陸續推出有利於企業的改革，經濟表現也漸有起色。人口外移減少，再加上生育率相對較高，總人口因而上升，二〇一九年的人口將近四百九十萬[17]。

愛爾蘭人口回升，能否作為保加利亞、義大利的典範？愛爾蘭有許多天生的優勢，包括英語以及司法體系。不過愛爾蘭也投入不少資源發展教育，打造的稅務與監管體系，足以吸引其他國家的企業到此設立據點，尤其是美國的企業。愛爾蘭的某些政策，值得其他已開發國家學習。不妨從友善對待國際投資人開始。

已開發國家經歷過人口減少，但新興國家幾乎毫無類似經驗。所以人口預期將於二〇二七年[18]，甚至更早開始下降的中國，將會成為先驅。中國屆時的確不算是新興經濟體，而是中等所得經濟體。但其實幾乎沒有一個中等所得經濟體，經歷過人口減少的現象。中國面臨的問題，是能否繼續迅速成長，繼續前進，在二〇五〇年之前達成所謂的低端已開發國家生活水準。中國終將成為全然的已開發國家，但富裕程度不如歐美。中國人民是會以此為滿足，還是有更大的抱負？中國是否還會想向外擴張？

另一個大國印度面臨的問題截然不同。這個世上人口最多的國家，每年將有數百萬充滿活力、志氣昂揚的年輕人投入就業市場。這些年輕人的教育水準會很高，還會越來越高，要求也會很高。他們當然需要就業機會，但也需要舒適的生活。擴大投資住宅、運輸、公共服務等等，能滿足年輕人的某些需求。但印度陸地面積有限，想讓超過十六億人口擁有舒適的生活水準，需要縝密的公共規畫，以及創新的市場解決方案。政府與私部門在未來必須更密切合作。未來的潛力不小，但風險也不低。

非洲面臨的挑戰更大。人口結構不僅對於非洲的未來，對於世界其他區域的未來都至關重要。非洲是最年輕、最貧窮，人口成長最快的大洲。以傳統的財富與健康指標衡量，例如人均G

DP、醫療普及度等等，非洲現在不僅低於已開發國家的標準，整個非洲也低於世上幾乎所有其他地方的標準，而且未來也將如此。非洲的年輕人看見其他地方的同儕擁有的機會，也會思考自己為何缺乏同樣的機會。世界的連結度越高，非洲年輕人就越不滿。

但正如先前所言，非洲正在迅速成長。成長的動力來自對內投資，尤其是中國的投資，也來自移出人口的匯款。這兩項在未來都可望大幅成長。此外，傳統的財富衡量指標，並不見得是評估經濟機會的最佳指標。整個大洲的經濟前景，絕不可能一概而論。但值得一提的是，對於很多非洲年輕人而言，未來若是留在非洲，得到的機會可能會比離開非洲更理想。

撒哈拉以南非洲面臨的許多問題，也正好是北非與中東面臨的問題。以人口結構論，這三個區域非常類似。奈及利亞的中位數年齡為十八歲，巴勒斯坦領土為十九歲，伊拉克則是二十歲[19]。然而，雖然這些國家都必須提供良好的就業機會給國內的年輕人，但各自的就業機會將出現在截然不同的政治與經濟環境。投資教育的長期報酬相當豐厚，但就短期而言，這些國家可能變成教育年輕人那些還沒到來也用不到的工作技能。年輕的畢業生必將面臨的悲哀結局，是深感挫折，急著到另一個國家尋找發揮的舞台，用自己的技能賺取更高的報酬。

要解決這些問題並不容易。我們知道，或者應該說至少可以預期，世界上某些地方的人口會減少，其他地方的人口則會增加，有些還會迅速增加。我們知道如此一來會引發社會與經濟對立。我們也知道，現在的世界有人口成長的需求與機會，人口成長會帶動經濟繁榮。但人口成長會更耗費地球資源。世上的人口將會增加，而且大多數人會追求更好的生活水準，倘若真能如願，整個世界會面臨非常棘手的問題。

隨著全球人口轉趨老化，無論是在國內或國際之間，這些對立都會更尖銳。我們從未經歷過這些對立，沒有先例可以參考，沒有歷史的教訓可以借鏡。

接下來探討環境、科技進步、貿易與經濟活動，以及政府的章節，會討論這些問題。但我們必須承認，全球人口至少會繼續成長一個世代，而且全球平均年齡也會持續攀升。未來有許多不確定性。但全球人口持續成長、持續老化，幾乎可以說是無可避免。

第三章／資源與環境：世界經濟去碳化

從許多問題，到一個超大問題

氛圍已有改變。一九九〇年代的環境議題聚焦在一連串不同的項目上，而大家現在最關注的環境議題，是氣候變遷。一個世代以前，環境專家擔心到了二〇二〇年，石油供給開始耗盡，生物多樣性與棲息地受到威脅，以及臭氧層破洞等問題，將導致世界無法餵飽超過七十億人口。他們當然也擔心人類活動導致二氧化碳濃度上升，全球暖化加劇。但在當時，氣候變遷似乎是一個較為模糊、遙遠的問題。

現在的感受則是大有不同。大家現在關注的焦點是氣候變遷。氣候變遷是一個龐大的、笨重的、全面的、錯綜複雜的生存問題。原因有很多。早在三十年前，越來越多的證據就已經證明，世界正在暖化，而且幾乎百分之百與大氣層的二氧化碳濃度不斷上升有關。科學界多半接受這個事實，但一般民眾當時才開始知曉。

後來從二〇〇五至二〇二〇年的十五年間，一切都變了。發生了四件事。各國政府發現，對抗氣候變遷越來越具有經濟效益。消費者與投資人的態度有所改變，要求最不傷害環境的產品，以及更理想的企業環保作為。由於科技進步，企業不僅能滿足政府與顧客提出的新要求，還能因為這種轉變而大肆獲利。新冠肺炎疫情更是加速了已經開始的趨勢。

促使政府改變態度的，是英國經濟學教授尼古拉斯．斯特恩的報告。斯特恩曾在不同機關擔任公職，曾任世界銀行首席經濟學家。二〇〇三年，他受到英國財政大臣戈登．布朗延攬，出任英國財政部首席經濟顧問。二〇〇五年，他所領導的團隊發表《氣候變遷經濟學：斯特恩報告》[1]，探討地球暖化對於經濟的影響。

斯特恩提出的重點是，減緩氣候變遷除了能兼顧道德與環境保護之外，對全球經濟也頗為有益。這份報告改變了行動的理由。各國必須採取行動，因為現在開始調整經濟，要比往後承受氣候變遷的代價便宜。訴諸各國自身的經濟利益，通常比呼籲利他更有效。雖然這份報告的某些估計與計算受到批評，但結論還是廣為各界接受。

這份報告造就了二〇一五年的巴黎協定[2]，一百九十七國約定減少排放溫室氣體。無論是這項協定，還是美國在二〇一七年退出協定的決定，都難免引發爭議。二〇二一年，拜登總統宣布美國重新加入協定。雖然美國舉棋不定，但從全球治理的角度來看，巴黎協定將整個氣候變遷的討論，提升到不同的層次，也明顯改變了一般消費者花錢與投資的方式。

故事主角從英國學者兼公務人員，改換為十幾歲的瑞典少女。如果說現在的斯特恩爵士是扭轉各國政府面對氣候變遷態度的推手，那促使消費者重新思考自己製造的環境足跡的最重要人物，就是格蕾塔．童貝里。這位十六歲少女二〇一九年駕駛帆船穿越大西洋，前往聯合國發表演說的非凡事蹟已是家喻戶曉，在此不再贅述。應該特別強調的是，她做到了前無來者之事：她鼓勵世界各國的年輕人敦促長輩認真看待氣候變遷。這改變了政治方向，出言反對她的政治人物遭到邊緣化。她對於企業界的影響也很深遠。不重視環境的企業，會遭到消費者與投資人懲罰。童貝里推動了ESG投資，亦即環境保護、社會責任，以及企業治理的E（Environmental，環境保護）。投資人開始遠離低環保標準的企業。

ESG投資的概念崛起於二〇〇四年，當時聯合國祕書長安南致函各大金融機構領導者，呼籲他們支持責任投資的理念。但這項理念是慢慢才得以在市場普及[3]。童貝里的行動引發了重要的轉折。在她的聯合國演說之前，大多數已開發國家的上市公司，只是公開宣示支持環境友善的政策。在那場演說之後，這些企業全都開始實踐。

對於那些正確掌握投資人情緒轉變的贏家企業來說，報酬相當豐厚。投資人投資對環境負責的企業，獲利也很理想。這些企業能創下佳績，是因為科技進步。科技進步，代表這些企業能在不嚴重破壞環境的前提之下，打造客戶想要的精密產品與服務。

這些贏家企業多半是美國企業，也就是西岸的高科技巨擘：蘋果、微軟、亞馬遜、Alphabet、臉書、Netflix等等。也許有人覺得，遵守ESG原則只是這些企業成功的一小部分原因，但無論如何，這些企業都具備遵守ESG原則的遠見。這些企業普遍受惠於消費者改用電子通訊的浪潮。印製報紙就要砍樹，還要運輸沉重的新聞用紙。發布網路新聞就不需要這些。這麼多高科技贏家當中，有一家格外引人矚目：特斯拉。

伊隆・馬斯克與尼古拉斯・斯特恩以及格蕾塔・童貝里一樣，徹底改變了氣候變遷的討論。他的貢獻在於終結了內燃機的統治。他看出筆記型電腦的電池可以擴大，作為電動汽車的電池，進而打造一款極具魅力的Tesla Model S，改變了全球的汽車工業[4]。到了二〇五〇年，汽車業者幾乎不會再生產新的汽油與柴油車，已經上路的這類車，也會很快消失。這是因為科技進步，儲存電力的電池，以及風能與太陽能成本不斷下降。如此一來，不僅是道路運輸去碳化，其他領域的世界經濟去碳化，也等於有了可行的商業模式。

這些都發生在二〇二〇年初，新冠疫情爆發之際。我在二〇二一年初寫作之時，還無法看出長期的效應。不過顯然疫情危機造成的擾亂，將改變某些環保行為。例如供給鏈會變得更簡單，航空旅行會受到更多限制，通勤模式將會縮短，也會更簡化。這些多半已經發生，但新冠疫情讓也許需時十年的結構性變化，在短短數月間完成。

這幾項因素相加，結果就是困擾世人已久的氣候變遷問題，已經躍居我們生活的中心。我們稍後會討論全球氣候的前景。然而，我們應該記住，氣候變遷對於環境以及自然資源相關的其他每一個議題，都將有深遠的影響。我們現在就要討論這些議題，首先要討論未來全球一百億人口，能否有充足的食物與水。接著再談未來的能源供給，能否滿足中產階級生活所需？再來則是世界上的巨型都市能否繼續運作，而不至於引發環境崩壞？不斷流失的棲息地，是否將導致許多野生物種絕種？最後也是最恐怖的，即還有可能發生哪些我們想都沒想過的環境災害？

食物與水將會短缺

我們有水就可以種植食物，至少如果我們能說服眾人少吃些肉，應該就能種植食物。沒有淡水就無法種植食物。水是關鍵點。世界上四分之一的人口，擁有的水無法滿足日常需求[5]。有些大城市幾乎完全斷水，例如開普敦與清奈。澳洲墨累—大令盆地的農業，因為水資源管理不當而全毀。還有個知名的慘劇，是哈薩克與烏茲別克之間的鹹海，由於太多海水被抽去灌溉棉田與小麥田，因此面積嚴重縮小到只剩原先的一點點[6]。有很多種辦法能提升用水效率，同時提高供水量。海水淡化的成本不斷下降，對於離海很近的地方來說，不失為一個好選擇。二〇一八年，南非開普敦面臨供水危機，還差幾天就要關閉市區供水，要求市民從供水豎管取水。歷經這場危機，當地居民不得不節約用水，而且節約程度遠勝於以往。

發展抗旱農作物，也是一種解決之道。大多數的富國，都會想辦法滿足用水需求。窮國才會受苦。

對於印度、中國，以及撒哈拉以南非洲的某些地方，缺水問題會是長期抗戰。科技能派上用場。更理想的食物分配更是關鍵。也許更睿智的政策也會有幫助，畢竟一連串的環境災難，都是拜政治決策不當所賜。將流入鹹海的河流改道，用於灌溉棉田，大概是最糟的策略。思考食物短缺的問題，也應記得過去一百年來，饑荒發生的次數與嚴重程度大幅下降。各國若能妥善處理用水決策，多半應能勉強度過難關[7]。

以研究全球最貧窮人口的問題而榮獲諾貝爾獎的阿馬蒂亞．森教授，在一篇探討貧窮與饑荒的文章指出，土地租佃與食物分配的問題，比實際供給更重要。如果農民擁有自己耕作的土地，或是長期租用，就會極力避免土地退化。減少食物浪費顯然對各方都有好處[8]。我們知道該怎麼做，難就難在實踐。

所以，世界應該能餵飽逐漸增加的人口。但也許必須更努力減緩肉類消費增加的速度。原因很簡單，用植物餵食動物，並不是有效率運用食物熱量的辦法。來自消費者的壓力促使已開發國家減少食肉量的例子，如漢堡王推出素食漢堡之類的創新作法。也許未來大有可為。

還有一個轉折，簡單說就是政策失敗，種植農作物不是為了當作食物，而是當成車輛燃料。這一章稍後也會談到，歐洲進口的棕櫚油當中，超過一半變成生質柴油[9]，因此包括印尼在內的某些國家，不得不將多樣的熱帶森林，全都變成棕櫚林。將乙醇加入汽油，將甜菜或玉米變成燃料，以及使用木屑顆粒作為火力發電廠的燃料等作法，也同樣值得商榷。實施這些政策的國家，可以宣稱自己的碳足跡有所減少，狹義計算也的確如此，但付出的代價卻是增加其他地方的碳排放。

合理的結論，是這個世界整體而言將有能力餵飽一百億人口，也能管理供水，所以總的來說，供水將足以滿足每一個人的需求。然而地方與區域將會持續出現危機，例如有些城市經常缺水，進而引發政治甚至軍事衝突。最容易爆發衝突的地點，顯然是河流流經國界的地方，尤其是尼羅河與湄公河。事情可以處理，並不代表一定**會**得到妥善處理。

全球能源供給的巨變

一個世代以前的流行語，是「油峰」。油峰的意思是石油產量在某個階段會減少，因為供給量耗盡的速度，比新油田開發的速度更快。而在新油田投入生產之後，油峰降臨的時間也隨之延後，但畢竟礦油是有限的，所以遲早會用盡。

現在還是有人談油峰，但「油峰」二字的意思，已經變成石油**需求**，而非石油供給達到顛峰的時候。太陽能與風能迅速發展，再加上電池成本不斷下降，全球棄用化石燃料的速度，似乎比五年前預期得更快。儘管如此，能源需求仍將持續升高，原因包括全球人口增加，以及生活水準上升，尤其是新興國家。已開發國家經濟體的整體能源需求，大概不會大幅增加，也許完全不會增加。以英國為例。二〇一九年的總能源使用量，比一九七〇年還低[10]，或多或少是因為能源使用的效率更高，例如更理想的住宅隔熱，更節能的汽車等，這是好現象。但能源使用量變少，也是因為經濟出現了結構性變化，尤其是重心轉向服務業。英國一半的食物都靠進口[11]，整體商品貿易也有大筆赤字。你進口番茄，或是進口汽車，等於是進口種植番茄、生產汽車所用的能源。英國的服務出口呈現順差，但英國的服務業並非高耗能。從這個角度看，英國能實現經濟成長，同時減少能源用量，並不算是天大的成就。

整體的世界主要有兩個問題。整體能源需求的成長有多快？世界從化石燃料，改用再生能源的速度有多快？

這些問題的答案已經不同。如今有兩個事實越來越明顯，能源成長放慢的速度，比預期的更快，而再生能源的科技則是進步得更快。

石油巨擘ＢＰ長年分析全球能源。二〇一九年，這家企業預測二〇四〇年之前的四種能源供需的情境[12]。這四種情境有一個共同的結論：隨著經濟成長、人口增加，全球能源使用量也會增加。在第一種情境，我們若是維持現狀，能源使用量會是現在的一倍半，二氧化碳排放量也會持續增加。在第二種情境，倘若目前全球經濟去碳化的趨勢持續，包括推廣再生能源、減少使用煤等等，那麼即使整體的能源使用量增加，碳排放量仍將維持在目前的水準。第三種情境在新冠疫情之後非常重要，如果全球化與經濟成長的腳步放慢，排放量也將維持不變。第四種情境則是能源使用的轉型發生得更快，尤其是燃煤量大降。唯有這種情境，才會導致碳排放量大減。

最後一種情境，是我們最希望看見的。即使已開發國家努力減少能源使用量，更為富有的新興國家也照樣會使用更多能源。改用再生能源會有幫助，而且越快改用效益越高。在ＢＰ提出的最佳情境，三大化石燃料在二〇五〇年仍將占初級能源供給的一半，目前的占比是百分之八十五。但隨著太陽能與風能成本不斷下降，更好更便宜的電池問世，轉折點也許會更快降臨。

我們都盼望會如此。

時機很重要。展望未來，我們終究只能選擇保護環境與再生能源。不過，天然氣發電的碳排放，是煤的一半[13]。因此減少碳排放最快速的權宜之計，是不再使用煤，改用天然氣。但也要了解，天然氣只是權宜之計。

如果說提倡天然氣作為權宜之計似乎太沒志氣，那麼歷史告訴我們，應該注意新科技普及的速度。在能源領域中，最失敗的是核能。全球第一座核電廠，亦即英格蘭的克得霍爾核電廠，於一九五六年連結全國電網，至今已超過六十年。英國學校告訴學童，英國是和平使用核能的領導者，等到他們長大，全世界就有乾淨、便宜的電可以用。但如今核能僅占全球發電量的百分之十一，而且全世界的核能發電廠自一九〇〇年起，幾乎毫無增加[14]。成本考量、安全顧慮，以及核電廠周邊居民抗議等因素，導致核能淪為利基科技。

相較之下，風能與太陽能都有長足的發展，成本也直線下降。如次頁圖所示，到了二〇二〇年，風能與太陽能的發電量相加，已大幅超越核能，而且比重會持續迅速成長。

風能與太陽能都必須付出環境成本，因為兩者都需要儲存，才能持續供給。現今的電池科技，也需要開採稀土。此外，在某些領域，尤其是海運與空運，石油至少還有一個世代的時間，仍將是主要能源。儘管如此，二〇五〇年的世界經濟，確實有可能從少量使用化石燃料，迅速發展成完全脫離化石燃料。倘若真是如此，就有可能在生活水準逐漸升高的同時，逐步降低碳排放。目前各國政府面臨極大的政治壓力，必須實現此一願景，太陽能與風能似乎有希望完成核能的未竟之業。但無論是哪一種資源，不僅是能源，也包括食物、水，以及礦物，我們都會持續追求更理想的用途。不會有權宜之計可用。老牌已開發國家應該、也有能力盡快節約能源，但就算腳步不夠快，也會少揮霍一些。到了二〇五〇年，約占全球人口三分之二的新興國家新中產階級，理當會想享有更高的生活水準。屆時也會有改變生活水準所需的能源。問題在於成本有多高。難免要有所權衡。能源成本越高，就越難

發電量：再生能源成長

全球總裝置容量，吉瓦（Gigawatt）　二〇五〇年預測值由 BloombergNEF 提供）

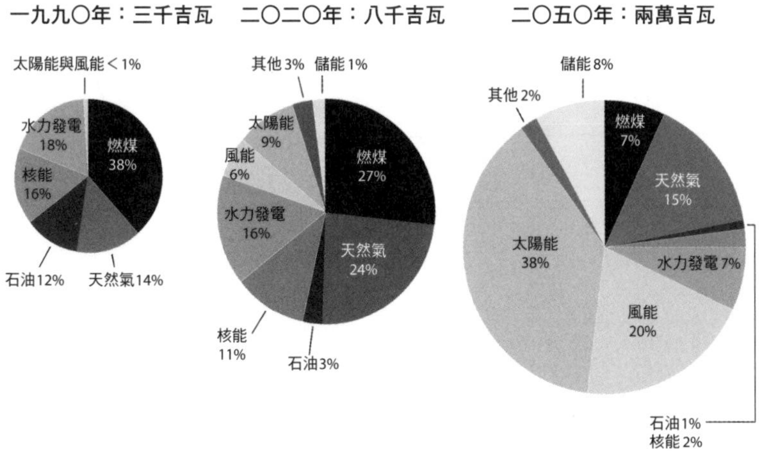

資料來源：BloombergNEF、國際能源署

提升生活水準。雖然要在仍然貧窮以及已經富有的人的願望之間取得平衡並不容易，人類仍須發揮聰明才智，減輕地球日益沉重的負擔。

都市化、生物多樣性、其他自然資源承受的壓力

探討未來的挑戰，很容易聚焦在食物、水，以及能源這幾項重大挑戰，忽略一些其他的挑戰。但其實有三項特別值得注意。

首先是必須遏止人口不斷從鄉村流入城市。我們在第二章談過這種遷移的規模，幾乎所有的人口成長，都出現在新興國家。從環境的觀點來看，這實在是好事，因為城市人口密度較高，代表商品與服務在城市的創造與分配，會比在鄉間更有效率。人們是用腳投票，選擇生活在城市。但城市要提供居民理想的生活品質，以及更高的生活標準，需要規畫、投資與執行。市場並不能提供這些。市場創造的是工作、服務，以及住宅這些需求，不過市府當局也常介入住宅供給。但市場無法全盤規畫城市的發展。所以，一方面是中央政府與地方政府，以及另一方面是私部門，必須攜手合作，但事實證明這種合作關係堪慮。

這就像一個光譜。在光譜的一端，大權在握的中央政府與市政府主導都市擴張，北京與上海

就是這種由上而下的操作最明顯的例子。而在光譜的另一端，則是雅加達、拉哥斯這些較少經過中央規畫的大城市。我們很容易以為城市經過規畫能更完善，對於許多工作，例如水處理，也確實是如此。

但也有不少規畫反而效果不佳，尤其是有些存在已久的社區，就是毀於規畫不當。包括倫敦、格拉斯哥在內的幾個英國城市，曾經展開所謂的「貧民區清除」行動，在二次世界大戰之後格外積極。近年則是輪到北京胡同，亦即有庭院的房屋所在的窄巷被夷為平地，由高樓大廈以及八車道高速公路取而代之。也有一些城市因為規畫不當，某些地方容易遭受水災之類的環境災害。雅加達每年下陷十五公分，因此印尼政府於二〇一九年決定，將首都遷往加里曼丹[15]。

巨型城市必須做到一些事情：提供優質的衛生設備，以及設置有效的公共運輸。但做這些事情的方式，取決於許多因素，包括地理位置、社會態度，以及富有程度。若能有一個模範巨型城市，讓其他巨型城市得以仿效，那就太好了。問題是沒有。

然而，許多世上最大的都市聚集，都面臨同一個挑戰：是否有一項最重要的環境議題，在未來可能危及他們的生存？你不能移動一個城市，不能把城市挖起來，改放在別的地方。你可以打擊一個城市，降低這個城市的地位，居民就會離去。遷移首都這種政治決策，就能達到打擊的效果，但城市之所以式微，通常是因為產業結構的變化。美國底特律就是最明顯的例子。但大城市面臨的最大挑戰，還是與環境有關：水。有些位於濱海低窪地區的城市，也許會越來越難以防範水災。其他內陸城市（也包括開普敦、清奈這些海上城市）則是可能缺水。世界各地越來越多人移居巨型城市，然而有些巨型城市即使以現在的規模，也難以永續經營，更何況增加數百萬市民。

如果說世界各大城市的未來很難讓人感到樂觀，那麼生物多樣性面臨的危機更為嚴峻。漢斯・羅斯林說得很對，三十年前全球最瀕危的物種，現在有幾種已經不再瀕危。但其他較為不知名的物種，則是更加瀕危。西伯利亞虎、白犀牛保育成功的故事會登上媒體版面，食物鏈下游的物種數量大幅減少，則是鮮為人知。舉個例子，不少媒體報導魚群減少[16]，但只報導我們人類捕撈食用的魚種。除非農業生產受到授粉昆蟲減少影響，否則我們也不甚了解瀕危的昆蟲。

情況越來越糟。我們對於還不認識的數百萬物種一無所知。我們記載了大約一百二十萬物種，但估計還有八百七十萬種動物、植物與真菌尚未發現[17]。地球上的人口越來越多，難免會影響這些物種的未來。但我們不知道是哪些物種在何時會受到怎樣的影響。

對於那些不會直接影響我們的經濟的物種的現況，我們所知不夠多，因此無法就現況做出正確判斷，也無法設計政策解決我們造成的破壞。我們即使發現了問題，有時候我們的作為也是弊大於利。

我們對於自然資源的需求尤其是如此，好意想保護環境，卻可能適得其反。這樣的例子有幾個。以下要介紹一個特殊的例子，還有一個一般的例子。

特殊的例子，是歐盟為了減少二氧化碳排放量，而提倡生質燃料[18]。這在當時似乎是不錯的構想。不僅能以可再生農產品取代礦油，還可減少污染。二〇〇九年，歐盟提出各會員國必須遵守的目標：二〇二〇年之前，再生能源於歐洲運輸所占比例，必須達到百分之十，而且生質燃料必須「對於這項目標發揮實質貢獻」。唯一的問題，在於歐洲無法開設足以達成目標的石油廠，所以必須進口棕櫚油[19]。於是印尼、馬來西亞這些國家必須砍伐更多森林，騰出空地種植棕櫚。到了二〇一八年，歐洲進口的棕櫚油有半數用於運輸。等到環境受到的傷害浮現，政治人物又來個政策大轉彎，要在二〇三〇年之前，逐步淘汰棕櫚油燃料。不幸的是婆羅洲的大片處女熱帶森林，亦即受脅物種猩猩的家，已經被砍伐一空[20]，再也無法回復原先的狀態。

一般的例子，則是全球逐漸脫離內燃機汽車，轉向電動汽車、卡車、公車的趨勢。這種趨勢會一路飛快成長到二〇五〇年，原因有很多。電動車不會有排氣管排放的問題，市區的空氣品質將有所提升。非碳發電能減少二氧化碳排放。相較於汽油引擎或柴油引擎，電動馬達向來是更簡單、也更為高雅的科技，因此製造與維修成本終將會較低，也會更可靠。

但還是有代價的。開採鈷對於環境的危害，就是很好的例子。鈷是製作鋰離子電池不可或缺的礦物[21]。世界上三分之二的鈷供給，來自剛果民主共和國。國際特赦組織宣稱，年僅七歲的剛果兒童，就在當地的礦區工作[22]。有人猜測隨著需求增加，往後必須到深海開採鈷[23]，畢竟世上大部分的鈷都位於深海。也許會發展出新科技，不需要使用鈷，或至少減少使用量，照樣能生產電池。改善開採作業，絕對會提升環境。也許可以在不嚴重傷害環境的前提下，從深海開採鈷。但我們必須誠實面對改用電動車的成本，以及對環境的影響。而且我們必須承認，已開發國家追求「綠色」的作為，有時反而會傷害其他國家的環境。

嘲笑好心辦壞事的政治人物太愚蠢很容易，但這些政治人物的科學家顧問也該受譴責。況且政治人物必須順應當時的民意。如果問題很明顯，也很迫切，又有有效的技術可以解決，那政治人物的決策應該很明確。舉例來說，如果新興國家（甚至是已開發國家）某個城市的市民要求政府解決空氣品質不佳的問題，政治人物就知道該怎麼做。他們必須做的決策，是該以多快的速度，做該做的事，以及先期成本所需的資金從何而來。至少政治人物以及選民，會在政治人物任期結束前，開始看見成效。

在另一方面，如果問題含糊籠統，又很遙遠，也不確定該以什麼技術解決，那可就棘手多了。你不知道問題有多嚴重，不知道何時該採取行動，也不知道該用哪一種科技解決，如何能設計一套合理有序的政策？如果還需要國際合作才能完成一件大事，那你設計有效政策的機率更是非常渺茫。你總得做些事情，因為選民在敲碗。但翻開環境干預行動的歷史，就會發現你所做的可能無效，甚至徹底錯誤。

接下來要談我們這個時代最重大的環境問題：氣候變遷。

氣候變遷：會發生什麼事，我們又該怎麼辦？

先從科學說起。無論我們怎麼做，世界都將遭逢巨變。我們必須接受科學界的主流意見，亦即氣候變遷正在發生，而且是由人類活動引起，尤其是溫室氣體在大氣層不斷累積。聯合國政府間氣候變化專門委員會對於全球氣溫上升幅度的預測，如次頁圖所示。

不幸的是，地球暖化的速度似乎正在加快，而且較為悲觀的預測數值著實嚇人。

有些人對於這些預測值存疑，這也很正常。任何一個成長於一九五〇年代的人，都會記得當時最大的恐懼，是全球**寒化**，亦即全球即將進入新冰河時期[24]。後來證明這種觀念不正確。但科學家當時弄錯，並不代表現在也會弄錯。即使你相信少數意見，而且還是非常少數的意見，也認為目前的全球暖化現象，是由人類活動之外的因素所引起，那也絕對還是應該限制二氧化碳排放量。世界人口增加，大多數人的生活水準也上升，用常識即可推斷，我們應該盡全力減少帶給地球的負擔。

如果把對抗氣候變遷的行動看成保險單，一切就很清楚。即使**科學家的想法是錯的**，也還是應該處理這個問題。不必爭論科學的細節，而是應該著眼於成本最低的解決之道。

會發生什麼事？有一種主張。二〇二一年的地球溫度，比一八五〇至一九〇〇年的平均值高出攝氏一度以上。一八五〇至一九〇〇年的地球溫度，尚未受到人口增加、工業革命所造成的排放量上升影響。巴黎協定的目標，是在二一〇〇年前，將全球氣溫升幅，控制在工業革命前水準以上「遠低於」攝氏二度以內。換句話說，就是控制在現在水準以上遠低於攝

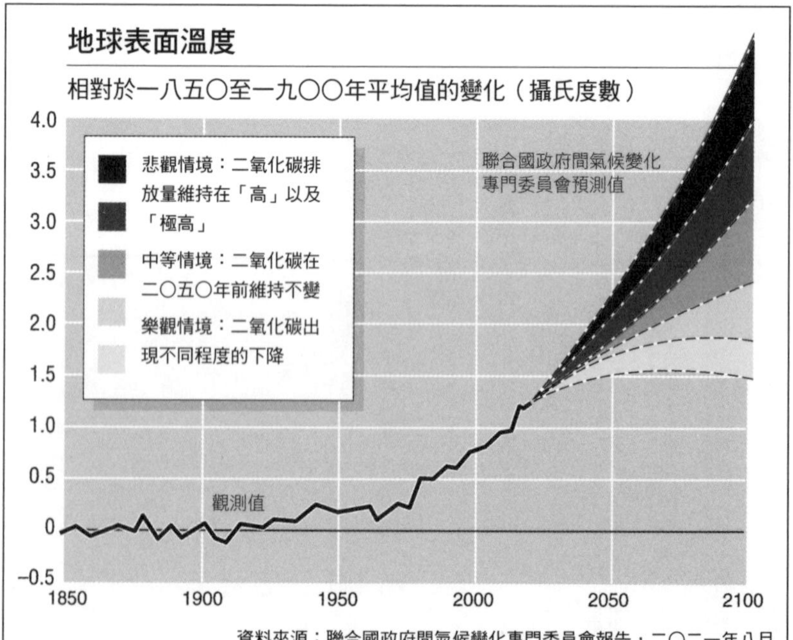

資料來源：聯合國政府間氣候變化專門委員會報告，二〇二一年八月

氏一度以內，並努力將整體氣溫升幅限制在攝氏一．五度之內。

所以這種主張的意思是，目前減少碳排放的作為，將有一部分成功，但也就只有一部分而已。到了二〇二〇年代中期，我們將會知道這些作為有多成功，或是多失敗。屆時我們對於現況，以及全球暖化可能造成的影響的所知將會大增。接下來可能會出現兩種情境其中的一種。

將全球溫度升幅控制在攝氏一．五度以內的目標若有可能實現，那從現在至二〇五〇年，全球溫度將會逐漸遞增。政府行動、消費者施壓，以及科技進步，將導致世界經濟走向穩定狀態。經濟持續成長的同時，碳排放也不會大增。到了二〇五〇年，碳排放絕對都會開始下降。先前的作為所留下的遺毒，將導致地球越來越熱，但地球氣溫預期將在二一〇〇年之前達到頂點。

如果我們在二〇二〇年代中期發現，地球氣溫的升幅將達到攝氏二度，甚至更高，那政策將會大轉彎。我們將發現我們做得不夠多。全世界會窮盡一切辦法扭轉劣勢。

想想全世界是如何窮盡一切辦法，對抗新冠疫情危機。各地的大學與製藥公司，運用包括政府在內的各方所提供的資金，如火如荼研發疫苗。政府投入幾兆美元金援。企業與一般民眾展現堅強的適應力。既競爭又合作的模式，讓世界經濟得以度過難關。想想新冠病毒的起源，再想想中國當局的因應方式，難免會有人揣測疫情的起因，深感憤怒。疫苗研發也會引發競爭。然而結果仍然是好的，我們看見了全球一致為人類所做的非凡努力。

面對氣候危機，全球也將再度團結一致。政治局勢很明朗。中國、美國、印度這全球三個最大的經濟體，全都受到氣候變遷嚴重影響。中國有嚴重的缺水、高溫，以及污染問題。美國投注鉅資開發包括佛羅里達州在內，受到海平面上升嚴重威脅的低窪地區的房地產。印度的氣溫不斷升高，供水又相當吃緊，已是岌岌可危。

這並不是說其他國家就不重要。絕非如此。受氣候變遷影響最深的，是撒哈拉以南非洲地區的數億居民。俄國是世上陸地面積最大的國家，遠超越其他國家，因此俄國的舉動影響甚鉅。世界現存的雨林，超過一半位於亞馬遜盆地，所以當地政府保護雨林的政策，影響所及將遠不只南美洲。但世上人口最多的三個國家，承擔的風險也最大，而三個國家達成共識，要比二十甚至更多國家取得共識容易多了。

「逐漸改善」以及「窮盡一切力量解決」，這兩種情境發生的機率孰高孰低？我覺得誰也不知道，就好像誰也猜不到，未來的人們是會適應更為暖化的世界，還是盡力防止地球進一步暖化。我最擔心的，是全球升溫幅度，可能在二〇三〇年前超過攝氏一．五度。倘若真是如此，世界可就不妙。政治在變，但變得也許不夠快。因此接下來的十年將是關鍵。

我們知道全球氣溫上升一．五度，跟上升兩度，絕對是兩碼子事。全球氣溫上升一．五度雖然不是好現象，但還在可控制範圍，上升兩度就真的是大難臨頭[25]。我們也知道越快採取行動就越有效。接連發生的災難事件，將會促使各國在二〇二〇或二〇三〇年代，聯手發動大規模行動。但無論我們怎麼做，而且儘管不確定性很高，事實就是氣候變遷不僅是從現在到二〇五〇年，甚至在二〇五〇年之後許久，都會是個嚴重的問題，比其他環境問題更為嚴重。

未來的路

我們在地球上的足跡一直增加，很容易讓人感到沮喪。我們每個人都能感覺到，所謂的生活水準上升，讓環境付出了什麼樣的代價。若要在二〇五〇年之前，讓全球多數人口（那可是為數眾多的人口）享有中產階級的生活水準，會需要動用目前尚未問世的科技。作物產量必須增加，新的能源供給與儲存方式必須問世，也要有建築品質更好的住宅，更有效率的運輸，我們未來需要的實在太多太多。

我們看待這些進步的心態也很矛盾。我們將消滅貧窮當作目標，是理所當然的，畢竟是很崇高的目標。但消滅貧窮，也代表世人會使用更多能源、擁有更大的住宅，攝取更多熱量，有能力旅行，壽命更長，也能享受經濟成長的其他好處。

說到底，如果我們沮喪，那就是小看了人類的聰明才智與適應能力。我們犯過許多錯，有時是不經意的，有時是刻意的，往往是愚蠢至極才會犯錯。我們以戰爭摧毀了環境與水資源，同時也互相殘殺。但我們憑藉聰明才智，將許多已開發國家的良好作為精益求精，所以我們活得比父母輩、祖父母輩、曾祖父母輩更長久，也更健康，而且製造的污染還更少。我們的聰明才智還會經歷越來越嚴峻的考驗，但回顧以往我們面臨考驗時的反應，豈不是照樣能克服下一個難關？我覺得合理的答案一定是「能」。

第四章／貿易與金融：全球化轉向

二〇〇八至二〇〇九年金融風暴的傷痕

有關貿易的幾個重要問題，是全球化的腳步是否已經放慢，以及接下來的三十年，是否會有更多的貿易障礙及其他限制。金融面臨的重要問題，則是二〇〇八年金融風暴，以及過去十年來各國央行超寬鬆的貨幣政策，造成的災情有多慘重。整個金融體系是否需要全面整頓，才能繼續生存？如果需要，那又會是怎樣的整頓？

從二次世界大戰至今，國際貿易與科技始終是創造全球經濟繁榮的兩大因素。自一九八〇年代起，國際貿易格外重要，當時，首先是中國、其次是東歐在柏林圍牆倒塌之後，告別共產主義經濟政策，轉型為有效的市場經濟。印度也於一九九〇年代走上市場經濟轉型之路，莫迪政府於二〇一四年推出改革之後，更是加快了轉型的速度。到了二〇一九年，印度已成為全球成長最快的大型經濟體[1]。

如果說，更自由的國際貿易是這些國家經濟繁榮的推手，則金融體系就是讓整個過程得以順利推動、加速運作的潤滑劑。金融體系經營支付制度，包括貿易融資、外匯市場等等，不僅刺激貿易量激增，同時也提供大筆投資資金，協助全球二十至三十億人口脫離貧窮，享有中產階級生活水準。

全球市場經濟顯然非常成功，所以你可能認為世人會舉雙手贊成更自由的貿易，以及金融體系貢獻更多資金。但並非如此。這兩項都飽受批評。貿易更自由，代表國際競爭更激烈。國外的競爭對手削價競爭，或是供應更優質的商品，本地企業就只能倒閉，不然就得將生產線移往國外。

所以，大多數的已開發國家，都認為自由貿易會導致就業機會減少。自由貿易導致勞動力更快從製造業流向服務業，確實減少了就業機會。但已開發國家的勞動力之所以從製造業流向服務業，原因除了自由貿易之外，還有其他兩項。製造業提升生產力，要比服務業更容易，因此，從事製造業的人數，難免會低於從事服務業的人數。而且，人們變得更為富有之後，通常會將更多的收入用於購買服務，而不是購買商品。你有一台或兩台汽車，就不會再買汽車了，而是會花錢出去吃飯，或是選擇更為昂貴的度假方式。

然而，這牽涉到一個深層的政治問題。國際貿易促使商品價格下降，全球人口都略有受惠。這並不是新聞。但是一家工廠不敵外國競爭者而倒閉，那可就是大新聞，因為很多人會失業，而且整個團體都受到打擊。大家會認為是全球化惹的禍。這麼說不見得公平。英國汽車業在一九六〇與一九七〇年代，受到產品品質不佳、勞資關係不佳的影響，跟受到國外競爭的影響一樣嚴重。而且還是外國企業，尤其是日產汽車投資英國，英國汽車業才得以重生。美國包括俄亥俄州在內的幾個州，本田在當地提供就業機會，並重振當地的汽車業。無論公平與否，全球化確實衝擊就業市場，也因此被污名化。

至於金融業，金融業之所以飽受譴責，主要是因為本身在二〇〇八年金融危機爆發之前的作為，金融危機之後的作為也很可議。銀行家向來是虛構文學作品裡的壞人，《威尼斯商人》的夏洛克，還有《華爾街》的戈登・蓋柯都是反派角色。在現實世界，不少人認為銀行家雖說收入過高，但至少看起來很稱職。可是，後來幹練的光環突然消退。各國的銀行與金融機構，必須由當地政府拯救。納稅人必須紓困銀行，否則會導致全球經濟承受更嚴重的衝擊。更糟的是，銀行雖然獲救，但全球卻陷入一九三〇年代以來最嚴重的衰退，只能以極低利率，剝奪存戶應得的錢，經濟才勉強得以復甦。

勤勤懇懇的一般選民歷經這些事，對於金融服務業怎麼可能還存有半點信任？金融服務業以往的赫赫戰功，包括創設國際支付系統，讓食物得以出現在超級市場、提供研發資金，讓應用程式得以出現在每個人的iPhone、提供房屋貸款，讓大家可以購置住宅，這些似乎都不算數了。金融業如今的名聲，只跟少數幾次慘重的失敗畫上等號，反而多次的成功則被人淡忘。

可以從客觀平衡的角度看待這些問題。首先，是分析金融服務業的功能。幾百年來，金融服務業暴露了不少缺點，主管機關也陸續予以匡正。金融向來牽涉到兩種風險。一種是信用風險：你吸收存戶的存款，放貸給借款人，就必須承擔借款人無力還款，或蓄意不還款的風險。另外一種則是流動性風險：你把一筆錢長期借出，萬一存款戶突然要提領存款，該怎麼辦？借款人也許可以按期還款，但無法立刻清償全額。結果就是銀行遭到擠兌。道理是不是很簡單？是很簡單。在英國，以房貸為主力業務的北岩銀行，在二〇〇七年就上演這樣的戲碼，隨後世界各地又有一連串的銀行步上後塵。其中最嚴重的，是雷曼兄弟倒閉，於二〇〇八年九月十五日宣告破產[2]。

道理很簡單，卻演變至如此不堪的境地，原因值得探究。銀行確實不是無辜的，其經營確實大有問題。但主管機關、央行，以及某些政治人物也難辭其咎。在主管機關的允許之下，銀行需準備的緩衝資本，遠低於一個世代之前的水準。經濟成長逐漸失控的跡象非常明顯，各國央行卻沒能及時升息。大西洋兩邊的政治人物，都鼓吹金融機構放寬貸款條件，讓信用不佳的人也能借到更多錢。

金融風暴雖然是多方失靈的結果，銀行卻承受最多責難，也必須承擔後果。接下來的十年，銀行因為自身的不當行為，必須支付鉅額罰款。銀行的員工與股東也連帶承受損失。員工失業，股東虧損。但金融危機最長久的後果，甚至比之後的經濟衰退還要長久的後果，是來自對抗金融危機的主要措施：超寬鬆貨幣政策。各國央行將鉅額資金投入金融體系，強行將利率壓至極低。

金融危機的標準處理方式，是央行或銀行讓市場上資金氾濫。換句話說，央行或銀行要確保所有的金融機構擁有足夠資金，能償付眼前債務。存款戶若想提領存款，絕對能順利提取。這樣一來流動性的問題就解決了。歷史一再證明，自十九世紀中期現代央行的雛形發展完備時，一直到現在，這就是處理金融危機的最便宜、也最不會引起騷亂的方法[3]。

償債問題則較為複雜。等到塵埃落定，有些銀行可能會發現，有些個人或公司無法償還貸款，那麼，該國政府就面臨一個棘手的決策：是否要用納稅人的錢拯救銀行。一般的原則是，如果這家銀行倒閉會牽涉到整個體系，也就是說會引發更多金融機構倒閉，連有償債能力的金融機構也會跟著倒閉，那就該出手拯救這家銀行。如果這家銀行太小，或是太過專業化，即使倒閉傷害也有限，那就可以讓這家銀行破產。

有關當局該如何判斷？答案是他們有時候也會搞錯。其實，美國政府應該在二〇〇八年出手拯救雷曼兄弟，這麼做不僅全球各地需要拯救的銀行數目會減少，且後來幾乎席捲所有已開發國家的經濟衰退，殺傷力也會大幅降低。

於是在二〇〇八年，各國政府與央行發現必須拯救金融體系。簡單說，就是他們做了三件事。他們讓全球市場充斥低利資金。他們拯救各大銀行。他們也制訂新的金融法規，確保類似的金融風暴不再上演。

這些都是必要之舉，但其副作用卻久久不散。長達十年的極低利率，導致資產價格大漲，進而加深社會對立。資產價格一旦上漲，擁有最多資產的人，也就是富人，就會得利，犧牲的卻是那些沒那麼富有的人。而且在低利率環境，比較不擅長投資的存款戶，很難得到像樣的投資報酬。拿納稅人的錢紓困銀行，也引起社會大眾仇視整體金融業，銀行家見狀也會以更保守、更偏重防禦的態度因應。法令保護了銀行，卻也造成銀行不敢放貸給風險較高的客戶，尤其是小型企業。二〇〇八至二〇〇九年的金融風暴，過了十幾年後，已開發國家的經濟還沒脫離當時的影響，卻又遭遇下一場全球危機：新冠疫情的重擊。所以，未來三十年的全球貿易與金融前景會是如何？先談貿易。

變動的國際貿易：從商品貿易轉向創意與資本的貿易

未來三十年，全球貿易的本質將大為改變。當然還是需要將商品銷往各地。原料大國將繼續出口原料，製造大國也會繼續將產品銷往全世界。但「商品貿易應該更自由」的觀念將會式微。究其原因，雖說偏向保護主義的政治力量是有影響，但與其說是這個原因，不如說未來以船運或是航運，將商品送往全球各地的**需求**會減少。未來將以本地生產為主。

到了二〇一〇年代中期，在川普公開批評美國、加拿大、墨西哥之間的北美自由貿易協議（NAFTA），並與中國展開貿易戰之前，全球貿易的成長已經開始趨緩。貿易成長非但沒有超過全球GDP成長，反而還開始趨緩，這是何故？

似乎有四大原因。其一是大多數新興國家，尤其是中國，和已開發國家之間的薪資差距，已經開始縮小。很多新興國家的薪資大幅成長，而大多數已開發國家的薪資卻維持不變。再加上運輸成本，將生產線移往海外已不再划算。企業開始將生產線，還有工作機會移回國內，「工廠回流」與「本地生產」之類的醜陋字眼開始出現[4]。

其二，製造業也在改變。在工廠作業的人力大減，從事設計與自動化的人力則是大增。所以製造成本多半是設計與製造團隊的專業的成本，而不是實際生產的成本。你會選擇方便的地方當作生產基地，通常是離你的市場近的地方，而不是選擇成本最低的生產基地。而且你會將設計團隊，設置在能提供技術人力的地方，也就是開發中國家與已開發國家的許多科技重鎮。專業會在全世界流動，商品會在本地製造。

其三是消費者的選擇。這很難確定，而且幾項影響消費者選擇的因素，加在一起將會限制國際貿易的成長。第一項因素是運輸對於環境的影響，也是年輕人格外在意的因素。「食物里程」一之類的新詞彙紛紛出籠。名廚呼籲大家購買本地種植的當季食材，而不是購買進口農產品。這也進而掀起一股浪潮，鼓勵大家將現有的物品維修後繼續使用，而不是丟棄再買新的。抨擊「快時尚」也是源自於此。某些產品在已開發國家的需求甚至下降，包括最昂貴的耐久消費品，也就是汽車。電動車比汽油車、柴油車構造簡單，也因此更能持久。改用電動車的風潮，將進一步壓低汽車需求。汽車的購買量變少，運往世界各地的汽車數量也將會減少。

最後一項，也許是最重要的原因，即人們的購買模式，似乎持續從購買商品，轉向購買服務。服務與商品的不同之處在於，服務通常必須在消費的地點提供。你購買的汽車可以在世上任何地方製造，再運送到你前往購買的經銷商。但你購買的若是餐廳餐點，通常必須送到你在餐廳的座位，或是在變冷之前送到你家。因此，倘若其他條件維持不變，大家花更多錢在服務上、更少錢在商品上，就等於將更多的收入花在本地。商品貿易在ＧＤＰ的占比也將下降。

這就延伸出另一個問題。那服務貿易又是如何呢？

服務業在經濟的占比，遠大於其他項目，約占全球產出的三分之二，以及包括英美在內的某些已開發國家的產出的百分之八十。服務業勞力也較為密集，全球四分之三的就業機會都集中在服務業。然而，服務的跨國貿易遠少於商品的跨國貿易，在二〇一九年僅占國際貿易總額的百分之二十四[5]。不過，無論是從絕對數字，還是相對於商品貿易來看，服務貿易都呈現穩定成長，畢竟在一九八〇年代初，服務貿易僅占全球貿易的百分之十七。

服務貿易規模之所以不如商品貿易，原因有很多。第一，服務必須在提供的場所執行，例如你向餐廳訂購的餐點。理髮業是沒有國際貿易的。另一個原因，是任何的產品在每個國家都相同，然而，服務卻是不同的。因此在日本賣出的一台豐田汽車，與在美國賣出的並無差異，但日本勞工的退休金計畫，與美國勞工並不相同。第三項原因，是服務貿易受到的限制多於商品貿易：美國醫師除非取得在歐洲執業的執照，否則不得在歐洲執業，反之亦然。

不過，相較於商品貿易，服務貿易可望繼續成長，因為帶動國際服務貿易成長的力量可望持續。以通訊革命為例。通訊革命降低了資訊在國際移轉的成本，也造就了Google、臉書之類的全球社群網路。娛樂市場也變得更為全球化，這種趨勢對於使用英語的企業格外有利。運動也走向全球化。為數不少的金融服務業與商業服務業，如今都從國內經營轉為國際經營。而全世界最大的單一產業，亦即旅運業與旅遊業，一旦從疫情的谷底回升，亞洲的新中產階級將把更多所得用於海外度假，這個產業成長的速度，必然會繼續超越全球產出。

所以，全世界的商品貿易全球化，可能逐漸接近顛峰，服務貿易全球化的顛峰卻仍是很遙遠的未來。到了二〇五〇年，半數、甚至超過半數的國際貿易，很有可能是服務貿易，而非商品貿易。這代表全球化在未來三十年的方向，將不同於二次世界大戰至今的方向。形成競爭優勢的因素將會改變。在我們熟悉的世界，最重要的技能是製造全世界都想購買的優質商品。這是德國成為全球最大製造品出口國、也是中國近年成長的因素。但如今的附加價值在於設計產品，而不是製造產品。蘋果於二〇二〇年成為世上最有價值的企業，卻將大多數的生產作業，外包給中國及東南亞。未來最重要的技能，是創造出全世界都想購買的服務。

至於這些服務會是什麼，答案已經很明顯。教育與醫療最為重要，因為需求幾乎是無窮無盡。這種趨勢將會持續。人們更富有之後，會花更多錢在教育上，年紀漸長也會花更多錢維護自身健康。娛樂業也更為全球化，不過娛樂業的國際貿易仍受語文及文化差異所限。語文障礙可能會減少，但文化的鴻溝卻極有可能加深。

其他服務的需求則較不明顯。通訊革命最突出的特色之一即是，除非有人創造出我們想購買的服務，否則我們不會知道自己想購買什麼服務。我們是等到有臉書可用，才知道自己需要臉書。整個社群媒體產業的道理都相同，可以從現在一路稱霸至二〇五〇年的資訊服務，多半根本還沒問世。那麼問題來了：哪些國家會創造出這種服務？

資訊服務市場，將會是美國與中國之間的主要戰場之一。其他使用英語的國家，則將加入美國陣營。中國自行發展資訊科技產業的能力毋庸置疑，也已經有具體的成果。中國能否打造真正出口導向的服務業，目前不得而知。我們能預見戰場，但鹿死誰手，我們只能猜測。

不過，整體的貿易卻極有可能保持開放。貿易開放的利益遠大於成本，因此各國會想方設法維持這些利益。即使世界真的畫分為區域貿易集團，各集團的成員之間仍將必須互相交易。商品與服務不可能會完全自由流動。人員也不可能完全自由流動。流動的自由確實會減少。未來的挑戰，在於設法以最低的成本，獲取全球化最大的利益，而這將是長達三十年的奮鬥。

金融與投資：新的挑戰，新型態的金錢

金融業受到二〇〇八年金融危機重創，但現已略有起色。金融業如今面臨三大問題。在未來三十年，金融是繼續自由流動，還是各國將設置障礙？金融業現有的架構如銀行、股市、外匯等等，在中國成為世界第一大經濟體、印度成為世界第三大經濟體之後，此一架構能否持續存在？各國央行發行、政府擔保的國家貨幣是仍將穩居主流，還是會被包括數位貨幣在內的新型態金錢取代？

對於已開發國家的人民而言，「個人與企業無法跨國移轉貨幣」聽來匪夷所思。但大多數的新興國家，至今仍然實施外匯管制，正如英國從一九三九年二次世界大戰爆發，一直到一九七九年期間，始終實施外匯管制，直到一九七九年才被剛上台的柴契爾政府廢除[6]。

截至二〇二〇年，中國與印度仍維持外匯管制。這些管制確實已逐步放寬，未來還有可能進一步放寬。但若沒能進一步放寬，到了二〇三〇年代中期，全球貿易與金融流動就會嚴重受限。因為到時候全球的第一大與第三大經濟體，就是中國與印度。

無論如何，幾乎所有國家都會針對投資資金設置某些限制，而不會針對貿易資金設置限制。有些限制是為了確保國家安全，例如，所有國家都限制國防廠商在外國投資。有些限制則是為了避免本地人口受到對內投資衝擊，例如有錢的外國人搶購相對便宜的本地資產，進而推升價格。因此，許多國家限制外國人購買住宅，有些國家甚至完全禁止。

在另一方面，幾乎所有國家都允許、甚至鼓勵對內直接投資，也就是外國企業在本地設廠。這些外國企業有時還能享有本國企業都無法享有的特殊減稅優惠。你在一個失業率頗高的地方，說打算興建一家工廠，當地的市長就會端出紅地毯相迎。

全世界頗能接受這種獎勵與限制並行的模式，資金與貨幣的流動，從二次世界大戰開始漸漸變得更為自由。但往後也許不會更為自由，甚至變得比較不自由，原因有二。其一是日漸高漲的民族主義，雖然很難量化，但在大半個世界都很明顯。另一項則是全球經濟的再平衡，尤其是包括中國在內的大多數東亞國家面臨的超額儲蓄問題。

第一項不太需要補充說明，唯一要指出的是，這是世界短期內必須面對的趨勢。第二項則會嚴重影響全球投資。全世界有三分之二的儲蓄位於亞洲。雖然國內有不少投資這些儲蓄的機會，但稍微謹慎一些的存款戶，都該盡量分散投資，也就是海外投資。

個人確實會這樣做。我們現在也看見中國、印度的富人，以及一些亞洲人，想將部分資產移往海外。不少人選擇在倫敦或溫哥華購買公寓。二〇一六至二〇一七年，溫哥華新建的分戶共管式公寓中，將近百分之二十至少有一位外籍屋主[7]。

企業也會如此，在汽車業尤其明顯。中國的吉利汽車買下瑞典富豪汽車，印度塔塔集團也買下英國的捷豹路虎。這兩起購併不僅受到歡迎，成效亦佳。中國海洋石油集團二〇〇五年想買下美國的 Unocal 公司，則不受歡迎，因為美國不樂見如此重要的能源公司落入中方手中。

從此，中國便較為謹慎處理對美國的投資，只選擇樂意接受中資的地方。但中國與印度的經濟體規模，畢竟遠大於世界其他國家，因此這兩國將有主宰金融的實力。歐美各國對此，委婉一點說，是難以接受的。這就引出第二個問題：現今的金融服務業架構屬於歐洲與北美模式，能否在一個不再由歐美主導的環境中存續？

從許多現實因素考量，即可得知答案是這架構仍將以某種形式存續。現代金融的基本架構，是吸收存款，再透過銀行與證券市場分配。此架構已行之有年，在工業革命之前即已問世。最早的銀行在中世紀出現，而證券作為企業融資、政府公債交易的工具，則是十七世紀的產物。現代金融的基本架構歷經了金本位制度的起落、兩次世界大戰、共產主義的興衰、一九七〇年代的大通膨，以及最近二〇〇八年的金融危機，仍然屹立不搖，堅實程度可見一斑。

現代金融的基本架構也確實有效。銀行固然有種種瑕疵，但仍能繼續經營存放款業務。政府也能發行公債填補赤字。企業也能在證券市場發行股票募集資金。退休人士投資股票、債券也能獲利。

現代金融的基本架構最近扮演的角色，是以資金推動美國高科技榮景的尖兵，造就了史上第一家市值突破兆美元的企業：蘋果[8]。到了二〇二〇年初，在這個架構之下，已有四百多家「獨角獸」上市企業，亦即初始市值超過十億美元的企業。

中國也同享美國的高科技金融榮景，騰訊、阿里巴巴等巨擘在美國股市上市，而且先前提到的四百家獨角獸，約有一半是中國企業。中國不僅融入美國版的金融體系，還積極參與。

沙烏地阿拉伯也對西方金融體系投下信任票。二〇一九年年底，沙烏地阿拉伯將國營石油巨擘「沙烏地阿拉伯國家石油公司」的少量股權上市，這家企業頓時成為全球最有價值企業。該企業是在國內上市，而不是在美國上市，而且在公開市場發行的股份，多半由本地以及其他中東投資人買進，但依循的完全是西方的公開發行上市公司機制。

但在這些榮景出現的同時，資本主義制度也浮現明顯的缺點。始於二〇〇九年的超低利率，讓經濟復甦得以延續。到了十幾年後的二〇二〇年，大多數已開發國家的官方利率，均維持在〇或趨近於〇。歐元區則是負利率。大多數國家的通膨率約為百分之二，因此，在這十年來的大半時間，幾乎所有已開發國家的實質利率皆為負。經濟得以長期成長，所以很多人認為極低利率政策是成功的。但這項政策的代價也越來越明顯，也將影響未來三十年的金融。

其中一項明顯的代價，是資產價值上漲對社會的影響。便宜的資金並未造成商品與服務價格大漲，卻造成資產價格大漲。住宅、大多數其他的房地產、股票，以及大多數債券的價值上漲，通常上漲兩、三倍。美國道瓊工業平均指數在二〇〇九年底以一萬零四百二十八點作收，二〇二一年底以三萬六千三百三十八點作收。某些人因此更為富有，看起來是好事，但代價卻是財富不平等遽增。本就富有的人變得更為富有，而且他們掌握的門路越多，接觸專業顧問的機會越多，就越有可能獲利。沒那麼富裕的存款戶，則是將錢存在銀行，僅能收取極低的利息。

還有其他比較不明顯的負面效應。其一就是商業銀行式微，尤其是必須將存款以負利率存放在歐洲中央銀行的歐洲商業銀行。另一個負面效應，則是鼓勵存款戶投資風險更高的標的，以維持投資報酬。從另一個角度看，風險更高的借款者，則是更容易募集更便宜的資金，未來債務違約的機率也更高。

這些越來越高的風險，代表在二〇二〇年代，將爆發另一場金融危機。這場金融危機並無明顯的先例可參考，因為史上從未有過如此長久的超低利率。如今的熱門話題，是低利率是否為暫時現象，或多或少是與大多數已開發經濟體相對緩慢的成長有關。所謂相對緩慢，是與這些經濟體過往的成長率相比。但低利率可能也有其他成因。也許各國央行政策失誤，誤把利率壓得太低。也許是亞洲的超額儲蓄引發低利率。也許是西方人口高齡化的緣故。也許純粹是延續七百年的實質利率下降的趨勢使然。這是英格蘭銀行二〇二〇年發表的論文主題，研究的是歐洲利率自一三〇〇年代初的演進史[9]。

坦白說，我們並不知道究竟哪個才是答案。但我們知道資本主義系統正在承受壓力，超低利率便是跡象之一。市場系統不可能一直停留在負的實質利率，因為大家會尋求其他管道，維護手上現金的實質價值。所以某種結局大概會在二〇三〇年之前出現。

屆時將會如何？全球各大經濟體大概會齊聚一堂，研議金融系統的改革之道。也許各國因為金融立場的差異，會更快分裂成區域貿易集團，中國、美國與歐洲也將主導整個過程。換句話說，金融分裂增強了貿易分裂的趨勢。也許會有其他的東西取代貨幣。

最重要的問題，是貨幣的未來將會如何。貨幣似乎存在已久，而且是以某種形式存在多年。但所有的貨幣都是由民族國家發行，長期而言或多或少都會貶值。美元是強勢貨幣，代表美國經濟在世上的重要地位。但美國的國力將略為衰退，因此全球除了美元之外，也必須選用其他貨幣。要選擇哪些貨幣？歐元並未經過考驗，而且很有可能會在二〇五〇年前消失。無論如何，歐洲在全球經濟活動占比將會下降。中國的人民幣是熱門選項，但現在的大多數已開發國家恐怕難以接受。

在二十世紀，全世界的強勢貨幣從英鎊改為美元，改換的過程絕非順利。布列頓森林固定匯率制度於二次世界大戰後建立，於二十五年之後的一九七〇年代初瓦解。取而代之的浮動利率制度，引爆了和平時期最嚴重的通貨膨脹。理論上，全球應可改用多種貨幣，而非僅有單一強勢貨幣。但過去一百年的經驗告訴我們，實務上難以執行。

所以未來會怎樣？很多人可能會為了國際貿易，棄用國家貨幣。若真是如此，大家在國內還是會使用美元、歐元、英鎊、人民幣等等，但會以其他方式進行跨國交易。

私有的加密貨幣之所以問世，正是因為這種不想使用國家貨幣的心態。最知名的加密貨幣是比特幣。比特幣之類的加密貨幣的吸引力來自許多因素。首先，各國央行與政府無法管轄加密貨幣，而且政府至少目前無從追蹤。因此使用加密貨幣能避稅，也能迴避監督。加密貨幣價格大漲，早期使用者也因此收穫高額資本利得，只是後來買進的人可能會承受鉅額虧損。加密貨幣也帶有時尚色彩，是年輕的高科技產物，與各國央行的保守氣息相差十萬八千里。還有另外一種吸引力。加密貨幣是在超低利率時期問世，因此相較於持有現金，持有加密貨幣的財務損失為零。

但加密貨幣其實不是真正的貨幣，因為無法發揮傳統貨幣的功能。傳統的貨幣研究，主張貨幣應發揮三種功能：會計的單位、交易的媒介、價值的儲存。

加密貨幣無法發揮第一種功能，無法用於定價，因為加密貨幣的價值變動太大。至於第二種功能，加密貨幣只用於少數交易，多半是用於購買軟體，但與尋常的交易量相比，用途實在太有限。至於第三種功能，早期買進也許能保值，但若高價買進，可就無法保值。

加密貨幣也有其他缺點，包括所謂的「挖礦」耗用能源所付出的環境成本，但最大的缺點，是沒有一個國家或央行核准使用加密貨幣（編註：薩爾瓦多於二〇二一年九月宣布比特幣為法定貨幣），這也反映出加密貨幣的接受度。任何人若想將持有的加密貨幣部分變現，沒有一個國家的政府會擔保。貨幣的價值，終究還是在於發行貨幣的單位的實力。一美元的價值是一美元，是因為美國聯邦政府有美國經濟當靠山。所以你拿著一美元，想購買商品或服務，美國的另一個人會將這一美元，換成你想要的：一部汽車、理髮服務、鑽石戒指，或是其他的東西。

最好將加密貨幣當成股票、債券、房地產、藝術品、經典車款，尤其是黃金之類的資產類別。加密貨幣就像藝術品、經典車款，以及黃金，並不會創造收入，所以未來完全不會有固定收入。因此加密貨幣的價值，純粹在於另一人願意以怎樣的價格買進。總有可能出現沒人想持有加密貨幣的情況。連黃金都有可能面臨這種情形，不過人類從三千多年前的青銅時代晚期開始，就重視黃金的價值，短期之內應該還會繼續重視。比特幣問世至今也才剛滿十年。

以上在在顯示加密貨幣沒有發展前景，是終將淪為一文不值的資產。國家發行的貨幣將擊退科技的攻勢，不過美元的地位將逐漸式微。

然而，科技除了創造新的虛擬貨幣之外，也將以其他方式改變金融。首先，線上交易將逐漸取代現金。對於使用者，以及發行現金的政府而言，棄用實體鈔幣有幾項巨大的好處。對於個人使用者而言，無論是使用卡片、手機、虹膜掃描或其他方式的簽帳交易，都比使用實體鈔幣更迅速、成本更低，也更安全。企業也能節省成本，對於政府而言，也能減少詐騙與逃漏稅。政府以及交易工具的所有者或管理者，也能追蹤每一位使用者的金融活動。現金是匿名的。經由銀行帳戶的交易則不是。

線上交易普及的速度已經加快。在大多數北歐國家，日常交易多半已經鮮少使用現金。各國政府現在開始擔心，實體金錢消失對於社會的影響。沒有銀行帳戶的人，顯然難以料理日常生活。移民、老年人，以及臨時工也會感到諸多不便。依賴街頭募款的慈善機關，收入也會減少。

但這種趨勢看來仍將持續，很有可能到了二〇三〇年代，現金交易在大半個北美洲與西歐幾乎絕跡。倘若真是如此，那也是消費者的選擇，各國政府也很難反抗。但如果很多人**確實想**繼續使用現金，那大概也能繼續使用，但會與整體趨勢背道而馳。實體現金的使用將會式微。

無論是紙鈔還是硬幣，現金依然是國幣的化身。因此有人認為現金一旦消失，國幣也會隨之消失。這種觀點顯然不正確，因為紙鈔與硬幣其實只是發行國經濟的象徵。任何形式的貨幣都是一種債權。目前最強而有力的債權，是以美國經濟的生產力為依據。所以貨幣未來的重點，在於新興國家實力增強之後，整個世界將從極為倚重美元的貨幣制度走向何方。截至二〇二一年，全世界約有三分之二的外匯存底是美元資產[10]，超過百分之四十的跨國交易是以美元計價。下一個最重要的全球貨幣是歐元，但歐元的使用率正在下降。人民幣能否取而代之？

照理說確實會取而代之，但首先必須成為完全可轉換的貨幣，然後還要再過幾年才有可能。各界也必須對中國的貨幣管理有信心，對於中國整體的治理也要有信心。至於其他貨幣，尤其是印度盧比，未來在國際金融的地位將更形重要，但首先也必須成為完全可轉換的貨幣。

所以全球金融最有可能出現的未來，是國家貨幣到了二〇五〇年仍將存在，貿易將以多種貨幣計價。換句話說，世界現行的貨幣制度，亦即各國貨幣能在外匯市場上互相轉換的制度，將再持續一個世代，但新興國家貨幣的比重將增加。

這是最有可能出現的情況，從一九七〇年代至今，推動國際貿易與金融蓬勃發展的系統，將在更新與重整之後繼續運作。對於相信開放市場與自由國際貿易有益於世界經濟的人來說，這是好消息。既然這個系統運作很順利，又何必改變？

但誰也不敢說這個好結果百分之百會出現。很多問題都有可能發生。其中之一是對於美元失去信心。美元目前是整個系統的靠山，在二〇五〇年也仍將是。如果美國仍然是全球最先進，最強勢的經濟體，即使規模小於中國，美元仍將為王。但即便如此，也有可能會出現某些狀況，例如美國通膨遽增，而其他已開發國家卻沒有，因為這些國家的美元持有者不想再持有美元，也不想使用美元交易。

也許問題不會出自對美元失去信心，而是對所有的國家貨幣失去信心。類似的情況是一九七〇年代與一九八〇年代的嚴重通膨，但當時除了國家貨幣之外，沒有其他可行的替代品。在未來，數位貨幣也許會變得較為可靠，尤其是有商品或原料作為擔保的數位貨幣。

歐元大概是最弱勢的國家貨幣，也是唯一沒有單一政府擔保，而是由多國政府聯合擔保的主要貨幣。歐元區國家無法重新啟用自己的國幣，除非這些國家組成某種政治聯盟，否則歐元仍將疲弱。歐元區很有可能瓦解，倘若真的瓦解，其他貨幣也必將受到壓力。

另一項危機，是債券市場可能出現大規模違約。各新興市場經濟體的政府，確實經常債務違約。阿根廷自一八一六年獨立以來，已違約八次[11]。不過已開發國家很少會公然違約，而是刻意將利率維持在低於通膨率，以減少債務的實質價值。二〇一五年的希臘是個罕見的例外。倘若大國宣告違約，義大利目前看來是最脆弱的大型經濟體，整個金融體系將遭受重創。

接下來會怎樣？如果各國貨幣承受的壓力越來越沉重，各國政府與央行也許會願意創造一種共同的數位貨幣，能讓大家有信心。這需要各國政府支持，要有理想的政治環境，但也需要大多數國家認為這樣做符合自身利益，才有可能實現。

這裡的重點是，世界有全球化的經濟體，但沒有全球貨幣。最近似全球貨幣的是美元。但無論是現在還是未來，美元的走向始終會配合美國的利益，至少是美國眼中的國家利益。這種情況並不穩定。我們只能希望美元未來幾年還能保持穩定，而且萬一金融體系爆發革命，整體世界經濟也不至於受到太大傷害。

二〇五〇年的貿易與金融

國際貿易與金融難免面臨大崩潰的危機，也許會爆發類似一九三〇年代的慘劇。顯然某些對立可能會釀成危機，包括美國與中國之間的敵對、普遍的經濟民族主義，以及反對金融機構的民粹壓力。貿易全球化與金融全球化都有許多敵人。未來還是會有人顧忌全球化，認為對社會有害。況且從國際貿易總額在全球GDP占比的角度來看，二〇一〇年代末或許就是全球化的顛峰。

二〇二〇年代也許將格外艱難。世界經濟在受到新冠疫情重創之前，就已經面臨衰退的危機。節節高升的通膨，將導致各大經濟體的政府與央行無力出手對抗經濟衰退。此外，振興經濟的措施，在各國國內引發更嚴重的不平等，反對全球化的民粹勢力因而抬頭。各國似乎必將走上加強管制跨國貿易與投資的道路。

眼前的重點是，在大多數已開發國家顯而易見的不滿聲浪，是否會釀成更嚴重的事件。如果政治人物的對策，只是稍加限制國際貿易與投資，那也許不會造成長期的傷害。常識告訴我們，國際貿易與投資應該要維持一定的自由度，貿然設置障礙，短期內將造成物價上漲，消費者的選擇變少，政治人物應引以為戒。

最有可能出現的情況是，歷經跌跌撞撞的十年，全球貿易體系仍將適度開放。貿易的本質將會改變，更多商品會在本地生產。但跨國金融活動仍將持續，因此，各投資基金也將持續尋找理想的投資機會。創新的構想亦將持續在世界各地流動，整體世界經濟也將受益。

從下頁的圖表可知，到了二〇五〇年，全球約有三分之二的人口將享有中產階級甚至更高的生活水準。中產階級會追求世界上最好的產品與服務[12]。這將為全球化在二〇三〇至二〇五〇年，甚至往後的日子，增添新的助力。

也許真正的威脅並非貿易障礙，而是金融障礙。已開發國家逐漸發現自身的金融霸權不再，就會出手設置金融障礙。在二〇二〇年，全球三分之二的儲蓄來自亞洲。這些錢多半都在本地投資，但也有一些在海外投資。亞洲投資人可以「買下全世界」。如同先前所述，越來越多亞洲人到海外投資。隨著經濟實力此消彼長，西方也不得不面對三十年前無法想像的情景：創造越來越多財富的將是新興國家，而非已開發國家。

這就點出一個問題。從現在到二〇五〇年的競爭優勢會是什麼？競爭優勢將影響未來的貿易與金融模式。我們習慣的模

全球中產階級增加

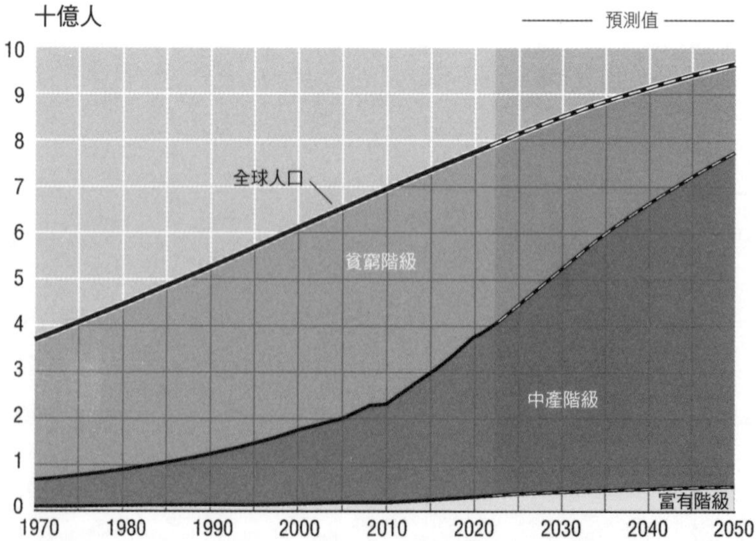

資料來源：Brookings World Data Lab、聯合國

式，是西方擁有科技，並將科技出口，換取更便宜的製品、某些食物，以及原料。舉個非常簡化的例子，美國出口飛機、金融服務，以及社群媒體服務。德國出口汽車與資本財。美國進口便宜的製品以及一些奢侈品。德國進口石油、天然氣，以及原料。

但是到了二〇五〇年，許多新興國家在科技方面會與西方並駕齊驅，甚至超越西方，至少也落後不遠。某些區域、國家，以及人民仍將繼續貧窮，這很讓人擔憂。西方仍具有經濟實力的優勢，但與新興國家的差距絕對會減少，甚至在某些方面有可能完全消失。這種經濟實力的消長，難免會改變目前的貿易與金融模式。

每一個先進經濟體都要面對的難題是，哪些事情能自己做，而別人無法以更低的成本做、或是無法做得更好的？如果答案是「不多」，那目前富國的生活水準，將會逐漸倒退，至少是相對而言。更多國家會步上阿根廷的後塵，從極為富有變成中等所得的國家。

這對於富有的歐洲與北美人民來說可不是好事。但這世紀的前二十年給我們的啟示，是西方仍有創新能力，仍能以智慧領導，也仍能開發其他國家想購買的商品與服務。市場仍會繼續引路，告訴我們競爭優勢是哪些，但跨國的商品與服務貿易必須持續開放，金融也必須保持自由流動。各國政府在未來仍會不斷面臨限制貿易或金融的壓力，倘若真的迫於壓力出手限制貿易或金融，那麼大多數已開發國家的生活水準將會持平不變，甚至逐漸下降。

從已開發國家的角度來看，要面對的是先前兩章討論過的兩大劣勢：人口結構與環境。世界經濟若要順利前進，必須解決這兩大劣勢。限制貿易與金融，只會又增添一項劣勢。

至於貿易，世界必須熬過二〇二〇年代的問題與壓力。接下來也必須接受已開發國家將掌握更多的權力。我們目前還不得而知，權力的移轉是透過國際貨幣基金、世界銀行、世界貿易組織這些現有的多邊機構進行，還是透過一連串的區域雙邊協定進行。無論是哪一種，應該都無所謂。重要的是貿易保持開放，商品的自由貿易能逐漸擴及到服務的自由貿易。

二〇二〇年代，會是貿易的艱難時期。金融的艱難時期則會來得比較晚，會出現在二〇三〇年代以及更久以後。這是因為雖然以美元為主的制度，在未來幾年依然可用，但等到美國不再是全球最大經濟體，整個制度也將逐漸無以為繼。現在還看不出哪一種貨幣能取代美元。

最大的危機，絕對是世人對於各國發行的貨幣失去信心。這種情況在一九七〇年代，以及一九八〇年代差點發生。當時通貨膨脹導致貨幣失去真正的價值，後來是各國央行在美國聯準會的領導之下穩住局面，才化解了危機。金融體系在二十世紀與二十一世紀安然度過兩次世界大戰、一九三〇年代的大蕭條、嚴重通膨，以及新冠疫情，因此我們應該要有信心[13]。但我們還是不能太過天真，以為歲月會永遠靜好，畢竟類似的風暴仍有可能在二〇四〇年代襲來，世界經濟仍有滅頂之虞。我們無法預知細節，但要預見未來有哪些令人不自在的危機並不困難。

第五章／科技飛速發展

未來三十年的重要問題

歷史是最好的借鏡。我們很有把握，科技在未來三十年仍將持續進步，因為從一七〇〇年代中期的工業革命，至今三百年的歷史，讓我們得以如此判斷。我們看見科技不斷進步，因此包括航空旅行以及我們所熟悉的科技，不僅品質提升，成本也有所下降。此外，全新的產品與服務也得以問世。我們知道科技在過去三十年有所進步，只是不太確定進步的速度是變快、持平甚或變慢。

這個經驗告訴我們，科技創新大致可分為兩類：漸進式與革命性。

大多數的科技都是逐漸進步，雖然速度較慢，長期累積的效應仍十分可觀。航空旅行與運輸成本不斷下降，不僅全球大批中產階級得以旅行，也助長了複雜的供應鏈，商品零件得以從全球各地空運到最終組裝的地點。

至於革命性的進步，則是科技突然有所突破，或是將幾種現有科技加以結合、改良，創造出席捲全球的產品或服務。抗生素的研發，就是漸進式進步的理想例子。iPhone 則是革命性進步的例子。抗生素改變了醫療，對於人類健康影響甚鉅。iPhone 則是改變了人類使用全球通訊的方式，深深影響了人類行為。

革命性的科學進步，讓我們難以預測科技的方向及應用。我們可以大致判斷漸進式的科技進步，對我們將有怎樣的影響。無論判斷是對是錯，至少我們判斷的依據，是我們已經看出可能會發生，或似乎可能會發生的情境。也就是所謂的「已知的未知」。革命性的進步，則是「未知的未知」，是極難想像的未來。

iPhone 的影響就是標準的例子。賈伯斯曾於二〇〇七年的 iPhone 發表會上說過一句名言：「世界上不時會出現一個改變一切的革命性產品[1]。」

當然，他說得對，確實改變了一切。但即使是他，也無從想像這起革命有多浩大。他怎麼想像得到？他在發布會上介紹 iPhone，說這是一款可以打電話，也可以上網的 iPod。他並沒有說 iPhone 是 Uber 之類的行動定位服務的進入點，因為當時 Uber 尚未問世。Uber 也必須等到包括線上地圖在內的科技發明之後，才得以問世。賈伯斯也絕對想像不到自拍之類的新功能，因為早期的 iPhone 並沒有前置鏡頭。

因此，預測革命性改變的困難之處，在於雖然這種改變一旦出現就顯得理所當然，大家甚至還會覺得「先前怎麼沒人想到？」但問題是問世之前很難有人能預料到。怎麼會有人想要自拍呢？

幸好我們有兩個靠山可以依靠。一個是我們知道物理定律不會改變。會變的是我們在物理定律的範圍之內，創造產品與服務的能力。我們能把事情做得更便宜、更好、更快，因此能創造更優質的商品與服務，進而提升生活水準。但還是有侷限。我們越接近侷限，創新的速度就會下降。現在搭飛機從倫敦出發，飛越大西洋到紐約所需的時間，與一九六〇年一樣長。微處理機是所有機器幾乎都少不了的矽晶片，運轉速度總有一天會達到上限。但在其他我們尚未探索物理極限的領域，還是會有意想不到的全新突破。一個很有可能出現突破的領域，將會是生物科技。人工智慧是另一個。但我們無法預測會是怎樣的突破。

另一個靠山則是，雖然人類的抱負與慾望，長期下來會隨著環境而逐漸改變，然而，核心的希望與恐懼則是幾乎永遠不變。我們對於科技的主要期待，不會有太多改變。這些期待包括和平、社會、家庭、健康、娛樂等等。能讓我們達到這些目標的科技，將會繼續發展。現在的社群媒體，就是能幫助我們邁向這些普世目標的科技之一。親朋好友是很重要的。使用 WhatsApp 群組，就能隨時與親朋好友聯絡感情。判斷一項科技實用與否，並非只看能否提升經濟效率，也要觀察更深層的東西：是否有助於我們人類的自我實現。

將物理與人類慾望結合，就能得到一個框架，可以思考科技在下一個世代會有怎樣的進步。未來的考驗有兩項。第一，能不能製造出來、而且是以社會負擔得起的價格製造出來？第二，大家需不需要、想不想要這件事情實現？這兩個問題的答案必須是「是」，科技進步才能改變我們的生活方式。

此外，我們對於科技的期待，會隨著時間改變。在人類史上大多數的時間，我們首先需要的是能餵飽我們的科技。於是我們漸漸發展出更理想的務農方式，發展出收成更好的農作物，以及儲存、保存食品的理想方法。我們需要運用科技，發展出更有效率，更安全的住宅供暖方式。在近代，我們從工業革命開始，一再運用科技大幅提升生活水準，全世界越來越多的人口得以從基本的維生，進階到中產階級的生活。

我們仍在追求這些最初的目標，因為世上還有太多人是餓著肚子上床睡覺。但放眼未來，我們著重的目標將再次改變。我們現在要運用更先進的科技，去做別的事情。我們需要運用科技，減少人類在地球上製造的足跡。這將是接下來幾十年的重點之一。

漸進的科技進步至關重要

它平淡無奇，卻會改變我們的生活。日用品的品質越來越好，而且越來越便宜，至少相對來說越來越便宜。日用品也變得更有效率、更可靠、更方便使用等等。我們都能看見，年紀夠大的人，就會知道相較於以往，比方說一九七〇年代，現在很少會看到停在路邊的拋錨汽車。但我們比較不容易看見的，是科技演進背後的生產方式進步了。除非你參觀汽車組裝廠，否則不會知道工人已經被機器人取代，也不會知道電子設備完全改變了品質管理作業。我們更難理解的是，逐漸進步的科技，為何會讓農作物收成增加，又為何會讓已開發經濟體的超級市場，陳售更多種類的食物。也許北歐人民不該指望能在聖誕節買到草莓，畢竟將草莓從更溫暖，陽光更多的地帶運送到北歐的成本太高，對環境也有害。但若不是運輸科技不斷進步，帶動空運成本不斷下降，北歐人民根本不必奢想能在聖誕節吃到草莓。

從已開發國家的角度來看，隨著科技逐漸進步，中產階級現在能買到的商品與服務，在一個世代之前只有富人消費得起。從新興國家的角度來看，逐漸進步的科技讓很多人第一次接觸到中產階級生活。新科技多半在已開發國家研發，經過普及，改變了新興國家。而且在短期之內，也會繼續改變許多人的日常生活。

科技會持續進步，但也要面臨幾項挑戰。第一，在某些領域，我們即將到達可能性的極限。例如飛機引擎的效率要提升，是一次比一次困難。工程師即使能加快效率，飛機引擎的可靠度也會下降。

另一項更大的挑戰，是大多數製品得以不斷改良精進，但在很多服務業，卻難以實現類似的提升，難以改善效率或表現。高等教育就是一個例子。提供大學教育的成本上升的速度，比其他服務業更快。教學品質就算確實逐漸提升，一般人也難以察覺[2]。

其他服務業也有類似的問題。以醫療業來說，全球醫療業整體而言也許有所進步，而且對抗新冠疫情的過程中，也會衍生出我們目前還難以想像的醫學發展。整體的醫療效率並未明顯上升。有些國家的醫療效率或許有所提升，但在大多數的已開發國家，醫療成本雖然不斷上漲，整體的健康結果卻不見得有所提升。醫學科技突飛猛進，未來也將如此。這是不爭的事實。但醫療業很難控制成本。

在未來三十年，隨著世界人口老化，教育與醫療在GDP的占比，難免會不斷升高。所以如果生活水準持續上升（是的，我們無法斷定是否真的會「持續」上升），教育業與醫療業都必須向製造業看齊。未來將出現能改變這兩個產業的科技突破，我們也可以看看哪些領域的科技會有所突破。這一章將介紹其中某些領域。教育業與醫療業，在未來必須更有能力實現幅度雖小、卻有實質效益的進步。

在世界經濟的其他許多層面，科技進步可以解決看似無法解決的問題。其中之一，顯然就是協助新興國家急速發展的城市，提供居民更好的生活。該如何運用這些城市的成長，將這些城市發展成宜居且有效率、而非失控膨脹的惡夢？

在這方面，我們有樂觀的理由。不斷進步的科技能派上用場。以水為例。越來越多城市在提供理想生活環境的同時，還能將人均用水量，維持在遠低於已開發國家的平均值。約旦的人均可用水量，是全球所有國家中最低的。約旦是個乾旱的小國，又庇護大量難民，因此無論是現在或是將來，水資源都將極度吃緊[3]。但這個國家採取簡單明確的保育措施，也願意充當新科技的試驗場，一千萬居民因此得以享有中等收入的生活水準。例如約旦與麻省理工學院合作，研發更有效率的果園灌溉系統[4]。約旦的成功構想，也能應用在其他國家，尤其是新的巨型城市。

到了二〇五〇年，全球三分之二的人口將生活在城市，也許會有四分之一生活在人口超過一千萬的城市。如果運輸、公共服務，以及住宅這些重要領域能妥善經營，世界上大多數的人都能擁有優質生活。妥善經營的關鍵，在於科技的逐漸進步。公共運輸必須做到零污染。越來越便宜的電動車，能滿足這項需求。資訊科技也能持續提高醫療與教育服務的效率，只是這比較不容易。至於住宅，也將會藉由一點一滴小小不起眼的進步，不斷降低建築與維護成本。

還有一個重點。科技逐漸進步的重要性有時很明顯，長期下來將掀起改變的浪潮，改善人類的生活；但有時則是較不明顯，例如改良的科技更為普及之後，所能發揮的綜合效益。很多人一起做出小小的改變，就會改造大局。舉個例子，效率最高的新款冷氣，用電量比現在的一般冷氣低至最多百分之七十。住宅或辦公室只要升級到最新款的冷氣，就能節省能源。但從國家整體能源效率的角度思考，最重要的是很多人安裝有效率的冷氣，而不是少數人安裝高效率的冷氣。

政府能幫得上忙。歐洲要求吸塵器製造商製造耗電較少的機型（同時禁用高瓦數機型），製造商不得不想辦法讓吸塵器效能更佳，耗電更少。規定所有的電器製造商標示產品的效率，消費者就能得知購買節能家電，可以省下多少電費。

但最有幫助的，也許是通訊革命大大加快了知識普及的速度，進而影響消費者的選擇。消費者通常想購買效能最佳的產品。想買更有效率、更可靠，或是純粹更時尚的產品，只要能上網，就能閱讀相關產品的評語，選擇符合自己期待的產品。這是一種動力。所以資訊更流通，科技的進步就會更快，更好的產品與服務也就更能普及。而電子產品是資訊得以流通的關鍵。科技的逐漸進步雖然平淡無奇，但可以說更為重要，與通訊革命帶給大家的「驚奇」相輔相成。我們接下來就要探討通訊革命。

通訊革命會發展到什麼樣的地步？

在新冠疫情爆發之前，通訊革命才剛步入發展中期，然後突然在極短的時間，完成正常時需要十年的發展。一般來說，那些大概需要十年才會出現在我們日常生活中的改變，竟在短短數週內盡數實現。

以現金的使用為例。在北歐，線上交易已取代實體現金。現金在其他地方也逐漸式微。但在德國以及不少歐洲國家，現金本來是主流，後來很多人改用信用卡或行動支付，現金的使用才驟降。新冠疫情爆發之時，全球各國的零售發行系統，已經逐漸從商店與超級市場，改為宅配。大型經濟體當中，英國的比例最高，二〇一九年年底，英國高達五分之一的零售是在線上進行。疫情爆發之後，消費者隔離在家，線上購物的比例在短短幾週暴增至超過三分之一[5]。在家工作也呈現同樣的趨勢。遠距工作成為更務實的選擇，因此在家工作的人數，在疫情爆發之前就已逐漸上升。但已開發國家的辦公室紛紛關閉，對於每個人的生活都有重大影響。我們現在有許多全新的生活體驗，Zoom 視訊會議就是其中之一。

這裡要表達的第一個重點是，那些改變我們日常生活的新科技，在新冠疫情之前便已存在。手機支付、線上購物、線上會議都在逐漸增加。Zoom 早在二〇一一年即已問世。新冠疫情發揮的作用，是加速科技使用的社會革命，而不是自行引發科技革命。在科學家與製藥公司轉移目標，投注精力在史上最短的時間內，研發出幾款有效的新冠疫苗之前，疫苗的研發就已相當進步。

但還有另一個重點。研發出這些實用科技的企業，如今有資源，也有信心向前推進，尋求其他能改善世人生活的方式。

我們也可以由此推敲出未來的樣貌。政府與人民將運用科技，滿足自身的需求。科技在每個地方的用途都不一樣，因為不同的社會重視的層面不同。舉兩個極端的例子。中國最重視的是社會控制，美國則是重視個人移動的方便性。因此，中國結合了包括臉部辨識在內的許多科技，發明了世上最先進的監視系統，只是可能會引發人民反彈。而在另一個極端，自動駕駛汽車已經在美國累積數百萬里程，多半在加州與亞利桑納州。不過目前還不得而知，自動駕駛汽車究竟何時會在美國全面普及。

顯然這些變革將在二〇二〇年代、二〇三〇年代，以及往後的時間逐漸擴散。在某些領域，高原期很快就會出現，也就是說其爆炸性成長很快就會轉為漸進式成長。社群媒體最顯著的進步，似乎已經開始放慢速度。即使是十幾歲的年輕人，想要跟彼此聊天的時間，也會受到社會因素與現實因素的限制。某些領域的革命則是尚未開始，我們只能猜測這些領域是什麼。

最簡單的猜測方法，是思考經濟的各領域，以及這些領域將受到的影響。總共有五個領域：醫療、教育、銷售與運輸、住宅的用途改變，以及科技對於就業市場的影響。現在來談談我對於各項的看法。

二〇五〇年的醫療，將遠比現在進步，也許也會更為便宜。我們對於疾病的知識將大有進步，而且也將能即時監控健康狀況。診斷將會自動化，任何疾病的治療也將最佳化。總是會有棘手的道德決策，不過許多例行的醫療作業能幫助世人維持大致健康的生活，在往後也仍將是例行作業。

並不是每個人都將參與即時監控，有些人是不願參與，有些則是因為費用太高，或是沒有機會參與。但全球中產階級人口的三分之二，未來能享有的醫療，將會與當今已開發國家富有的專業人士同等級。而且不必到醫療院所進行半年或一年一度的例行檢查。什麼都不必做，交給科技代勞即可。

我們無法預測能發揮這些作用的科技細節，但是我們可以想像這些科技的用途。任何人看著自己的手機，同時也被手機的鏡頭監看，所以手機能隨時掌握個人健康狀況的任何變化，例如透過視網膜掃描得知。目前已有將這項資訊送回醫療院所的科技。將這項資訊與儲存在手機的其他資訊結合，例如此人的運動量，以及步行速度等等，就能徹底了解此人的行為，以及行為的變化。在未來，一個人的健康出了問題，手機就能診斷，而且多半能決定該如何處理。

這種科技當然會侵犯隱私。所以社會的態度，包括對於隱私的態度，將影響監控普及的程度。已開發國家目前面臨不少公共衛生問題，肥胖、垃圾食物、合法與非法藥物使用、酗酒只是其中少數幾個例子。監控可能是對抗這些問題的利器，但也許很難為世人所接受。

很難預測科技與社會態度會有怎樣的交流。科技與社會態度長期下來都會改變，但科技幾乎一直都在進步，社會態度的變化有時則是令人費解。健康是公共責任與個人責任之間，一個很有意思的交界。政府制訂的規則，決定了我們生活的整體環境。政府制訂的規則包山包海，從食品標準、空氣品質，到土地利用，對於整體的健康影響甚鉅。我們接種常見疾病的疫苗，是因為政府強制要求。但有些人會抗拒疫苗。我們有時不肯為自己的健康負起全責，不信任政府與醫學專家的建議。

所以，能否使用科技改善一個國家，或是一個社會的健康，關鍵在於是否具有說服力。醫學科技將繼續突飛猛進，我們可以用更便宜、更有效的方式，治療更多疾病，也將更快得知是否患病。不過，運用科技改變生活方式，會是更大的助益。我們無法預知哪一款應用程式，能促進全球各地的人培養更健康的生活方式。也許不該指望智慧型手機能夠改變醫療。也許進步不會來自現有的通訊科技，而是來自截然不同的領域。但我們能確定兩件事情：醫療在未來三十年將大有進步，科技會是帶動進步的關鍵。

接下來談談教育。科技改變了教育。因為科技能散布幾乎無限多的資訊，這是天大的好事。雖然科技也會妨礙資訊的思辨，這可不是好事情。

三十年前的我們很容易預料得到，現在一個人只要能上網，他能掌握的資訊，就跟三十年前一家跨國企業的研究部門一樣多。搜尋引擎改變了教育，因為任何人都能使用搜尋引擎獲得知識。但搜尋引擎並未讓大家更懂得評估資訊。更糟的是，無限量的存取，反而讓垃圾資訊有了市場。太多人是推廣訊息的高手，但卻完全不擅長評估訊息的價值。假訊息跟真訊息一樣容易傳播。

這種現象造成的影響之一，是世界各地教育業的地位得以強化。行之有年的教育架構，包括書本、學校、大學、在職訓練，受到資訊革命影響的程度，並不如各界預期的高。兒童還是背著書包，還是像四百多年前莎士比亞的「人生七階段」所形容的「爬得像蝸牛一樣慢，心不甘情不願上學去」[6]。在以往，比方說一九六〇年代的明星大學，到了現在仍舊是明星大學。博士學位的地位也沒有改變，現在想要在高等教育任職，博士學位更是必備條件。專業雖然有時不受重視，卻依然珍貴。背景雜訊的聲量越大，就越難分辨出訊號。所以聲譽卓著的教育與研究機構，重要性更甚於以往。

另一個影響，則是平行的知識產業得以成長。科技的進步，往往是勇敢的局外人的貢獻。發明飛行器的是萊特兄弟，而不是二十世紀初期的大型工業公司。但資訊科技革命的真相，是現在成千上萬家的新創企業，背後都有大錢支持。市場追求下一個「獨角獸」，亦即市值高於十億美元的新創事業，因此投注大量資源發展新科技。好的構想（難免也有很多壞的構想）得到的投資挹注，是前所未有的高。

這與現有的教育機構有關。許多新創企業，也許可以說大多數的新創企業得以創立，少不了各大學和其校友的貢獻。各大學的難題，是如何從校友創辦的企業，分得一些利益。但這些大學也應該明白，他們往往只是點燃了火花。真正的大火是在別處爆發。

教育業以及教育業培育的企業之間的界線，在未來三十年將較為模糊。大學將更像企業，企業將更像大學。這種情況已經出現，只是變化的速度將會大幅加快。我們甚至有可能看見，越來越多的大學開始營利，開發學術研究的商業價值。這種現象可能會先出現在亞洲，而非歐洲與北美，但倘若真能成功，西方也必將仿效。

科技還將引發教育的另一項重大改變，亦即降低教育成本，減少教育所需的時間。對於已開發國家的大多數學生來說，高等教育太昂貴，費時也太久。年輕人根本不應該背負巨債投入職場，也不應該快三十歲了還沒開始工作賺錢。在新興國家，迅速崛起的中產階級，將會希望家人接受最好的教育，但卻缺乏複製西方教育所需的資源。

展望未來，唯一務實的辦法，是以資訊科技提升效率。降低成本的方法很簡單。教學時間要用在刀口上。但同時也要提升教學效果，要找出更理想的教學與學習方法。印度鄉村小學的教學方法，當然與哈佛大學的不同。但原則都是一樣的。其實就跟任何製造設備一樣。有些事情必須由人來做，人能做得更好。但很多事情最好還是自動化作業，問題在於了解哪些事情該由人來做，哪些又該自動化。

這個道理我們都懂。但基於種種原因，要推動教育改革並不容易。現在的改變，在於大家意識到教育逐漸成為一種全球產業，而非各國獨立的產業。但科技是通用的。只要有一個國家、區域或機構展現更好的能力，全球都會群起仿效。效益是巨大的。掌握了科技，不僅一個產業會更成功，人生也能經營得更成功。

至於銷售與運輸，隨著線上作業興起，科技已經引發一場銷售革命。從二〇〇〇年代初期開始，購物模式就從顧客前往零售商購物的實體模式，逐漸演變為線上購物與宅配。

新冠疫情加快了這種轉變，但在疫情爆發之前，這種轉變的許多效應就已顯現：零售工作逐漸消失、倉儲與物流工作興起、商業大街與市郊購物中心受到壓力、個人購買選擇的資料庫建置等等。這些效應至少還會持續二十年，問題在於線上購物何時會邁入高峰。從我們經歷過的社經變化來看，也許等到線上購物與宅配達到所有零售銷售的一半，也許比一半多一點點，就算是進入高峰。常見的情況在未來也將上演，亦即奢侈品業者將大發利市，減價商品也將有源源不絕的顧客。但介於這兩者之間的業者將會式微。

銷售的變化，將是改變全球都市環境的最大單一力量。零售空間將變為生活與娛樂空間。目前商業空間的趨勢將延續下去，倉庫、多層停車場與閣樓，將轉做住家。

如此一來，將造就更多可居住的城市。難就難在要讓新的銷售鏈，與舊的一樣有效率。將商品送往許多不同的住宅，比送往幾家大型商店更為複雜。在另一方面，經營商業區的商店，比經營郊區配送中心成本更高。運輸科技的進步，將是許多事情的關鍵。道路運輸將很快從內燃機轉型到電動，但關於這種轉型對我們生活的影響的種種噱頭，到了二〇五〇年再往回看，會覺得很奇怪，好比一九六〇年代有人預言，到了二〇〇〇年，大家都會搭乘直升機飛來飛去，事後看來也很奇怪[7]。物理原理是不會變的。

會改變的是行為模式。汽車仍將是個人運輸的主要工具，只是我們會較少使用。以車輛行駛里程來看，已開發國家在二〇一九年可能已經到達「汽車顛峰」。各新興經濟體到達汽車顛峰的時間會較晚，但幾乎每一個都會在二〇五〇之前到達。已開發國家的城市，將會較為平靜、污染較少，更宜居。整體而言，新興國家的城市將歷經一段混亂、迅猛的成長期，但到了二〇五〇年，這些國家多半都會在更宜居的路上前進。

這裡的重點是，關於科技與運輸的討論，多半聚焦在更乾淨、更有效率的面向。這終將實現，也為世人所樂見。但更大的效應是，運輸與銷售系統的變化對於都市環境的影響。城市必須變得更宜居，唯有科技能幫助城市達到這個目標。

我們都了解，住宅用途正在改變。對於許多人來說，資訊科技革命已經將我們的家從消費的地方，變成生產的地方，從我們花錢打造理想居住環境的地方，變成我們賺錢到別處花用的地方。當然並非所有人都如此。你就算在家工作，也總不能在家裡開公車，不能在家教別人游泳。但新冠疫情危機的效應之一，是讓我們發現好多工作都可以在家完成。這會引發類似零售業的長久效應：已經出現的現象將發展得更快。很多人寧願待在家裡看電影，也不要到戲院去，所以在家娛樂的趨勢將更為強化。

這些我們都知道，所以問題在於：這些趨勢要發展到什麼地步，才會邁入高原期或是趨緩，住宅本身又將如何變化。

我們或許會在離二〇五〇年還很遙遠的時候，就已經達到在家工作的極限。新冠疫情的影響之一，就是我們很快能了解，哪些工作在網路上做較有效率，哪些工作非得面對面處理不可。如今堪稱萬能的科技，在未來將會更為強大，因此未來的侷限並不在科技層面，而是在社會層面。

人類何時需要面對面交談，何時又最適合獨自工作？

我們很快就能知道答案，只是要將實體環境調整為符合社會需求，需要不少時間。一個顯而易見的效應，就是住宅的空間必須更大，而且要有專屬的工作空間，就好比住宅內部也有專屬的烹飪、娛樂、睡眠等等的空間。人們更為富有之後，財富增加的最初跡象，是需要更大的住宅。更大住宅的消費需求，是符合經濟原理的。有些區域比其他區域更容易滿足這項需求。郊區別墅比高樓大廈更容易擴大。所以北美、澳洲、紐西蘭將具有優勢，與歐洲相比有優勢，與亞洲都市相比更有優勢。但住宅會因為人類的需求而改變。住宅永遠都會是住宅，但也會逐漸兼具工廠的角色。

最後要談的是科技與就業市場。如果通訊科技能讓我們在家完成大部分的工作，雇主與個人之間的關係，難免也會改變。遠端工作者的績效是依據產出衡量，也要自行管理時間。在家工作並不是有些人選擇自營作業、而不受雇於人的唯一原因。其他因素包括經濟重心逐漸從製造業轉移到服務業、滿足彈性需求之必要，以及勞動力老化。但能在家工作，確實是個強大的原因。

這很明顯，但不確定性很高。其中一項不確定性，是自營工作的趨勢會發展到什麼地步。在英國，二〇二〇年百分之十五的勞動力為自營工作者，是一八六〇年代開始統計以來的最高比例，也是將近一九七九年百分之八的兩倍[8]。自營工作者的比例，幾乎百分之百會繼續增加，但到了二〇五〇年，也許成長到勞動力的百分之二十五之後，就會漸趨平穩。很多人認為，自營工作是很大的解放，但自營工作確實需要一種很多人都不具備的心態。企業架構仍將是王道。

另一項不確定性，是新的通訊科技對於就業機會的品質，會有怎樣的影響。新通訊科技是會繼續取代重複性質高的例行作業，進而提升整體的薪酬與工作滿意度，還是會導致就業市場空洞化，摧毀中間階層，僅僅帶動頂層與底層的成長？

這兩種情況幾乎都會實現。許多僅需中階技術，且重複性質高的工作，已經被通訊科技取代。在企業界，幾乎沒有人需要聘請專業人士打字寫信，或是撰寫備忘錄，所以速記員就走上鐵匠的老路，同樣被科技取代。旅行也多半是上網預訂，旅遊業的就業機會也因此大減。新冠疫情的副作用之一，就是線上會議取代實體會議的速度更快，省下了前往實體會議的時間，也減少了運輸業的就業機會。

不過，科技創造的就業機會，比摧毀的更多。已開發國家的總就業率全面上升，而且就可量化的數據而言，整體工作滿意度似乎是維持不變或上升。若將勞資爭議，作為衡量工作滿意度的標準，二〇一〇至二〇二〇年的這十年間，以歷史的標準來看是相對平靜的。美國的工作滿意度調查顯示，二〇〇九年經濟衰退的衝擊淡去之後，人們對於自己的工作更為滿意[9]。雖然工作沒安全感、被迫自營工作、短期工作，以及所謂的「零工經濟」的問題依然存在，整體工作品質似乎並無下降。已經發生的現象是，勞動力在GDP的占比、也就是薪資相對於整體經濟規模的比例，從一九六〇年代持續下降，在這個世紀也仍在下降中[10]。確實有跡象顯示，勞動力將從二〇二〇年代開始大幅改善，但目前尚難斷定一定會改善。這也是查爾斯・古德哈特與馬諾伊・普拉丹一本重要著作的主題[11]。

這也會受到許多因素影響，包括中國躍居全球第二大經濟體，所以不應怪罪新科技，畢竟這個趨勢在新科技起飛之前就存在已久[12]。

幾乎可以確定的是，現在很明顯的兩個趨勢，未來將更為明顯。第一項趨勢是市場對於高階技術勞工的需求將會增加。第二項趨勢是所有的就業人口，未來必須更有恢復力。未來的就業機會很充足，但大家的教育水準必須夠高，也要具備工作所需的知識。而且不僅是累積自身技能，整體的時間管理也要更有彈性。工作與家庭生活將會融合，一如我們在新冠疫情期間所見。

之所以會出現這種趨勢，最重要的一項原因，是下一個爆發的科技突破將會是人工智慧，影響力可比通訊革命。

人工智慧為何如此重要

人工智慧，也就是讓電腦像人類一樣思考的概念，源自一九五〇年代[13]，但一直到大約二〇一五年，才開始發展出實用價值。原因在於世界經濟產生的資料海嘯。人工智慧分析資料的能力極強，遠勝於人類，但除此之外就無甚用途，比方說無法取出洗碗機裡面的碗盤。所以，在我們擁有海量資料之前，人工智慧不過是個玩具罷了。人工智慧能在西洋棋棋盤打敗我們，卻不能幫我們找到癌症的療法。

我們才剛開始探索人工智慧的用途，但在某些領域，能處理大量資訊的人工智慧，已經促成許多改變。我們已經看見成千上萬的例子。倫敦的摩菲爾德眼科醫院[14]發現，使用人工智慧掃描病患的視網膜，就能及早發現眼部疾病，甚至比經驗最豐富的醫師還早發現。目前人工智慧已經應用於臉部辨識、人才雇用、行銷、供給鏈管理等等。在新冠疫情期間，人工智慧也用於許多用途，包括透過手機追蹤染疫者的行蹤、預測個人染疫風險，進而預測疫情的爆發，以及掃描資料庫，尋找研發疫苗所需的分子。

難免會遭遇許多挑戰，而且挑戰已經一一浮現。其中之一是隱私。我們會很希望人工智慧不但能分析我們的個人資料，還能分析我們一生當中產生的所有資料嗎？另一個是偏誤，我們已經發現人工智慧就像人類智慧，也有可能出現偏誤。還有一個是如何將人工智慧分析、推理的硬實力，與人類的同理心、創造力、想像力等軟實力結合。

人工智慧在一個世代之後，會將我們帶往何方？這個問題可以用兩種方式思考。一種是研究人工智慧顯然很擅長的功能，另一種是思考，我們整個社會需要人工智慧發揮怎樣的功能。

就第一個問題而言，我們知道人工智慧非常擅長檢視資料庫，再運用資料分析推論。因此，人工智慧在醫學、環境研究、人類行為、商業實務、社會政策等領域，都將發揮許多實際的用途。人工智慧獲得的資料越多，就會發現越多驚人的事實。舉個例子，在新冠疫情期間，根據人工智慧的分析結果，我們發現被認識的人傳染新冠病毒的機率，遠高於被陌生人傳染。

研究人工智慧的用途，會有意想不到的發現、會有我們完全想像不到的發現。人工智慧將能提供一些我們還不知道自己需要，或是想要的服務，就像通訊革命造就了臉書與推特之類的社群網路。只是我們目前還不知道這些服務會是什麼。

如此看來，很難預測人工智慧的未來。但若反過來看，思考我們希望人工智慧能發揮哪些作用，答案就會更明朗。舉例來說，逐漸老化的社會將需要更好的醫療，尤其是年長者需要更早發現健康問題。我們還不知道，人工智慧究竟**如何**能派上用場，但絕對會派上用場。我們也知道，教育正在改變，從年輕人在學校與大學求學，轉變為終身學習。人工智慧會幫我們釐清哪些可行，哪些不可行。全世界都必須提升人力資源管理的能力，人工智慧在這方面能派上用場。

我們也必須減少我們帶給地球環境的負擔，這也是人工智慧能大顯身手的領域。隨著資料的品質與數量上升，我們也將透過人工智慧，了解哪些生活方式對環境有益，哪些又對環境有害。我們未來對於氣候變遷的所知，將遠超過現在，我們也需要更深入理解氣候變遷，但我們也會更清楚，怎麼做最能延緩甚至逆轉氣候變遷。

這些都是好事。最難的會是將人工智慧運用於人類行為。我們能否使用人工智慧減少犯罪？答案幾乎是絕對可以。我們很快就得以預測，犯罪事件可能發生的地點、內容，以及誰是犯罪者。但也必須面對道德爭議，也就是知道了之後該如何處理。該不該因為電腦說某人有百分之八十的機率會殺人，就把這人關起來？

再循著這一點深入研究：人工智慧該不該成為日常生活的必備工具，指引我們該選擇哪些人作為朋友或伴侶，以及該如何規畫職業生涯、管理家庭財務？保險公司該不該使用人工智慧，決定汽車保險與人壽保險的費率？最後，國家該在哪個階段介入，監督人民的行為、進而改變人民的行為？

我們將在下一章，探討關於政府的觀念的變化。這裡要表達的重點是，大數據與人工智慧的匯聚是巨大的，可能在未來三十年，引發我們日常生活最重大的改變。我們現在只能夢想的事情，將透過人工智慧實現。我們善用人工智慧，生活就會大有進步。但人工智慧也將帶來一個比較不好的結果。

監視的世界

凡事總是有利有弊。人工智慧的用途也是有好有壞。資料可以用於好的目的，例如針對不同的社群媒體使用者，推出合適的廣告；也可以用於壞的目的，例如專制政權使用資料，壓制異議。隱私與安全之間難免會有衝突，這也是每一個社會面臨的難題。但是，若我們仍處在人工智慧革命初期、且似乎不可避免的階段，那相較於未來會發生的事情，目前這些顯著的衝突只是小事[15]。

想像一個社會，一個人生活當中的每一刻，都有人監視、儲存，還可以拿來分析。一個人在哪裡念書、成績如何、過往的雇主是誰、某個晚上跟誰共進晚餐、吃了些什麼、在電子郵件寫的每一個字、何時去看醫生、為何去看醫生、到哪裡度假、跟誰交往過、生父生母是誰，打從出生開始，一輩子的詳細資訊一查即得。

當然還是會有例外。即使在先進經濟體，也有某些人基於各種原因，努力隱藏自己日常行動的資訊，新興經濟體也將有一些人不會受到監視。但還是會有一個全球資料庫，裡面有每個人的資料，未來的挑戰在於如何使用這個資料庫，造福人類以及人類生活的地球。

我們沒有前例可以依循。我們從未經歷過這樣的世界：幾乎每個人的一切都被掌握，而且資料一旦有了缺口，就會出現警示。所以各國會有二、三十年的試驗期，摸索隱私與揭露應有的界線，了解如何保護隱私，以及應用可揭露的資料。

目前看來，西方民主國家或許會傾向保護個人隱私，而中國，也許還有印度，則是會傾向提倡集體價值。這也許會改變。自由派民主國家，很有可能會變得較為不自由，認為隱私是不值得追求的目標。北歐這種公開大部分個人資料的模式，可能會較為普及（在挪威，每個人的報稅資料摘要，都公開在網路上）。在中國與印度，為數越來越多的中產階級，他們的目標可能和國家當前的不同，也希望擁有更多的個人隱私，有可能會為家人和朋友尋求不同的生活方式。

最終的權衡，可能會偏向詳細監視個人所帶來的好處。改善健康就是一項明顯的好處。社群媒體目前服務的訴求「給我們你的資料，我們會給你更有意思的廣告」，並不怎麼吸引人。「讓我們監測你的健康狀況，我們就能讓你更長壽、更健康」就動聽多了。那「讓我們監測你的生活，你就可以少繳稅」怎麼樣？生活習慣較為健康的人，帶給社會的負擔會低於那些生活習慣不健康的人。所以各國最好提供誘因，鼓勵國民做出「更好」的選擇，減稅絕對是個有效的誘因。

但這是假設各國政府不會濫用科技、而是善用科技為大眾謀福利，不只是用於監視，也用於其他層面。大多數的國家都會善用科技，但我們也必須承認，有些國家不會。幾百年來，戰爭始終是科技進步的一大推手。這本書的基本假設是，未來並不會爆發與二十世紀前半的兩次世界大戰同等級的衝突。如果會爆發，那所有預測都毫無意義，未來也不堪設想。但還是會有衝突，至少會有某種程度的全球競爭，進而引發衝突，科技也將牽涉其中。我們必須了解，這也許是改變未來三十年的變數之一。

科技的變數潛伏在何處？

未來會有意外，會有突然出現的突破，對於我們的社會將有深遠的影響。我們無法預測這些意外會是什麼，要是能預測，就不叫意外了。但我們可以大致判斷意外會發生在哪些領域，也就知道該到哪裡尋找。總共有五個領域。

第一個是能源。過去五十年最令人失望的地方，是世界無法脫離碳基燃料。我們在第三章討論過，三大初期能源仍然是石油、天然氣與煤。能源效率已有進步，在二十一世紀，除了化石燃料之外，風能與太陽能的占比逐漸升高。風能其實是最古老的能源之一，風車大約是在西元六〇〇年的波斯發明。羅馬人使用太陽能將澡堂的水加熱。核能本該有大舉突破的潛力，結果卻非常不理想。核能確實可用，但成本高昂，還會引發嚴重的環境問題。

能源供應者與能源使用者都將面臨巨大壓力，必須更快停用碳基燃料。可想而知其他能源的初級生產當然會增加。有一個明顯的領域是核融合，也就是氫彈背後的科技。一九五〇年代，不少人以為英國的ZETA反應器會是核能的下一個重大發展，後來卻是失敗收場。從此[16]，核融合的商業應用之路，就是一長串的失敗。我們可以合理推斷，往後還會繼續失敗。

能源貯存與能源效率是比較可能有所突破的兩個領域。生產成本最低的能源，是太陽能與風能。若能以便宜且安全的方式貯存太陽能與風能，那就算一時沒有風、沒有陽光也無所謂。現有的電池科技將逐漸改善，但電池其實並不雅觀。電池很沉重，生產電池也必須使用大量稀土。因此必須要有較大的改變，那就只能仰賴截然不同的科技。這有可能會發生。最後勝出的科技可能不只一種，也許現在就已經存在，只是我們還不知道會是哪一種。

或許也會有一種新科技，可讓能源效率突飛猛進。過去二十年出現的例子，是發光二極體取代了白熾燈泡。一種存在超過一百二十年的科技，突然被另一種效率能達到五至十倍的科技取代。也許還會有類似的突破，可能是電腦以及其他連網裝置的效率大增。

第二個可能出現重大科技突破的領域，將會是醫療。我在二〇二一年初，新冠肺炎在全球肆虐之際寫這本書，當時難免認為全球研發疫苗的大規模行動，也會帶動其他的科技進步。人類的聰明才智目前足以戰勝細菌傳染，是否也能打敗病毒傳染？

也許結果要比預期悲觀的多，細菌與病毒演化的速度之快，人類無力控制，只能永遠纏鬥。

我們可能會輸。倘若真的輸了，醫藥將重回一九三〇年代盤尼西林問世之前的情況。屆時我們就必須依賴良好的衛生、運動、飲食與整體的生活習慣，維護健康。平均預期壽命頂多會在上升之後保持不變，而且可能會開始下降。

這就說到第三個幾乎百分之百會上演驚喜的、且很有可能會出現意外打擊的領域：生物科技。

問題多得很。已開發國家的富人，會不會製造所謂完美的嬰兒？也許很多國家會有更多人想要操縱後代子孫的基因，訂做出正常、快樂的後代？這些問題讓人不自在，但隨著基因科技不斷進步，我們終究無法迴避這些問題。

那農業呢？農業絕對會面臨食物生產轉型的巨大壓力。農業科技產業目前主要是努力提高農作物產量，開發出更適合惡劣環境的農作物品種，因此土地使用得到控制，較為弱勢的人也能享有地球提供的優質飲食。已經啟動的下一個階段，是減少食用肉類與魚類，至少要減少給動物餵食植物性蛋白質，再由動物將植物性蛋白質轉化為動物性蛋白質這種低效率的食物鏈程序。大多數的已開發國家，已經開始調整飲食，例如美國的牛乳攝取量，就從一九七〇年代持續下降至今，而且這種趨勢終將擴及到新興國家。

農業的可能性相當明顯，工業的可能性卻是不甚明顯。這裡的問題是，生物學能否改變現今的某些工業程序，包括塑膠製品的許多用途。創造不少好處，卻也釀成不少環境災難的塑膠革命，是否已進入尾聲？感覺像是，但致命一擊可能會來自生物科技的進步。我們不必呼籲大家別再使用塑膠袋，塑膠袋將會完全消失，被更理想、更便宜的生物製品取代。

這裡牽涉到一個更廣大的主題。也許製造業會從使用金屬與塑膠原料，轉為使用生物工程處理過的天然材料製造產品。但前提是，生物工程處理過的天然材料必須變得更好、更便宜，這確實有可能實現。建築業也會改變，從鋼筋混凝土，改為使用組合木材。時尚跟科技一樣會改變，但通常是科技帶動時尚的變遷。二十世紀初期之所以能興建摩天大樓，主要是因為大量生產鋼樑的新製程問世，再加上電梯的發明。

還有另外兩種可能，都是遠遠超出我們目前所知的範圍之外。一種是我們大腦的某些運作，目前還找不到合理的解釋。

人和人之間似乎有一種超自然的連結。例如，我們正想著世界另一頭的某個人，卻發現此人不知為何，碰巧也在同一時刻想著我們。有些人對於未來會發生的事情有預感，而且通常是不好的事情。有時候會有巧合出現，明明不太可能發生的巧合，卻還是發生了，簡直無法相信只是巧合。我們常常不把巧合當一回事，很多人確實如此。但許多認真的科學家則是虛心面對。艾倫・圖靈[17]相信心電感應。根據皮尤研究中心[18]的研究，百分之十八的美國人，認為自己看過鬼。對於我們並不了解的另一個世界，我們當然很好奇。風靡全球的哈利波特就是個好例子。

假設我們知道，我們的大腦是如何在另一個層面溝通，這就是心電感應的原理。我們或許無法成為時空旅者，也無法與死者溝通，但我們對於某些超自然現象的理解可能會突飛猛進。屆時我們對於人類，會有什麼樣的看法？了解更多又會有怎樣的發展？我們對於宗教的態度，又會有什麼樣的變化？也許過往的許多未解之謎，都能一一解開，會有「原來如此」的感覺。也可能我們會因此更弄不清身為人類的意義，而去研究那股主宰我們和地球的更高層力量。我們不太可能深入了解超自然現象，但也不該排除這樣的可能性。倘若真能深入了解，那麼從我們對於物理的理解開始，一切都會改變。

另外一項重大發現，是得知宇宙除了我們，還有其他形式的生命。宇宙如此浩瀚，若是只有我們就太奇怪了。所以，重點應該是宇宙是否存在離我們很近、能跟我們交流的其他生命。以我們所知的物理研判，這是不太可能的。但說不定另有一群遠比我們高等的智慧生物，發展出另一套平行物理。我並不是要探究那些目睹幽浮的證據，也不是要猜測宇宙還有哪種形式的生命。我要表達的只是，萬一我們發現宇宙中還有其他生命，那我們目前所有的知識可能都會被推翻。

但這個道理我們豈不是早就知道了嗎？正如莎士比亞筆下的哈姆雷特所言：「赫瑞修，天地之間有些事情，是你的智慧無從想像的。」

第六章／政府以及治理將會如何改變

民主政治面臨的諸多挑戰

民主治理的支持者現在頗為尷尬，但這裡指的治理其實範圍大於政府。我們思考的是國家，還有治理國家的政府。大多數的政策都是由政府制訂。各國政府會在國際與區域層面多方合作，但政府始終是、在往後也仍將會是，主要的決策實體。在未來，美國與中國，以及中國與印度之間的關係，將是全球的重點。我們稍後會討論。這裡的重點是，代議民主是否仍將是中國以外大多數國家嚮往的金科玉律，至少表面上宣稱嚮往。

其他力量也會影響我們的地球，以及我們的生活。世界上有數百間各式各樣的跨國機構，包括二次世界大戰之後成立的眾多國際機構，例如聯合國、國際貨幣基金、世界銀行等等。另外還有國際金融機構，例如國際清算銀行。國際清算銀行於一九三〇年成立，協助德國支付第一次世界大戰的賠款。能經營到現在，也證明了此類機構長久經營的能力。還有一些是區域的開發銀行，例如歐洲投資銀行，以及亞洲開發銀行。另外還有區域的經濟組織，其中最成功的當屬歐盟，還有政府支持的產業卡特爾，其中最有名的是石油輸出國組織。

還有一些治理體系，是負責維護商業與金融世界的秩序，亦即公司如何成立、誰擁有公司、公司的資金從何而來、公司遇到的道德與環境問題，以及這一切背後的金融體系。隨著國家所有權與合作所有權逐漸減少，私營企業的所有權也制訂了全球標準。依據這項標準，大型企業的所有權通常在證券市場交易，小型企業則是由家族持有，或是由私募股權持有。眾多國內銀行與國際銀行支援貿易與金融的運作，其中有些是國有，但大多數至少有一部分是私有，即使在共產主義的中國也是如此。

市場資本主義這個龐然大物，就依循各種法律、會計與法令規範運作。這些規範隨著時間改變，未來也將繼續改變。在戰後的大多數時間，市場資本主義得到越來越多的人民支持，但在二〇〇八至二〇〇九的金融危機之後，支持的力道開始減退。目前看來，市場資本主義未來的地位依然穩固，畢竟要拿什麼取代市場資本主義呢？但市場資本主義的治理，也受到越來越嚴格的監督。

這在未來是項重要的議題，但也點出另一個更重要的議題：未來三十年的社會態度與行為，會有怎樣的變化？東方與西方是會融合，還是會分歧？社會管理人類行為，包括男女關係在內的方式，會有怎樣的變化？這並不是政治問題，甚至也不是法律問題，因為政治與法律通常都落後於輿論。但我們只需要想想 #MeToo 浪潮是如何改變了美國人生活的某些層面，就知道未來世人的態度可能會有劇烈變化，政治人物也必須有所因應。但首先，我們先思考政治體系本身。

代議民主得到的支持為何減少？

一九九〇年代蘇聯瓦解之後，難免有不少人以為自由派民主政治，將成為全球政府的主流。這種觀念後來卻是破滅。共產主義的中國，在加強共產黨領導階層的控制的同時，也實現相當程度的經濟自由化。後蘇聯時代俄國的民主政治很粗略，如今更是極為粗略。即使在印度與俄國這些國家，民主政治的機制已經明確指出大多數選民想要怎樣的政府，西方的自由派菁英也是大表震驚。這些菁英認為，某些歐洲國家以及美國的選民，也給出了「錯誤」的答案[1]。

這些問題當中，有些是完全可以預料到的。在一九九〇年代初期，不難判斷美國會出現反對自由派菁英的民粹勢力。我在《二〇二〇的世界》便如此預言。當時也能看出英國可能會退出歐盟，《二〇二〇的世界》也曾提及。較難預料的是中國後來的發展，當時認為以中國的中央集權政權，恐怕在經濟方面難有突出表現，無法滿足人數越來越多的中產階級的願望。但到目前為止，中國都能做到。這是難能可貴的成就，但也告訴世人，並不是非得生活在民主國家，才有機會累積一定的財富。有些民主國家的經濟優於其他國家，但幾乎每個人都認為，在蘇聯、蘇聯在東歐的衛星國家，以及毛澤東時代的中國的共產統治之下，絕大多數人民都過著貧窮的生活。中國的崛起改變了這一切。

結果就是代議民主受到許多方面的攻擊，受到左派與右派的攻擊，受到國內外攻擊，受到支持者與反對者攻擊，受到直接民主的支持者，以及「強人」領導的支持者攻擊……太多太多了。難就難在客觀分析這些反對意見，將反對意見本身，與反對者的意識形態立場分開。以下我要討論兩個反對意見，就要與意識形態分開來看。

首先，自二〇〇八至二〇〇九年金融危機與經濟衰退以來，大多數已開發國家表現看來欠佳。根據正式數據，即使是表現較佳的經濟體，GDP成長也相對遲緩。生產力成長率低迷，所得中位數陷入停滯，所得與財富不平等的情況惡化，而且至少在大多數歐洲國家，失業率居高不下，年輕人的機會始終稀少[2]。

民主政治的支持者，針對這些問題提出兩個概略的答案。一個主張這十年來，這些國家只是看似表現不佳，其實非常出色。另一個則是認為種種浮現出來的問題，與政府體系無甚相關，而是源自其他因素，例如大多數先進經濟體人口逐漸老化，難免會壓低生活水準。

第一個答案的主要論證，是我們始終低估經濟成長的幅度，以及經濟成長所帶動的生活水準的進步[3]。iPhone在全世界熱賣，應用程式、自拍、免費通訊也在各地湧現，反映出來的卻是GDP的淨損失，因為報紙之類的舊科技被這股熱潮取代。而這些舊科技需要更多投入，也雇用更多人。諷刺的是，最熱中使用新科技的年輕人，卻感覺自己最弱勢。在民主政治之下蓬勃發展的資本主義體系，生產了大眾愛用的產品與服務，卻未得到大眾的肯定。統計數據顯示，生活水準並未上升，至少上升的幅度不大。但資本主義體系能提供這些新服務，而且新服務也不斷湧現，尤其是年輕人愛用的新服務。

這個答案儘管合理，卻有一個問題。如果大家認為生活水準並未上升，那告訴他們確實有上升，也得不到他們支持。況且，對於許多中階技術工作的從業者而言，市場歷經經濟轉型，已經不再需要他們的技術，至少在職場的價值不如以往。

民主市場體系的支持者也必須承認，所有的先進經濟體都面臨人口逆成長。如同先前所言，倘若維持不變或是逐漸縮小的勞動力，必須負擔越來越多不工作，領退休金的退休人士，那政府就免不了要加稅，就業人口的實質薪資也將因此下降。在這個世紀，人口逆成長的趨勢雖說緩慢發展，卻是不可逆轉，未來也將持續惡化。政治人物可以主張，人民想要更好的公共服務，就必須繳更多的稅，但繳了更多稅，若是只能繼續享有與目前同等級的公共服務，那就很難說服人民。一個殘酷的事實，也讓這個問題更為複雜：繳稅比較多的是年輕人，但選票多半集中在老人手裡。

第二個反對意見與經濟體以及公共財務的數據無關，而是與政治人物面對這些壓力的回應有關。在二〇二一年，我們離民粹革命太近，因此無法將民粹革命放在歷史脈絡研究。但民粹浪潮終究會淡去，也許在二〇三〇年代就會消退，屆時大家又會怎麼說？

我覺得到時候大家會認為，是因為太多主流政治人物態度傲慢，才不免釀成民粹浪潮。早在一九九〇年代初期，反菁英的趨勢就已初現端倪，但直到二〇一〇年代才全面爆發。川普當選美國總統，就是最明顯的例子。一個政治圈的局外人，竟能打敗當時位居執政團隊的競爭對手，當選美國總統。另一個例子是英國決定脫離歐盟。其他的例子包括莫迪當選印度總理，以及維克多．奧班當選匈牙利總理。這兩位都是以對抗舊有體制作為號召。各地的邊緣政黨紛紛崛起，也是民粹勢力抬頭的明證。

若以為民粹浪潮會持續橫掃全球，席捲所有的民主國家，至少席捲大多數民主國家，那可就錯了。情況可是混亂得多。要歸納出一個共同點，那就是成功的政治人物，即使不是政治素人，也要將自己包裝成政治素人。感覺主流政治人物幾乎是脫離了平民百姓的希望與價值觀，有時候簡直是輕視選民，表現出不了解選民的愛國情操，以及嘲笑價值觀不同於自己的選民之類的行為。希拉蕊．柯林頓二〇一六年競選總統期間，說半數的川普支持者是「一籃子可悲的人」，足以體現這種脫節[4]。

這種分裂並不是最近才出現。以前的政治領袖，就經常與平民百姓脫節。脫節的現象也不僅限於政治。在大多數已開發國家，諸如法律、某些媒體，以及大半個學術界這些能發揮權力與影響力的重要工具，也經常與許多平民脫節，有時候甚至與大多數平民脫節。之所以有這種差異，是因為比起分化社會的離心力量，凝聚社會的力量似乎較為薄弱。面對如此處境，民主國家也難以招架。領導的合法性來自選民。但領導者不但不做選民要他們做的事，還會貶斥選民頭腦簡單。

如果說這種落差在國內很大，那在國家的範圍之外就顯得更大了。二次世界大戰之後，新的全球秩序誕生，一連串新的機構相繼成立，促進各國政府在許多層面合作。這些機構包括聯合國、國際貨幣基金、世界銀行等等。歐洲也於一九五六年成立共同市場。共同市場是一種由上而下的「願景」計畫，推動的理由很簡單。各國菁英的失敗，引發了兩次世界大戰、納粹大屠殺，以及歐洲的分化。成立於二十世紀後半的機構，旨在避免二十世紀前半的悲劇重演。這些機構儘管功能不彰，世人也多半視而不見，或是願意容忍，因為這些機構的存在，至少帶給世人一點希望，覺得過去的災難不會重演。

越來越多人意識到這些機構成效不彰，因而是促成民粹評論興起的部分原因。當世界面臨氣候變遷之類的真正嚴重挑戰時，卻是選擇聯合國這個論壇商議對策。二〇一五年的巴黎協定，就是在聯合國氣候變遷綱要公約的框架之下簽訂。但川普當選總統之後，卻表示美國將退出巴黎協定。拜登於二〇二一年一月二十日就職之後的幾小時之內，宣布美國將重返巴黎協定，但聯合國的威信已然受損。

大國向來會為了自身利益，不理會聯合國的要求，所以殺傷力更大的，也許是越來越多人認為不再需要此類機構。有個很好的例子，是英國去留歐盟公投期間，反脫歐陣營提出的理由：歐盟成立的宗旨，是避免歐洲爆發戰爭，少了英國的歐盟將會弱化。很多人覺得這個理由簡直荒謬，德國又不會再度入侵「大無畏的小比利時」。但歐盟確實在二〇一二年，因為「推動歐洲的和平、和解、民主與人權」，而獲得諾貝爾和平獎。褒揚狀寫道，歐盟是「將大半個歐洲從戰爭之地，轉變為和平之地」的功臣[5]。

在很多人看來，即使在俄國入侵烏克蘭之前，這個褒揚的理由也未必成立。北大西洋公約組織是在一九四九年，由美國主導成立，與歐盟無關。一九五六年羅馬條約簽訂之時，西歐已經是和平之地，因為有北約的保護、前一個冬季的柏林空運，以及英美採取的其他行動。是因為蘇聯輸了冷戰，才導致大多數東歐國家從一九八〇年代末開始加入和平之地。一九八七年，是美國總統雷根在西柏林發表「戈巴契夫先生，推倒這堵牆！」[6]

舉這些例子，並不是要主張廢除這些國際組織，也不是要貶低這些國際組織過往的、以及未來可能會有的貢獻，畢竟這些作為也是全球經濟與政治體系的重要成分。之所以舉這些例子，是要說明國際組織面臨的挑戰有多艱鉅，同時解釋民粹力量為何加強攻擊這些國際組織。這些國際組織，就像中央政府、各州政府，以及地方政府等各級政府，必須改進。它們能做到嗎？

民主國家能否改進？

大多數民主國家的治理有問題。換個方法說這句難聽的話，已開發國家的能力差異極大，無論是制訂政策的能力，還是執行政策的效率。少數民主國家表現優異，但大多數則是表現平平。有些民主國家在欠缺證據，甚至是毫無證據的情況下制訂政策。政治人物將政策當成討好特殊利益團體的機會，這些利益團體包括領退休金的長者、學生、公部門勞工、慈善組織、槍枝擁有者等等。我們認為政治人物對於自己該做的事有「信念」、認為自己「代表」某些價值，政策有所謂的「政綱」，都是很正常的。這是很正常，但也很奇怪。我們社會的其他部分，多半不是這樣運作。沒錯，某些學者對於自己鑽研的學門，有很強烈的看法。宗教領袖當然也有一些強烈的信仰。但大多數的人無論做什麼事，都會盡量做最有用的事，例如設計飛機引擎、行銷新的牙膏品牌，或是在醫院治療冠狀動脈疾病的病患。

仿效其他地方成功的政策的國家，通常也擅長執行這些政策。但許多國家的中央官僚體系不但無法服務人民，也無法有效管理。

在許多市場經濟體，政府是按部就班制訂政策、執行政策、管理私部門。新加坡也許是最多人提過的例子，但還有其他國家長年以理性制訂政策。這些國家包括紐西蘭、台灣、南韓，以及瑞士。愛沙尼亞有最先進的線上公共服務系統。其他國家的表現相當低落。

新冠疫情是政府能力的另一場考驗，許多西方人直覺認為民主國家表現不佳，但這種想法其實不正確。中國控制疫情，**也許**比大多數的歐洲國家以及美國更成功。但包括南韓與日本在內的幾個民主國家，似乎也避開了最慘重的結果。而且恐怕要等到幾年之後，我們才能得知中國真正付出的代價。此外，各國政府、大學，以及製藥巨擘通力合作，已經生產有效的疫苗，疫苗分配的速度也夠快。

疫情危機再次暴露出的，是信任的欠缺。政府提供很多服務，然而自身得到的信任卻不如這些服務。這種現象在疫情爆發之前就已出現。經濟合作暨發展組織（OECD）於二〇一五年發現，平均僅有百分之四十三的人民信任自己國家的政府。相較之下，百分之七十五的人民信任國內的警方，超過百分之七十的人民，信任國內的醫療服務。

這顯然是個動搖國本的問題，民粹主義就是缺乏信任的後果之一。但這也是個難題。如果大部分人民信任政府提供的服務，卻不信任政府本身，那會怎麼樣？

會有許多不同的結果。最好的結果，是已開發國家的政府坦然面對自己不受人民信任的原因，亦即提升自身能控制的服務的效率，並多向人民解釋政府能力的侷限。歷史上出現過提升效率的例子，是從一八四〇年代開始，英國率先展開的一連串公部門改革，例如公務人員資格考試。其他國家後來也沿用這些改革。至於歷史上政府向人民解釋自身侷限的例子……目前還找不到半個，因為政府很難承認自身的侷限。有些國家的政府做得到，但大部分都做不到[7]。

最糟的結果，是政治人物會繼續畫大餅，承諾很多，做得太少。政治人物陷入所謂的榮克困境：「我們都知道該怎麼做，我們只是不知道做完以後，要怎麼當選連任。」

這是盧森堡總理、後來當上歐盟執委會主席的尚—克勞德・榮克，在二〇〇七年的原話。他當時談的是歐洲需要結構性改革，這些道理都是相通的[8]。

若是以為這種兩難困境會消失，那可就太天真了。政府會設法提升服務能力，尤其會善用科技，也會向人民解釋，政府面臨種種壓力，能做的事有限。但務實一點看，幾乎每一個政府都面臨人口減少的劣勢，因此各國政府只會繼續讓選民失望。

先前提出的問題「民主制度能否改進到足以滿足選民的程度」，答案並不樂觀，可能是「不能」、做不到。那該怎麼辦呢？

湊合著混過去，多一些民主，少一些民主？

民主政治非常強大、根深蒂固，復原能力又好，因此在大多數的民主國家，民主政治會以某種形式繼續存在。但若是繼續讓人民失望，就會遭受痛擊。其實往後只會出現三種結果：混過去、少一些民主，或是多一些民主。

在大多數民主國家，混過去是最有可能出現的結果。民粹革命到目前為止即是如此。美國在川普主政期間，就勉強混過了民粹實驗，不過還是在四年後讓他下台。法國選了一位富有魅力，卻未經陣仗的總統馬克宏。匈牙利的維克多・奧班受到國內的政治體系限制，難以施展。因此未來二十年將會相當混亂，有些國家會先選擇左派與右派的激進領袖，再回歸主流。至少在大多數的已開發國家，這將會是日常。選民會感到不滿，但也不至於會破壞自己國家的代議民主。民主的構造仍將屹立。

不過有些國家也有可能減少民主，也就是會支持一位領袖，或是一群菁英統治者。俄國就朝著這個方向發展，不過普丁在民間的支持率頗高。義大利可能選擇一位排斥憲政模式的強勢領袖。印度可能走向比較接近總統制的體系。不可能將所有國家一概而論。重點是代議民主若是造就混亂的政府，人民就會排斥，尋找另一種選擇。人民要的還是秩序，而非混亂，哪怕是不太民主的秩序，都比混亂強。

另一條路是直接得多的民主政治。如果大家願意在真人實境秀比賽，投票決定優勝者，為何不會投票選出治理政策？瑞士就是此類政府的先驅，舉凡提高增值稅、禁建清真寺尖塔之類的事務，都以公民投票決定。但以公投決定政策，根本是二十世紀的作法，而不是二十一世紀的作法。說來也許讓人意外，公投的效率並沒有因為科技而顯著提升。現在用手機投票方便得很，但公投卻無法用手機操作。所以，瑞士的作法即使在歐洲也不普遍。各國除非要決定重大憲政議題，例如與歐盟的關係，或是諸如魁北克、蘇格蘭、加泰隆尼亞，決定國家或區域是否要獨立的時候，才會舉行公投。菁英不喜歡公投，也經常迴避公投結果。英國脫離歐盟對於許多老牌政治人物而言，當然是個令人不太自在的事件。很多人大概也會以英國脫歐為警惕，明白放任這種直接民主發展的後果。

但「政策應由人民決定」的觀念不會消失。科技已大有進步，很多人已經習慣上網完成各種投票。不重要的事情可以投票，重要的事情卻不能，也未免太荒謬。問題在於少數人對於某個議題有很強烈的看法，又有時間與金錢動員支持者，就能綁架這個議題，強行通過大多數選民並不想要的政策。同樣的道理，大家若是習慣投票決定不重要的事情，萬一要投票表決重要的事情，也許就不會重視這份責任。直接民主儘管有這些問題，還是不會消失。倘若代議民主讓人失望，總還有另一種選擇：詢問人民真正要的是什麼。代議民主在人民眼中若是已經失去正當性，直接民主就會是自然而然的選擇。但這樣做會引發難以預料、也出乎意料的後果。

如果國內政治未來三十年的前景非常艱難，那國際政治呢？精心建構的一群跨國機構是否會瓦解？或者應該說，這些跨國機構面臨嚴峻的全球挑戰，能否再度奮起，提供解決之道？

全球機構怎麼了？

要冷嘲熱諷很容易。政府一旦覺得某個機構能完成某個很潮的任務，就會創建這樣的機構。這種機構任用的多半是技術官僚，擅長創造政治人物想要的服務。等到原本的工作沒那麼重要了，他們就想出其他有用的事情去做。例如第一次世界大戰之後，德國的賠款告一段落，國際清算銀行就自動轉型為經濟研究團體，同時也是各國央行互相清算的票據交換所。國際貨幣基金成立的宗旨是管理戰後的固定匯率制。在固定匯率制瓦解之後，國際貨幣基金轉而監督各國財政，鼓勵小國實施謹慎的預算政策。

巴西、俄國、印度、中國與南非依據高盛的建議，於二〇一四年成立的金磚國家開發銀行，就是一家順應時尚潮流而成立的機構。後來「金磚五國」熱度不再，又改名為新開發銀行。

從一個層面看，成立新機構並沒有問題。新開發銀行也許沒必要成立，但成立了也完全無害。有些類似的機構，尤其是臨時的機構，在關鍵時刻發揮了不小的作用。原本由五個會員國成立的七大工業國組織，在一九七〇年代協助已開發國家因應石油危機。這七個國家當時是世上最大的七個經濟體。如今經濟實力的天平已偏向新興國家，因此在七大工業國組織之外，還有規模更龐大的二十大工業國組織（G20）。擁有二十個工業國的組織稍嫌笨重，但能將約占全球GDP百分之八十五的各國領袖，一次齊聚一堂，確實很有用。二十大工業國組織於二〇〇八年金融危機期間大展身手，協調促進經濟復甦的各項計畫。

但有一個問題。肩負具體任務的跨國機構，例如各開發銀行、國際能源總署（IEA），以及世界衛生組織（WHO），將會繼續執行這些任務。但它們的重要性將降低。資金短缺的世界需要開發銀行，但資金短缺的現象早已結束，現在全球儲蓄氾濫。國際能源總署是因應一九七〇年代石油短缺而成立，現在石油也很氾濫。世界衛生組織是做了不少實事，但在新冠疫情期間，表現也並非特別突出。各國政府是唯一能負責政策的機關，世界衛生組織也因為動作遲緩、畏首畏尾而飽受批評[9]。歐盟的疫苗計畫一開始也不成功。

所以現在的世界，就是各國政府有必要就會透過多國機構串連行動，沒必要就對多國機構置之不理。這種情況會持續下去，尤其是中國與美國之間若是爆發新冷戰，取代美國與俄國之間的舊冷戰。這樣解決全球問題並不便利，但至少有用。然而，在一個叫做歐盟的多國機構，各國政府與一個超國家結構之間，可能會爆發衝突。全世界用不著聯合國的時候，即使不理會聯合國，照樣能跌跌撞撞走下去。歐盟的會員國在歐洲的範圍內，卻無法對歐盟置之不理。這是歐洲特有的問題，這本書稍後會討論可能出現的結果。這裡要強調的重點是，這些機構能擁有多少權力，要看各國政府願意給出多少權力，一旦越界就會被削減。

市場資本主義怎麼了？

西方民主政治的商業與金融模式，在新興經濟體越來越普及，足以證明西方民主政治的強勢。之所以能如此強勢，是因為西方民主政治雖然有種種瑕疵，卻能創造實績，帶動了先前幾波的創新，包括鐵路與汽車，未來也會繼續促進創新。在二十一世紀，西方民主政治帶給我們

iPhone、應用程式、5G通訊、特斯拉汽車等等。很難想像少了市場資本主義帶來的商品與服務，現在的我們該如何生活。但從二〇〇八至二〇〇九年的金融危機至今，市場資本主義卻受到越來越強烈的抨擊。

市場資本主義承受的批評砲火會越來越猛烈，原因有四個。首先，各國政府（亦即納稅人）必須兩度介入，才勉強維持住整個體系。先後在二〇〇八金融危機之後，以及二〇二〇年新冠疫情衝擊全球經濟之後，兩度出手紓困銀行與部分企業。這說來有點不公平，因為控制大多數大型企業的，是形形色色的股東，而不是一個家庭，但一般勞工很難接受億萬富豪乞求紓困。

第二，在大多數已開發國家，越來越嚴重的財富不平等（或多或少也有所得不平等）將引發人民不滿。更何況二〇〇八年金融危機之後的超寬鬆貨幣政策，是推升資產價格的原因之一。換句話說，財富差距之所以越來越嚴重，至少有一部分是各國政府政策使然。問題已然發生，覺得自己吃虧的人，將責怪那些得益的人。

第三，員工面對雇主的協商能力可望提升[10]。員工的協商能力先前之所以減退，背後有幾項原因，包括職業工會勢力衰退，以及市場上對於中階技術的需求減弱。但最主要的原因，是世界經濟重新平衡，重心移向新興國家。西方的勞工發現，自己必須與學歷跟自己一樣高，技術跟自己一樣好，薪資卻遠低於自己的勞工競爭。但這種競爭將會趨緩。薪資差距已經縮小。高成本經濟體已經懂得以更有效率的方式，使用高價的勞動力。各國普遍反對進一步的全球化，本地生產也因而受益。這幾種因素齊加，結果就是先進經濟體的勞工將擁有更大的權力，勞工也將因此更敢於對抗企業界。

第四，逐漸高漲的環保意識，將導致大企業遭受更多攻擊。這些攻擊往往沒有道理。企業儘管有種種問題，但畢竟還是能提供大家想要的產品與服務，才能生存下去。舉個例子，大家若是想買頂級牛排，就不該責怪那些把牛排帶到消費者餐桌上的農民、肉類加工業者，以及超級市場。世上許多環境問題，是政府政策不當，而非企業貪婪所導致，例如歐洲與英國的空氣污染，就是由柴油車引發。但無論公平與否，企業仍將繼續受到攻擊。

所以未來會怎樣？

首先，企業將會適應。這一點從企業的動向即可看出。企業會改善環境、社會與治理實務，亦即ESG評等[11]。企業也會提供各級員工各種獎勵，而非只獎勵最高級的員工。企業也將調整全球化策略。企業為了因應我們在討論貿易與金融那一章所提到的壓力，不會再把工作機會移往國外，而是在國內尋找人才。

但全球企業界永遠不可能滿足那些批評者。所以對立會持續，也將以意想不到的方式爆發。政治人物必須回應選民更多的質疑，因此，政府規範會更為繁雜。企業界與政治界之間的對立，當然不是現在才出現的新現象，而且其實多半是好事。政府需要私部門協助才能做事，但私部門需要政府設置的架構，才能蓬勃發展。但這種對立將演變為公開衝突，而且在某些國家，企業界會淪為處境艱難的孤島，某些企業也將因為政治氣候太惡劣而無法生存。

放眼全球，市場資本主義體系在短期之內仍將穩固。但在某些國家、也許是在很多國家，市場資本主義將不再是組織生產的無敵方程式。未來將會出現不同的試驗，計畫所需的資金將以其他方式籌措，例如群眾募資。上市公司將面臨更多規範，因此更多企業將維持私有。國有企業與上市企業之間的界線將會模糊，因為政府將持有企業的不少股權。這種趨勢將由兩股截然不同的勢力推動：主權財富基金的成長，以及拯救陷入困境的重要企業（包括銀行）的需求。

其他形式的所有權也會再度興起，類似始於十八世紀、在十九世紀維多利亞時代中產階級財富爆炸之際加速發展的改革運動。在十八世紀與十九世紀的英國，相互人壽保險（mutual life assurance）公司、建房合作社、信託儲蓄銀行，以及批發商合作團體紛紛興起，全都是由使用這些服務的人所持有。其中有些至今依然存在，但大多數都已轉為股份公司。問題是，現在新創立的合作事業不多，至少在已開發國家是如此。

這在未來可能會改變，會因為許多政治與社會壓力而改變，例如員工持股獎勵、非營利事業減稅、鼓勵初級產品生產商的公平交易措施，以及極為重要的整個慈善部門。問題在於刺激經濟的因素，會不會導致社會壓力增加。全球的中產階級若是覺得自己遭到現有的企業結構苛待，就會創造新的結構。所有的經濟活動，終究取決於市場需求。如果大眾想要市場資本主義創造的產品與服務，這個模式就會繼續稱霸，但優勢會不斷流失。這種情況多快會出現，則取決於我們的社會在下一個世代的變遷。

治理與社會變遷

大多數的人都會順應當下的社會態度。我們若想與身邊的人相處愉快，就必須順應潮流。我們知道態度與價值觀會隨著時間改變，往後也會如此。雖然大多數人會去適應普世規範，但回顧過往，就會發現僅僅一、兩個世代的時間，普世規範的變化就能如此之大。維多利亞時代的道德觀，自然與現在的道德觀不同，畢竟年代久遠。但大多數人會認為，一九六〇年代與現在相去不遠，也許當時的自由主義色彩比現在稍微濃厚一些，與封閉的一九五〇年代相比更是如此。但英國一直到一九六七年，才將同性戀合法化，而且職場兩性平等的觀念當時尚未普及。

從當時到現在，除了觀念改變，政治態度也有所不同。在一九六〇年代，一般而言是左派提倡個人自由，右派則是鼓吹社會控制。現在則是互相顛倒。右派成了自由派，左派則是威權派。

這種現象在言論自由格外明顯，而且從許多大學生對待右派演說者的態度看來，在某些大學連思想自由也是如此[12]。

這裡的重點並不是要批評，只是要強調我們必須明白，現在關於社會組織的概念，到了二〇五〇年會顯得奇怪，好比一九八〇年代的人看了一九五〇年代的思想，也會覺得奇怪，甚至驚訝。

所以我們要到哪裡尋找會影響一個世代之後的社會的思想？

經濟的成功是一項參考指標。美國在二次世界大戰之後躍居全球第一強國，歐洲則是在復甦的道路上吃力前進。全世界都羨慕廣大美國中產階級的生活方式，尤其是與相對貧窮的歐洲相比。美國社會的許多特質，例如消費主義、個人主義，以及某種女性主義，也普及到其他國家，至少是流傳到承擔得起這些主義的國家。但不只是時尚、流行音樂，以及日常生活變得更為美式，職場、購物，以及學校等等的不成文規則，也深受美式標準影響。麥當勞讓世界各地的顧客學會美式飲食。這是很明顯的影響。比較不明顯的影響，則是藉由它的加盟事業體系，讓餐廳經營者學會經營美式企業。

這種優勢依然存在。在文化層面，美式社群媒體主宰世界各地年輕人的生活。在金融層面，美元仍舊為王。其他國家的專業人士階級也許看不起美國社會無節制的生活，但還是希望自己的孩子能成為麻省理工學院，或是史丹福大學的研究生。

正如我們先前提到，美國在全球GDP的占比，幾乎肯定會下降，所以其他國家的思想可望擁有更大的影響力。但思想將從何而來？

問題就出在這裡。目前還看不到明顯的替代方案。某些新興國家也許會欣賞中國的治理體系，但已開發國家不太可能全面採用。其他國家也許會仿效中國體系的某些層面，好比日本的「及時」生產體系，從一九八〇年代徹底改革了西方汽車公司。想在中國銷售或投資的企業，當然會繼續依循中國的標準。但中國模式將不會成為普世模式。

歐洲想成為全球標準的領導者，也確實已經是區域標準的領導者。但數字並不樂觀。到了二〇五〇年，歐盟經濟體將占全球產出大約百分之十二。如此占比並不足以主導全球標準。而且，這是假設歐盟在二〇五〇年仍將存在，但我們在後面會討論，這雖有可能，卻不是百分之百確定。歐洲社會有許多方面值得肯定，例如大多數北歐會員國無微不至的福利制度。所以歐洲體系的某些內容，大概會由其他國家效法。如此說來，歐洲對於美國政策的影響力，可能會超越以往。隨著人口持續高齡化，中國也將效法歐洲照顧長者的各種措施。但歐洲因為經濟相對衰退的緣故，影響力將會下降。

印度對於全球治理終將有所貢獻。印度將是全球人口最多的國家，全球第三大經濟體，大概也會是成長速度最快的大國。因此印度將握有極大的影響力。其他國家會效法印度的某些作為，尤其是非洲國家。但這就像效法中國，會只仿效某些強項。因此其他國家會仿效印度管理企業的方式，只是目前不易看出是哪些管理方式。但印度的作法與社會趨勢，不太可能成為先進國家效法的全球模式。是好萊塢將繼續影響寶萊塢，而不是顛倒過來。

綜觀上述，未來可能出現一套治理準則，仍將以美國的標準為主，但也會融入其他成分。各區域以及各國也仍將有不同的治理準則，無論是在正式的法律層面，以及非正式的社會層面。通用的國際準則只有在必要時才會制訂，現在的通用國際準則即是如此。飛航安全必須有通用規則，但食物除非要出口，否則不需要制訂通用規則。

未來對於國際標準的意見，可能比現在更為分歧。舉個例子，普世人權的概念，可能會被一套更容易變動的觀念取代。為何要強迫印度採用類似瑞典的人權標準？以這兩國的人口差異來看，也許應該要求瑞典採行印度的人權標準才對。「全世界的治理規則應由西方制訂」的整個觀念，會顯得越來越過時。更何況西方的思想會變。

要記住，未來的世界將會是中產階級的世界。三分之二的人口將會是中產或富有階級[13]。這些人大多會生活在新興國家，教育程度較高，口才便給。他們的想法會很重要。也許未來最有意思的發展，是許多西方人可能會發現，某些新興國家的道德觀比他們自己的更吸引人。

所以，對於社會該如何運作的觀念，會如何改變？當然我們只能猜測，不過也許可以這樣看。據說馬克吐溫曾說：「歷史不會重演，但常會押韻。」不過我們也無法確定，他究竟曾否說過或寫過這句格言的後半。也許我們應該尋找「押韻」：社會態度與政府態度可能出現的變化，與近來發生過的變化類似。不會完全相同。不會是單純的鐘擺擺動，但從過往歷史能找出一些線索。

二〇五〇年關於政府與治理的觀念

兩個特別有意思的歷史時期，能讓我們了解西方的思想。一個是維多利亞時代初期，另一個則是二十世紀的第一個十年，第一次世界大戰爆發之前。

第一個時期的重點，是工業革命改變了經濟力量，中產階級的態度因而更形重要。這一點展現在許多方面，例如公職的任用不再只看個人的影響力而不看功績、軍職不再能用錢買到、有秩序的稅收制度等等。第二個時期的重點則是沒那麼歡樂，全球化的爆發，最終釀成二十世紀前半的戰爭，以及社會與經濟動亂。

所以有正面的類似，也有負面的類似。

所謂正面的類似，是在二十一世紀結束之前，新興國家的中產階級在本國的影響力，與英國、歐洲、美國的中產階級在十九世紀擁有的影響力類似。倘若真是如此，新興國家各層級的治理標準將會逐漸進步，租稅、政府支出、企業實務、法律、公共服務等治理標準都會有所提升。這並不代表新興國家必然會採用西方目前的作法。西方目前的作法有許多明顯的瑕疵，足以讓新中產階級另尋其他選項。現今已開發國家的人民，若是以為新興國家不會有更好的作法，那就真的太傲慢了。新興國家若有更好的選擇，將是全人類之福。更大的希望確實可能實現，一百年後的人回顧這個世紀，確實可能認為整體而言有所進步。

至於負面的類似，則是在往後五十年，世人製造的亂象將一如我們的先人在上個世紀前半所製造的亂象。有一些類似的負面例子。國與國之間的敵對將促進成長與科學突破，一如一九〇〇年的時候。想想汽車的發明與大量生產的競賽，或是發明重體航空器的競賽。但各國領袖過於自信，世界經濟又看似累積了不少財富，所以才會有人覺得歐洲即使打一場短期戰爭，受到的影響也有限。

目前的局勢也令人想起過往的動亂。現在的美國、中國、印度、俄國，以及歐洲，都不難找到心態傲慢、喜好侵略的政治人物。即使沒有發動侵略，也經常令人不快。最棘手的問題，是太多人認為無論政治人物怎麼做，世界經濟都只會持續進步。這麼說並不是要攻擊當今某一位政治領袖，或某一項政策。而是要點出目前全球經濟的運作方式，確實有其弱點，與一九〇〇年的弱點相似。

未來三十年的世界治理，絕大多數將取決於這兩股力量之間的平衡。這就是架構，我希望這個架構能用於分析全球對於治理的態度。但這個架構之內的許多力量，也會互相拉扯。以下是我對於這幾股力量的想法，首先從宗教談起。

無論是現在，還是未來，宗教始終是影響社會態度的一股強大力量。學經濟的人去預測全球宗教趨勢沒有意義，而是應該了解，宗教不但不會引發文化之間的衝突，各宗教還有可能形成一股團結的力量，讓宗教信仰不同、道德觀卻相同的人得以和諧共存。畢竟世上沒有一個宗教鼓勵欺騙與偷竊。山繆・杭亭頓一九九三年的文章《文明衝突論》[14]所討論的文明衝突雖然令人憂心，卻也提供了很理想的思考角度。兩個主要宗教地盤的交界處，當然會有許多衝突，以後也仍將會有衝突。但現在的對立可能只是短暫的。我們不能因為過去三十年的衝突有所增加，就認為以後也會繼續增加。衝突是有可能增加，但宗教也有可能不會引發對立，而且就算不能團結眾人，至少也能扮演不同生活方式之間的緩衝。

我們衷心希望宗教能發揮這樣的作用。到了二〇五〇年，基督教仍將是世上最大宗教，但從下張圖可以看出，伊斯蘭教與基督教之間的差距將會縮短。

皮尤研究中心[15]預測，基督徒將占全球人口百分之三十一・四，與二〇一五年相同，穆斯林的占比則會從百分之二十三・二，增至百分之二十九・七。未來每十位基督徒，就有四位生活在非洲。印度雖然是印度教徒占絕大多數，卻會擁有最多的穆斯林國民，發生對立甚至衝突的可能性相當明顯。理性告訴我們，宗教信仰不同的人應能和諧共生。我們只能希望理性能勝利。

如果理性能將不同宗教信仰，或無宗教信仰的人團結在一起，那也許理性也能團結不同的政治意識形態。法蘭西斯・福山的《歷史之終結與最後一人》的核心思想，是西方自由主義並沒有可行且有系統

宗教越來越興盛？

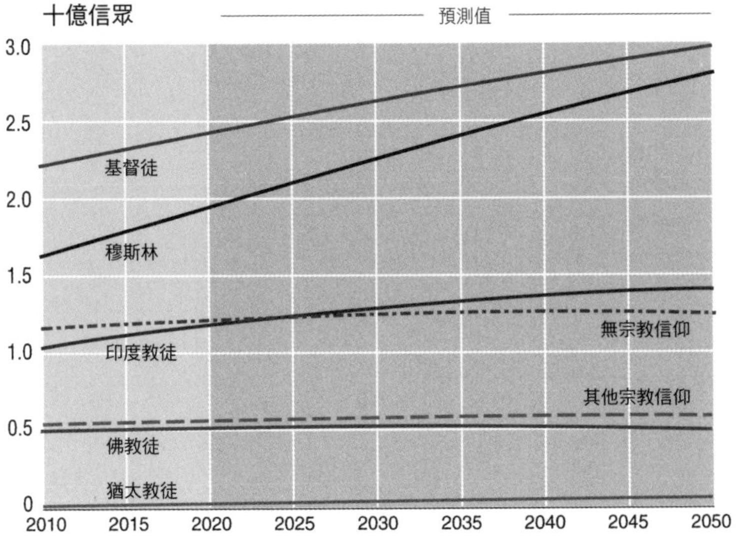

資料來源：皮尤研究中心預測值

的替代方案。會有這種觀念，是受到了蘇聯版本的共產主義垮台的過度影響。其實還有其他許多可行的政治制度，包括、也許應該說特別是，結合一黨國營與市場經濟的中國制度。我們並不需要單一的政治制度，或是單一版本混合型市場經濟，甚至不需要一套共同的道德價值觀，我們只需要能和平共處就好。

只要能和平共處，我們就能想像世界還能在尚稱和諧的氣氛中，順利度過接下來的三十年。我認為儘管有烏克蘭戰爭，還有其他不幸難以避免的衝突，這個願景依然有可能成真。全球有許多問題必須解決，其中最重要的，莫過於維護地球環境，人類方可繼續在地球上生活、飲食、穿衣，還有享受人生。追求快樂並不是個可恥的目標。但大國只要在必要的時候，就特定政策達成共識，就能有效解決許多問題。如果聯合國、國際貨幣基金這些戰後成立的機構，在日後變得越來越不重要，那也無所謂。大國之間只要能適度合作，便已足夠。這本書接下來要談的，就是這些大國本身從現在到二〇五〇年可能的發展。

世界在二〇五〇年可能的樣貌

第七章／美洲

美國：仍將引領全球

二〇五〇年的美國，仍將是世界最強國。美國的經濟總規模，將略小於中國，但在其他方面仍稱霸全球。美國將是全世界最富有的大型經濟體，很有可能也將是成長最快的大型經濟體。美國仍是全球知識份子的領導者，美元仍將是最重要的國家貨幣。也許最重要的是，美國歷經二、三十年的內部與外部對立，對於自己將更為滿意。天底下沒有什麼是永遠不變的，世界也將面臨重大挑戰，需要美國帶領各國解決。但長期的前景，會比慘澹的二〇二〇年代初的許多美國人所以為的更為樂觀。

為何能如此有信心？未來當然還是有可能發生無法預料的災難，推翻這種樂觀的預期，但有三個理由能證明我們確實應該樂觀。第一，美國應該能繼續吸引全球人才。全球各地聰明、有活力，具有企業家精神的人，仍會選擇在美國生活。雖然移民在美國國內引發對立，但美國對於移民的吸引力很難消退。不去美國，那要去哪裡？第二，美國的社會、政治與經濟問題，是可以解決的。從現在一直到二〇五〇年，資源應該會用於進一步提升機會均等、建造更有效的社會安全網、改善國民健康、保護環境，以及解決美國面臨的其他挑戰。第三，美國全球領導者地位的最大挑戰者是中國。中國隨著人口老化、減少，整個國家的活力將大為下降。我們在這個部分稍後會討論中國的未來。現在先討論美國在未來三十年，將如何因為吸引人才而改變。

我們可以斷定，美國的人口將繼續成長。到了二〇五〇年，將有大約四億人在美國生活。實際數字也許略低於四億，但如果移民人數與出生率稍有成長，則可能會更多。根據聯合國最新估計[1]，二〇五〇年美國人口將達到三億八千萬，不過皮尤研究中心[2]在二〇〇八年的估計值是四億三千八百萬。無論哪一個數字正確，美國的種族都將更多元。皮尤研究中心估計，屆時將近半數美國人口會是非西班牙裔白人，將近三分之一人口會是西班牙裔美國人。非裔美國人仍將占總人口百分之十三左右，亞裔美國人將增至將近百分之十。所以在未來的某個階段，大概在二〇四〇年代，原本為多數族群的白人，將成為少數族群。美國向來是移民國家，但要等到多數族群變為少數族群，才會成為真正的多元種族國家。

但在離二〇四〇年代還很遠的時候，逐漸成長的西班牙裔、亞裔，以及非裔美國人，將占超過一半的勞動力。這將是美國優越論得以再延續一個世代的關鍵。

我們怎能如此肯定？嗯，我們當然不能。這只是有可能出現的結果。若要成真，還有幾點必須配合，而其中最重要的一點，是美國繼續向移民敞開大門，也繼續提供移民一條通往經濟與社會進步的明確道路。這裡蘊含著幾個必須解決的問題。非法移民在法律上的地位，是個敏感的政治問題。還有一個是戰略問題：美國在有得選擇的情況下，除了吸引菁英人才之外，是否也應吸引低階技術勞工？但究竟什麼是技術？畢竟聰明有活力的人，即使沒受過多少正規教育，若具備企業家精神，照樣能打造頂尖的企業。另外，還有許多文化問題，例如應該要求移民接受美國文化價值到什麼樣的程度？這個問題很棘手，其中一個很大的原因，是這些文化價值一直在變。

每一個贊成移民的人，都必須了解一個國家的國民反對移民的原因。世上每一個國家，都能控制哪些人可以入境成為國民，哪些人不可以。翻開美國過往的歷史，會發現兩種現象交替出現，一段移民高峰期之後，會出現移民限縮期。因此，美國國外出生、後來歸化的國民比例，從一八五〇年的百分之九．七，增至一八七〇年代至一九一〇年的將近百分之十五，到了一九七〇年又減至僅僅百分之四．七，二〇一七年回升至百分之十三．六。皮尤研究中心預估，這個比例可能在二〇六〇年前上升至百分之十九。這完全有可能，但以目前美國社會對於移民的顧慮，以及移民人數多年來上下擺盪的趨勢，也有可能不會實現。比較有可能的是美國的移民人數仍將成長，只是成長幅度趨緩，國外出生的國民比例將維持在百分之十五上下。

這裡要表達的最重要的重點，是美國仍能吸引人才，絕對會的。不僅如此，美國還能吸引到優質的移民。目前美國最多的移入民來自墨西哥，未來可能會變為中國與印度。理論上，懷抱雄心壯志的中國人與印度人擁有不少選擇，可以移民任何需要他們技術的地方。但在實務上，基於文化與語言考量，他們比較可能選擇以英語為主要語言，或是至少普遍使用英語的國家。有些仍會前往英國。許多印度與中國的家庭，不是已經在英國落地生根，就是已經在英國購置房地產，準備移民。未來也跟現在一樣，會有人選擇加拿大與澳洲。但英國、加拿大、澳洲這三個國家，加上愛爾蘭與紐西蘭，二〇二〇年的總人口約為一億四千萬，美國則是三億三千一百萬。除非美國未來嚴格限縮人口移入，否則美國仍將擁有最多的移民。

這就引出另一項思考：美國作為英語圈世界實質領導者的身份，將會更為明顯。英國逐漸疏離歐洲。加拿大已經與美國密切整合。至於澳洲及紐西蘭，則是與位在同一個時區的強國中國關係不佳。語言與文化關係，將比實體距離是否接近更為重要。這本書的最後一章，將探討英語圈世界未來的發展。這裡要表達的重點，是英語圈世界無論在現在或未來，都將吸引具有抱負的移民。

接下來就談到明顯的問題。大量的移民會分裂社會。美國需要擁有技術的移民，才能穩居世界領導者的地位。那美國將如何維繫、甚至提升社會和諧？美國做得到嗎？

目前看來會是個艱鉅的任務。「在邊境築牆」與「打開邊境」是毫無交集的。對於該如何因應那些「追夢人」，也就是跟隨父母移居美國的非法移民，包括兒童與年輕人，美國社會仍未有共識。務實來看，這些對立在好轉之前，大概會先惡化。我們稍後會談到，二〇二〇年代整體而言，可能會是一個社會與經濟衝突的階段。衝突的原因之一，是社會各界對於開放移民的人數與類型爭執不下。但這些衝突也不會永遠持續下去，到了二〇三〇與二〇四〇年代，各界對於移民管理將達成共識。吸引人才也會引發問題，但若是製造出排斥人才的社會，問題可就嚴重得多。

川普於二〇一六年當選美國總統，民粹主義與菁英自由主義之間的對立也隨之浮上檯面，在二〇二〇年代也仍將延續。我們希望看到一方勝出，但發生機率高得多的情況，是二〇三〇年代之前，會出現某種共識。歷史上最接近的例子，是一九六〇年代以及一九七〇年代初，以失業與通貨膨脹為首的其他問題成為重中之重，學生運動因而式微。關於「如何治理美國」，美國社會目前看法分歧，看來難以達成共識。若能有其他議題，例如美國與中國之間的新冷戰，將左右兩派團結一致，分歧就有化解的可能。

倘若真是如此，那麼美國將會在二〇三〇與二〇四〇年代，實施美國版本的西歐福利制度。聯邦政府與各州政府在GDP的占比，可能會略高於二〇二〇年的水準。稅制將略為偏向累進稅率，以籌措資金提供年長者更優質的醫療，但不會仿效歐洲向富人收取高額稅金。到了二〇四〇年代，美國人將更能接受自己的國家因應社會與經濟問題的方式。二〇二〇年代初期的意識形態之爭，屆時會變得幾乎完全不重要，好比過往的許多衝突，現在看來只覺得奇怪。

當然，我們並不能百分之百斷定，但要記得，二〇四〇年代美國的總人口，將與二〇二〇年的數字截然不同。西班牙裔與亞裔少數族群的價值觀將更為普及，政治人物也必須更重視。這是數字遊戲。政治人物必須接受選民人數與組成的變化，才有可能當選。未來選民的種族將更為多元，但也會較為高齡。簡言之，西班牙裔人口增加（其中許多在某些議題上的立場屬於右派）所造成的左傾，將會被總人口高齡化所造成的右傾抵銷。所以二〇四〇年代的美國社會，比起二〇二〇年代初，確實有可能更為平靜，較少分裂。

美國若能適度提升整體生活水準，尤其是廣大的中產階級的生活水準，上述預測就更有可能實現。之所以這麼樂觀，是基於幾項原因。第一，如同第五章所述，網路革命的好處遭到低估。等到我們更懂得運用現有的科技，網路革命的好處就會顯現。第二，醫療部門目前在美國GDP的占比為百分之十八，以世界標準來看不算理想，但效率將大幅提升[3]。第三，美國仍將引領科技發展，正如先前發明 iPhone 與社群媒體。最重要的是，這本書的核心論點之一，是美國仍將是全世界最有活力，最創新的社會。如果這個論點正確，那美國大多數人民，都將享有更高的生活水準。

所以重點並不在於哪一個種族會贏得當前「美國該如何運作」的思想之爭，而是美國國內會就經濟政策議題大致達成共識，一如一九五〇年代與一九六〇年代。菁英與中產階級會因為民粹革命而再度攜手合作。但難免還是會有許多讓美國頭疼的其他問題。

這些問題包括氣候變遷的衝擊。如同第三章所述，美國各地將開始明確感受到氣候變遷的效應。坦白說，相較於美國北方大多數地區，美國南方某些地區的劣勢將越來越嚴重。氣候變遷的不確定性太多，很難準確預測其效應，但即使是最樂觀的估計，也要投入大量資源對抗環境退化。最悲觀的結果則是不堪設想，例如沿海低窪城市的某些地區被不斷上升的海平面淹沒。可以聊以慰藉的是，某些國家可能將遭受比美國更慘重的打擊。

我們有把握的是，如果，或者應該說一旦真的面臨環境緊急事件，美國將會動員解決問題所需的資源。除了聯邦政府之外，各州政府、全國及地方的企業，以及私營慈善事業，都將採取行動。我們無法預測他們會做什麼，又會如何做。我們只能接受，有人會犯下天大的錯誤，而且行動可能來得太遲，也許目前的行動已經太遲。但就像處理許多棘手的問題，最好的方案與夠好的方案不應該是對立的。在未來的某個階段，也許在二〇三〇年代，環境退化解決方案將掀起一股投資熱潮，好比馬歇爾計畫協助歐洲在二次世界大戰之後重建。美國應該有能力繼續讓國民安居樂業、養育子女，樂觀看待後世子孫的未來。

第二項挑戰，是美國的不平等現象。常有人討論美國的種族不平等。例如非裔美國人的健康與所得，為何不及美國白人？從美國各族裔的健康狀況與經濟成就的巨大差異，即可看出不平等的問題有多嚴重。但要預測二〇五〇年美國的情況，也許最好還是思考美國整體的社會問題。

問題並不在於不平等。大國難免比小國不平等。歐洲最貧窮與最富有的區域的差距，與美國國內相差無幾，不過，歐洲各國國內的貧富差距則是小得多。中國與印度的貧富差距遠大於美國。一般來說，移民會導致移入國的不平等加劇，因為新來的移民通常所得較少，至少一開始比移入國的國民少。而且美國仍將繼續吸引移民。

問題在於不平等所造成的社會成本，是由整個社會負擔，而不只是由最弱勢的人負擔。這些成本包括犯罪、較為不健康的勞動力，以及需要更昂貴照護的長者，還有許多的無形成本。一個體面的人，無論富有程度為何，都不想從睡在街上的無家可歸者身旁走過。美國在未來三十年，能有效管理這些社會成本嗎？如果能，又是如何做到的？

其實一個世代以來，美國已有顯著進步。每個大城市都有社會問題，但二〇二〇年的紐約市，是一個光鮮亮麗的成功城市，而不是一九八〇年代那個破敗的城市。飽受批評的紐約市醫療體系[4]，在新冠疫情期間的表現可圈可點。美國在某些領域表現不佳，例如對抗肥胖成效有限，但這些也是其他已開發國家面臨的問題。不過美國某些方面的表現也與其他已開發國家不同，尤其是監獄受刑人人數。

美國的政治對策大致分為兩種。一項由許多民主黨人士支持，是呼籲聯邦政府仿效西歐國家的模式，藉由徵稅與支出促進平等。另一項由許多共和黨人士支持的方案，是強調個人自律。諷刺一些說，就是只要大家努力工作，生活有序，大家都會更富有，不平等的問題也會緩解。

這兩種南轅北轍的方案之間的對立，在二〇二〇年代將繼續存在，也許會延續到二〇三〇年代。最有可能出現的結果，是一套結合這兩種精神的解決方案。如同先前所述，政府干預將會增加。選民將投票支持改善美國的福利安全網。美國也將立法遏止濫用獨占力的行為，重現一八九〇年代與一九〇〇年代初期的打擊托拉斯運動。只要大多數美國人民相信，整個制度並沒有圖利「富人」的弊端，即使這些行動會製造出不平等的結果，美國人民仍將接受。

要實現這一點並不容易。功績體制（meritocracy）[5]最主要的問題之一，是成功人士打從心裡認為，自己之所以成功，是憑藉教育、智慧以及精力，努力爭取而來。他們很難相信除了自身努力之外，想成功還得具備一連串的機緣：碰巧擁有能負擔他們一路讀到頂尖大學的父母、碰巧有餘裕選擇一門高薪職業、碰巧有家人資助他們買下第一個家等等。耶魯大學法學院教授丹尼爾·馬可維茨在二〇一九年的著作《菁英體制的陷阱》指出，美國菁英沒完沒了的競爭，是導致百分之一的菁英與其他人的差距越來越大的元兇[6]。

他寫道：「功績已經變成一種虛偽的美德，一種虛妄的偶像……一種滋生仇恨與分裂的種姓階級。甚至可以說是一種新的貴族階級。」

這種說法容易引起爭議，但大多數人都同意，當今美國社會的分裂，不僅危害國家，也影響個人健康。所以未來會發生什麼事？

挑戰總共有三個部分。先前已經討論過第一與第二部分。第一是保護弱勢族群。這需要更多政府干預，難就難在政府必須有效干預。第二是重新開啟曾經存在、後來卻關閉的中產階級進入菁英階層之路。要實現這個目標，美國社會必須完成許多細部的改變，包括控制不斷攀升的高等教育成本，以及讓更多人得以擁有薪酬最高的職業。沒有一項容易做到。

但還有第三部分，也是最難完成的部分：改變全國國民的習慣與行為，消極來看可以減少不平等，但積極來看，還能提升全體國民的健康。這牽涉到一連串難題：如何對抗肥胖？一個國家該不該改善人民的飲食？如果應該，又該怎麼做？國家該不該鼓勵父母盡力維繫婚姻，以養育子女？該如何阻止人民選擇對健康有害的生活方式？

這些問題有些不難回答。倘若大多數人民擁有足夠的現金以備不時之需，整個國家就會更幸福。所以，問題在於如何增加個人儲蓄，而非該不該增加個人儲蓄。很少人贊成濫用藥物，但有各式各樣對抗濫用藥物的政策。在另一個極端，則是一些第三軌道問題（third-rail problems），敏感到政治人物不敢碰觸的地步。缺席父親的問題能怎麼解決？

在每一個社會，個人自由與集體責任之間都有對立。每一個社會都有社會問題。但美國既有嚴重的問題，也有解決問題的資源。諾貝爾獎得主安格斯．迪頓爵士深入探討問題的嚴重程度。他發明「絕望至死」一詞，亦即自殺、意外服藥過量，以及酒精所導致的肝臟損壞相關的超額死亡率。他與安．凱斯在合著的最新著作《絕望死與資本主義的未來》主張，問題在於資本主義體系本身[7]。大半個美國經濟「在政府的默許之下，被綁架以服務富人。」

但美國是否真能徹底改變國內的整個經濟制度？而且這是不是問題的核心？這兩個問題的答案，當然都是「否」。企業界與金融界顯然將面臨巨大壓力，必須解決混合型市場經濟製造的種種不平等。法令與稅制也會有所調整，以減少不平等。但不太可能會有顯著的變化，至少在未來三十年不太可能。畢竟，目前這個模式的許多版本在歐美奏效，其他國家也群起仿效。中國採用美國制度的許多內容，因此將成為全球最大經濟體。所以現在的制度會有所修補，但不會被推翻。

無論如何，問題的核心與其說是不平等，還不如說是被排除在外。實際上有太多人無法享有經濟帶來的利益。通往經濟利益的道路被堵死。眾多路障的其中之一，是許多活動設置了不必要的資格限制。真的需要執照，才能在佛羅里達州擔任美髮師嗎？另一個路障是教育成效不佳。美國的教育體系對菁英有利，對一般民眾卻不見得有利。

所以，該做的事情很多，會一一逐步完成。接下來的三十年，美國將逐一解決自身的缺失與無效率。某些方面會很順利，因為企業發現支持改革對自身也有利，但也會遇到阻力，尤其是來自工會與職業協會的阻力。未來的進展將會是往前兩步，後退一步。許多美國國民仍將感到失望不滿，而且這些情緒會不時爆發。

這些都不難預料。還有另一條未來的道路。在未來三十年的某個時間，大概從二〇三〇年代開始，可能會出現不時橫掃全國的重大社會運動，主要的訴求是鼓勵美國人過著更為有序的生活。

我們無法預見社會運動的細節，甚至無法確定確實會發生，不過還是可以大致預估其中的內容。有一部分會是由上而下。例如政府發動對抗處方藥濫用的運動，最好是跨黨派合作。或是推出更重視矯治的司法體系改革。科技可用於預測及預防犯罪。也許會推出類似中國研發的人體追蹤系統，可能還會威逼利誘齊下，引導人民做出對社會更有益的行為。

由上而下的行動的缺點是，難免要在隱私與控制之間取捨。很多人不喜歡被遠在華盛頓特區的政治人物指揮。所以由下而上的行動也許比較討喜，也比較有效。美國會採取的行動，應該比較類似十九世紀的禁酒運動，而非一九一九年的全國禁酒法。

美國尚未做好這方面的準備。美國有不少倡導更為有序的生活的行動。這些行動由慈善機構、教會、自助團體、社團、形形色色的志工團體等單位發起。但這些行動至今尚未形成足以改變整個國家的能量。當前的氛圍仍然主張個人應擁有更多自由，去做自己想做的事，哪怕少承擔一些為全國福祉努力的集體責任。但我們在第六章談過，「為社會所接受」的定義，會隨著時間而大幅改變。只要仔細聽，就能聽見遠方的隆隆聲響，預示著未來可能到來的巨變[8]。

那麼二〇五〇年的美國會是怎樣的面貌？我在二〇二一年初寫這段文字，覺得美國對於自己感到不自在、不和諧，對於未來的每個層面也感到擔憂。尤其是天真爛漫的年輕人。所有的社會都有缺失，匡正這些缺失是漫長且艱難的任務，但年輕人卻很難接受這個現實。所以，若是預言一個世代之後的美國將會更富有、更平靜、更自信，也未免太樂觀，甚至堪稱荒謬。但任何人只要熟悉歷史，就會明白當前的氛圍，並不能預示未來的氛圍。從甘迺迪總統於一九六一年總統就職演說時呼籲：「不要問國家能為你做什麼，要問你能為國家做什麼。」到巴布·狄倫寫下反戰抗議名曲「時代在變」，間隔也才不到三年。

現在時代不會變得那麼快。未來至少會有十年的混亂，說不定會延續二十年。內部的分裂不會消失，中國的崛起難免也會是美國的陰影。兩個大國之間的角力，可能會引發天大的災難。美國將會犯錯。其他問題也會浮現。但如前所述，很多強而有力的原因，足以讓我們相信，美國至少在未來一個世代的前景堪稱樂觀。其中有三個最主要的原因。美國仍將是最能吸引全球人才的國家。隨著各種族人口消長，美國人民在解決過往問題的同時，也將接受真正多元種族的未來。而且美國仍將是全球科技最先進，最創新的國家。

這個故事最後可能還有一個轉折。以合理的角度評估，二〇五〇年的中國，將會是比美國還大的經濟體。但看看二〇五〇年之後，再想一想：中國人口幾乎確定會下降，而美國人口則會增加。中國可能無法逃離「中等收入陷阱」，因此無法成為完全先進的國家。中國將面臨比美國嚴重的環境問題，而且可能會處理得不如美國。這種種因素相加，就會出現很有意思的結果。也許再過三十年，美國的經濟規模將超越中國，在本世紀後半，再次成為世界最大經濟體。我們在第十二章會討論這個。這裡要表達的重點，是絕對不要低估美國提升自我的能力。即使在黑暗時期，這種能力也依然燦爛。

加拿大：將會享受自身的多樣性

美國若是繁榮，加拿大也會跟著繁榮。要討論加拿大的未來，就不能不談加拿大與南方鄰國的關係。先前提過，加拿大百分之九十的人口，生活在美加邊界一百六十公里之內的範圍。加拿大的公民身份與美國的公民身份哪一個較有吸引力，哪一個較容易取得，目前並沒有定論。加拿大接受的移民必須比美國更多，總人口才能跟上美國，因為不知為何，加拿大的生育率較低。在世人的眼中，相較於喧鬧的美國社會，加拿大仍將是一個誘人，更貼近歐洲的版本。

加拿大有兩個黑暗面。一個是經濟。加拿大依賴石油與天然氣出口，但這兩項產品的重要性將相對下降。自然資源仍將扮演重要角色，也仍將是整體經濟的支柱，但未來的出口量會下降。幸好加拿大的製造業與服務業也是實力雄厚，但容易受到與美國之間的對立影響。汽車生產可能會停擺，倘若當真停擺，加拿大大半個製造業將大受衝擊。必須發展服務業，包括金融業、教育業等等，以實現經濟轉型。加拿大會這樣做，但能否實現經濟繁榮，將取決於轉型的速度與成效。

另一個黑暗面是政治。分離主義時盛時衰，魁北克獨立的聲浪在過去一個世代逐漸式微。但一九九五年的公民投票，差點分裂了加拿大。若是認為加拿大絕對不會分裂，那也未免太過天真。也許法國民族主義會以另一種形式重生。法國若是給予魁北克省法國行政區的地位，將會如何？那麼魁北克省無論是人口總數，還是重要性，將僅次於法蘭西島大區。也有可能成為歐盟會員國，使用歐元，如果三十年後還有歐盟與歐元的話。但還是要強調，這種情況不太可能發生，我覺得根本不可能發生。但歷史的影響力很長久，而且過往的歷史告訴我們，一切皆有可能。加拿大的英語圈可能會出現我們目前無法預料的事，讓魁北克省與法國樂於跟進。這裡要表達的重點是，凝聚加拿大的力量可能會弱化，魁北克可能重燃獨立的夢想。

加拿大也面臨一些挑戰。最好的因應之道，是以多樣性為榮的同時，也接受自己身為全世界英語圈一份子的身份。畢竟這個美好的國家未來三十年的前景只能用樂觀形容。加拿大很高雅，有國際觀，有正常運作的民主政治，還有遼闊的國土。無論是現在還是未來，都能不斷吸引人才。如果全球經濟的重心確實轉向英語圈國家，加拿大將會趁勢而起。加拿大會繼續帶給世界一個更溫和、更友善的美國夢版本，也會充當美國與歐洲之間的橋樑。如此不僅對美國、英國、歐洲有益，全世界都能受惠。

墨西哥：邁向世界前十大經濟體的艱難道路

墨西哥未來三十年的前景非常樂觀，不僅能逃離中等收入陷阱，還能成為世界前十大經濟體之一。但想實現這個願景，政策必須有所突破。

墨西哥對美國而言，有極大的經濟與戰略價值。墨西哥與美國南方邊境各州關係友好，而且完全不構成軍事威脅。墨西哥是低薪經濟，能提供美國因成本考量而無法自行生產的商品與服務。墨西哥能提供大量移民，美國如果接受墨西哥移民，就能自行生產原本必須進口的商品。墨西哥也是美國商品的廣大市場，是拉丁美洲文化的入口。學會與墨西哥做生意，就能領略該如何與巴西、阿根廷等南半球國家打交道。

但僅憑這些理由，並不足以讓美國輿論了解，能與擁有這些優勢的國家為鄰是何等幸運。美國的政治討論，多半還是集中在墨西哥移民不斷湧入的隱憂。這也情有可原，畢竟美國境內有為數不少的非法墨西哥移民。但其實也可惜，因為無論大家對移民的看法為何，這個問題都已影響美墨兩國之間的關係。因此兩國更難以在其他議題合作，包括對抗非法毒品買賣。

美墨兩國的關係仍將崎嶇，但我們有充分的理由相信，兩國關係將大幅好轉。我們先前討論過的一個理由，是美國的西班牙裔人口無論是絕對數字，還是比例都將增加。另一個理由是，隨著經濟成長，墨西哥與美國之間的人均財富差距將會縮短，而且對於美國的農產品而言，墨西哥將是更有價值的市場。墨西哥免不了只能做個較為次級的貿易夥伴，但也將是更有用處，更受尊重的貿易夥伴。要做到這一點，必須完成另一項重大改變。墨西哥在經濟、金融，以及政治方面，都必須成為更有序的社會。最重要的是，墨西哥必須想辦法解決嚴重的犯罪問題。

要求墨西哥做到這些，並不是要求墨西哥成為瑞士，而是要強調二〇二〇年全球他殺率最高的十個城市當中，有五個在墨西哥。除非情況有所改善，否則墨西哥不可能成為高所得先進經濟體[9]。他殺率如此之高，除了人為因素之外，主要還是經濟災難使然。墨西哥仍將是中等所得國家，難以有所進步，人民則是期盼著能跨越那一道過於嚴苛的邊界，到北方去。

所以，問題在於墨西哥能不能實施一系列互有關連的治理改革，進而改變國家處境。需要進行的項目包括改革警察體系、徹底改革司法體系，以及金融與政治改革。在這裡就不再贅述墨西哥該做的事，該做的事該由墨西哥人去思考。外人能做的，僅僅是呼籲墨西哥努力成為更有秩序的社會。墨西哥做得到嗎？

常識告訴我們，墨西哥會有所進步，未來將更為富有。不平等現象將受到控制，甚至會減少。犯罪率將下降。墨西哥的進步會是程度的問題，務實來看，未來三十年又會是往前兩步，退後一步。但墨西哥只要努力，就有可能收穫成果，成為更平靜、更安定、更繁榮的國家。墨西哥成功的機率不小。

南美洲：潛力無窮、失策過多，有機會增強實力

南美洲的未來多半取決於巴西的發展。巴西目前是、未來也仍將是南美洲的一大強國。聚焦

在巴西，並不代表南美洲其他國家就不重要，畢竟這些國家也有各自的傳統與豐富文化，只是以巴西的規模，確實就是南美洲最大的國家。在討論世界現況的第一章，我提出一個問題：拉丁美洲是會重現十九世紀末的繁榮，還是會像上個世紀的後半一樣繼續衰退？影響這個問題的答案的一項最重要因素，是巴西的治理。巴西的陸地面積與人口，都占南美洲將近一半。巴西擁有南美洲最大城市聖保羅。石化公司「巴西石油」是南美洲營收最高的企業。巴西雖然不是南美洲人均所得最高的國家（這項榮譽屬於智利），GDP卻占南美洲一半以上。

無論未來怎樣，巴西在二〇五〇年仍將位居世界十大經濟體之一，也許會排名第七或第八。巴西的生活水準、健康與壽命也會有所提升。巴西的經濟不會淪為委內瑞拉那樣的災難，但恐怕會停留在中等所得國家，難以成長。城市依然破舊、不平等依然嚴重、各級貪腐問題依然存在。巴西未來面臨的挑戰，在於如何從吃力前進，轉為大幅躍進：成為真正的已開發經濟體，讓大多數人民擁有中產階級的安穩生活。

這裡要表達的重點是，南美洲的境況應該更好才對。有些國家的境況有所改善。智利的政治崎嶇顛簸，經濟卻相當穩定，是世界銀行定義的高所得經濟體。烏拉圭也一樣。但兩國的人口相對較少。智利國土從北到南的距離超過四千一百八十公里，人口卻不到兩千萬。烏拉圭的人口則是不到四百萬。這兩個國家人口太少，不足以帶動整個南美洲。

如果這算可惜，那阿根廷與委內瑞拉更是悲哀。這兩個國家原本能成為南美洲經濟發展的榜樣，卻虛擲了自身的財富。十九世紀末的阿根廷是世上最富有的國家之一，如今卻是混亂失序，債務違約連連的中等所得國家，堪稱慘痛的警世故事。這麼多認真工作、才華洋溢的人生活在阿根廷，顯得如今的局面更加悲哀。治理非常重要，因為要建造一個成功的國家所具備的複雜多層次的結構，是很不容易的。但阿根廷具有很多天然優勢。社會很有活力。教育水準很高。人口數很健康，還有極佳的自然資源。照理說應該是個安定繁榮的國家，是拉丁美洲版本的澳洲。阿根廷曾經達到如此境界，但如今已風光不再。

從阿根廷屢次努力重返昔日光榮，而又屢屢失敗的經驗來看，未來應該還是會繼續跌跌撞撞，每次努力都徹底失敗。往好處想，大多數人民仍將吃得飽，身體健康。但每一次的災難，都將導致資源耗盡，人才外流，緩慢而漫長的衰退也將持續。但未來不見得能以常理推斷。很有可能在種種有利條件交互作用之下，阿根廷得以脫離過往的陰影，連續二十年飛速成長，躍居應有的地位，成為成功、先進、高度發展的經濟體。

委內瑞拉則是墮落得更快。委內瑞拉有條件成為世上最富有的國家之一。也曾經是。一九五〇年的委內瑞拉是世上第四富有的國家，僅次於美國、瑞士，以及紐西蘭，且超越加拿大[10]。委內瑞拉擁有世界上最大的石油確定蘊藏量，比沙烏地阿拉伯還大，因此財富主要來自石油。人均GDP在一九六〇年代與一九七〇年代有所成長，後來卻持平甚至下降。二〇二〇年，尼古拉斯．馬杜洛總統執政之下的委內瑞拉經濟崩潰，幾百萬人民因此移民海外，沒有出走的人民，則是比一九五〇年更為貧窮。

幸好如此慘烈的崩潰並不多見。在這裡並不需要一一爬梳超過五十年來，委內瑞拉經濟越發嚴重的不當管理背後的原因。已有不少人討論過這些原因。有一句很少人說過的話倒是值得一提：委內瑞拉只需短短幾年的良善治理，就能重返昔日榮景。全世界逐漸減少使用碳基燃料，但我們先前說過，要等到很多年後，才能完全脫離碳基燃料。在這段期間，委內瑞拉可以創造收入，改善國內經濟。這並不容易，但可以做到。

這裡要指出的重點是，經濟的成功與相對失敗之間的差距，也有可能極小。南美洲的其他主要國家也是如此，尤其是祕魯與哥倫比亞。祕魯是南美洲陸地面積第三大的國家，哥倫比亞則是南美洲人口第三多的國家。祕魯成長很快，在距離二〇五〇年還很遠的時候，就會成為穩定且繁榮的已開發經濟體。哥倫比亞表現也不俗。雖說不平等的現象依然嚴重，國家發展也有所退步，但只要堅持走在過去二十年規畫的道路上，哥倫比亞也將在二〇五〇年之前，讓大多數人民享有中產階級生活。

這讓人聯想到一種很有意思的可能性。拉丁美洲遭受的抨擊，即這些仍是有潛力、卻始終沒做出實績。我先前說過，巴西與阿根廷都有可能突飛猛進，化潛能為實績。其實整個南美洲都一樣，當然也包括墨西哥。拉丁美洲終究會開始實現潛能。過去一百年的歷史讓我們悲觀。拉丁美洲即使長期經濟繁榮，也改變不了世界經濟，畢竟規模太小，不足以影響世界經濟。但絕對可以大幅改善當地人民的生活，也讓其他想脫離中等收入陷阱的國家看見希望。成功與失敗的機率一樣大。

第八章／歐洲

煙消雲散的歐洲夢

歐洲的重要性將會下降。客觀來說，歐洲仍將是全世界最宜居的地方，至少大多數歐洲人這麼認為。歐洲在未來仍將相當富有、平靜、安全。移民無論具備的是高階還是低階技術，都會認為歐洲頗具吸引力。歐洲也將逐漸摸索，形成一個較能合作愉快的民族國家聯盟，而不是延續現在的歐盟形式。但歐洲的動態，對於世界其他地方的影響將不如以往，因為歐洲人口的絕對數字將會下降，經濟也會相對縮小。那些胸懷壯志、認為歐洲應遠比現在輝煌的歐洲人，將很難接受這種退步，而某些歐洲國家在他們的知識產業，仍將保持領先。但歐洲整體而言，將變成過往成就的博物館，而非未來思想的實驗室。

如此看來歐洲的前景似乎很悲觀，其實不然。社會喜歡穩定、平靜、舒適的生活，並沒有問題。日本就向世人展現了這樣的結果。二〇五〇年歐洲的年齡結構，將與二〇二〇年的日本類似，也將面臨相同的照顧長者的壓力。不過屆時的歐洲與日本有三個地方不同。北歐與南歐之間、接受大批移民和排斥移民的歐洲國家之間，以及英語圈地區及其他地區之間，仍將有巨大的文化差異。歐洲的這些特質，日本全都沒有。日本始終會是一個同質的社會，而歐洲是分散的，往後可能會更分散。

稍後會探討歐洲各國未來可能的發展。現在先談談歐洲整體。就經濟而言，從二十一世紀初開始，歐洲就朝著不同方向前進。在那之前，則是一種全面的會聚。西班牙、義大利、希臘這些南歐國家，逐漸縮短與北歐國家的差距。加入歐盟的中歐與東歐諸國，與整個西歐之間的差距也逐漸拉近。然而從二〇〇〇年開始，東歐與西歐之間的會聚仍在持續，北歐與南歐之間的差距卻變大。義大利原地踏步，德國則是向前邁進。

東歐與中歐國家之所以能縮短與更富有的西歐國家之間的差距，原因其實很簡單。有一部分的原因是追趕順利，因為這些國家得以脫離沒有效率的共產制度，熬過市場經濟轉型一開始的陣痛期。還有一部分的原因是加入歐盟，不僅能接觸西歐富國，還能以可接觸西歐富國作為賣點，吸引投資。

北歐與南歐的情況則較難解釋。諷刺漫畫描寫節儉的北歐與隨遇而安的南歐。一個懂得儲蓄與精明投資，另一個則是虛擲別人賜予的金錢與機會。諷刺漫畫通常蘊含著真理。稍微有點頭腦的人，都不會否認西班牙、義大利、希臘的貪腐問題，比荷蘭、德國、北歐[1]嚴重。但這並不能解釋義大利的人均GDP在二〇〇〇年與德國大致相同，為何到了二〇二〇年卻比德國低百分之三十。似乎有別的地方出了問題。

二〇二〇年才結束沒多久，所以我們還無法找出確切的理由，但人均GDP的落後，似乎在使用歐元之後更為惡化。這種貨幣聯盟缺乏對應的財政聯盟，制訂了單一利率，所有使用歐元的國家都必須遵守。但不同的經濟體有不同的結構，需要不同的利率。在二〇〇八年金融危機爆發之前，這個問題並不要緊。南歐國家甚至可以說是從中得利，因為使用歐元的貸款利率，比繼續使用他們自己的貨幣還低。但金融風暴爆發以後，南歐國家（以及愛爾蘭）不得不採取嚴格的撙節措施，而且也沒有北歐國家提供的救濟金。單一利率沒能團結歐洲各經濟體，反而讓他們漸行漸遠。

只有部分歐盟國家接受這種觀點。英國人與美國人認為歐元區必須解散，聽在布魯塞爾、巴黎、柏林的耳裡難以認同（米蘭與羅馬則是較為認同）。單一貨幣原本的用意是團結歐洲各國，卻反而造成嫌隙。但想知道歐盟的未來，就必須了解這種矛盾。

歐盟成立後的第一個五十年，亦即從一九五六年的羅馬條約，到二〇〇八年金融危機的這五十年間，歐盟以及歐盟的幾個前身整體而言相當成功。但從現在到二〇五〇年，以及二〇五〇年之後的第二個五十年，歐盟整體而言會是個不幸的失敗。

歐盟極有可能在二〇五〇年依然存在，但將會是獨立國家組成的較為鬆散的組織，而非創立者所想像的「越發緊密的聯盟」。這條路將會崎嶇不平。歐盟在二〇〇八年金融危機爆發之前，並沒有嚴重的失敗，但後來遭遇了兩次慘烈的挫敗。

第一次是二〇一二年歐元發生債務危機，差點崩潰。歐元最終得救，但付出的代價是大多數負債國的人民生活艱困，尤其是希臘，而且越來越多會員國質疑加入歐盟的價值，尤其是義大利。讓義大利停留在歐盟的誘因已然弱化。

第二次是英國決定脫離歐盟，也在二〇二〇年正式脫離。至於這是不是明智的決策，甚至是不是無可避免的決策，大家可以有自己的看法。但從歐盟的觀點來看，失去人口第二多的會員國、第二大經濟體，以及預算的第二大貢獻國，確實是毋庸置疑的重大損失。

歐盟可能還會遭受更多挫折，但歐元區失衡以及英國脫歐這兩個問題，會是歐盟的陰影。歐元仍然死板僵化。也許會有足夠的改革，讓歐元未來幾年仍能持續，但改革的代價將十分龐大。較為富有的北歐必須補貼南歐，而且補貼的幅度將遠高於過往。其實就是德國的信用為歐元背書，較為貧窮的會員國才能享有較低的貸款利率。納稅人的錢並不會直接在各國之間流動。歐洲的富國在未來的某個階段，將加大對窮國的金援，只是目前無法預估是何時，又會在什麼樣的情況下金援[2]。屆時歐盟將面臨險境。

至於英國脫歐的影響，脫歐之後的英國越是成功，越是讓其他國家覺得無論以什麼理由做出脫歐的政治決策，都能帶來新的經濟契機。換句話說，英國脫歐本身並不會鼓勵其他國家效法。而且以經濟的亂象來看，很有可能反而鼓勵其他國家留在歐盟。但其他國家倘若也和英國一樣，覺得留在歐盟是弊大於利，那英國也為這些國家指出一條可行的道路。

所以二〇五〇年的歐洲將會如何？我們必須了解，歐盟未來可能的形態，與整個歐洲大陸的未來是不同的。歐洲不會有固定的形態。歐盟只是一場政治聯盟的實驗，歷經極大的變化，未來還會進一步演變。歐盟之所以成立，是因應二十世紀前半那種可怕的、過度的民族主義，一種自然且合宜的舉措。但到了二〇五〇年，歐盟將已完成這個任務。

經濟地位江河日下，人口又逐漸老化，歐盟從現在到二〇五〇年的路並不好走。有些異議將來自東歐。始終潛藏在幕後的民族主義會不時發作。某些國家可能會因此堅持歐盟無法接受的社會政策，甚至因此動了脫離歐盟的念頭。有些東歐會員國也許越來越不認同歐盟的意識形態，多半也就是西歐的意識形態。還有一些壓力將來自北歐。冰島與挪威這兩個國家不加入歐盟，各自也很成功。所以瑞典、芬蘭、丹麥若是也不加入歐盟，有現成的例子可以參考。先前說過，南歐的義大利與希臘，甚至包括西班牙與葡萄牙，都會發出不滿的怒吼。

最有可能出現的結果是什麼？無論二〇五〇年是怎樣的情況，歐盟都不會有最終的形態。但歐盟在二一〇〇年的形態，絕對會與現在不同。歐盟很顯然將分裂成兩個圈子，一個是一群追求更緊密關係的核心國家，以及寧願做準會員國的外圍國家。位於布魯塞爾的智庫機構「布魯塞爾歐洲暨全球經濟研究院」（Bruegel）於二〇一六年發表的論文[3]，就提出了類似這種概念的「歐陸夥伴關係」。這種概念是英國與歐盟形成夥伴關係，不必受到正式會員國身份的種種拘束，也能就重要議題合作。有些國家會樂於依循這種模式，例如土耳其，可想而知烏克蘭也一樣。但當時無法預料的是，其他想脫歐的歐盟正式會員國，也覺得此路可行。結果英國與歐盟之間的談判不甚融洽，無法形成夥伴關係，但這樣的模式依然存在。

其實，英國與歐盟在未來三十年合作密切的程度，大概比二〇二〇年還高。我在二〇二一年英國脫歐正式通過之時寫這本書，確實很容易受到這起難堪的分手的過度影響。長遠來看，會覺得英國加入後來的歐盟的時間似乎很短暫，是一場為期不到五十年的實驗，一個原本也許能成功，但最終沒能成功的安排。英國與歐盟雙方都將找到能順利合作的領域，包括打擊犯罪，改善公共衛生等等。這裡的重點是做決策的是歐洲，而英國絲毫無法影響決策。

外圍與核心是一種可能的模式。另一種模式是勉強拼湊成一個穩定的狀態。歐盟將強化凝聚會員國的力量，達成會員國能接受的團結程度，從此不再追求進一步的整合。有人認為歐盟實現不了這種穩定狀態，因為若是不追求越發緊密的聯盟，這種穩定狀態也無以為繼。有些國家會想要繼續推進，有些則想要維持現狀。所以也許會演變成按照上述的方式，分裂成核心與邊緣兩個集團。但若是妥善經營，也許可以順利運作一段時間，至少可維持到二〇五〇年。

第三種可能是大爆炸，歐盟走到盡頭，淪為名存實亡的聯盟。這種情況會透過幾種途徑發生。也許導火線會是歐元崩潰，一個或更多的國家主權債務違約，改用本國貨幣。也許大量人口在會員國之間流動，導致某些會員國設下公民身份的門檻，等於實質從歐盟獨立。也許較為貧窮的會員國失業率居高不下，引發民粹革命，將布魯塞爾視為公敵。義大利要是脫離歐盟，那歐盟也就無以為繼。

不過歐盟的未來，也有可能介於穩定狀態與大爆炸之間，逐漸偏離「越發緊密的聯盟」的成立宗旨，也承認這種概念如今已是不合時宜。當時設置這樣的目標，是為了確保歐洲國家不會再爆發戰爭。在一九五〇年，戰爭是真切的危機，避免戰爭也是崇高的理想。在冷戰以及俄國控制東歐的期間，戰爭的陰影依然存在。柏林圍牆倒下之後，巴爾幹諸國烽煙再起，再度點燃戰爭的疑慮。但到了二〇〇〇年，「中歐與西歐會開戰搶地盤」的想法已經很荒謬，到了二〇二〇年更是如此。當時的歐洲面臨嚴重的外部威脅，俄國入侵克里米亞半島就是一例，但並沒有內部威脅。問題在於當時的歐盟無力協助會員國抵抗外部威脅。歐洲各國只能依靠有強盛的美國撐腰的北大西洋公約組織（NATO）。歐盟模式確實能防止會員國之間開戰，卻無力對抗揮之不去的外部威脅。往後還需要別的東西。

也許歐洲會因為烏克蘭遭到入侵而團結，但我覺得「別的東西」比較有可能是團結的反面：會員國之間的聯盟將會更為鬆散，只會在有共識的事情上面合作。至於沒有共識的事情，各會員國就大可意見分歧，但並不會演變成對立。會員國不會尋求最高程度的合作，也就不會因此而煩惱，而是尋求足以達成共同目標的最低程度合作，例如在防禦及能源安全方面合作。

歐盟模式的支持者，會覺得這樣的歐盟乏味、過於功利。但這才是現實，是一群不同的民族國家，對於各自的社會該如何運作有不同的想法。這樣的歐盟也反映出一個事實：整個歐洲在二〇五〇年的重要性，難免會不如二〇二〇年。而且，歐洲各國雖然努力打造通行全歐洲的政策，但諸如移民之類的某些問題，還是只能由各國政府決策。歐洲的整體將小於個體的總和，這不免讓許多歐洲人民感到擔憂。但人與人之間必須能自在相處，保有各自不同的文化與歷史。因此歐盟會是拼湊出來的東西，而且會不斷變化，這樣其實也無妨。

個別國家將如何因應這樣的未來？這個嘛，有些國家會比較順利。

英國與愛爾蘭：通往安穩未來的荊棘之路

不列顛群島將歷經艱難的十年，也許不只十年，才能較為穩定。不過二〇五〇年的英國作為英語圈的一份子，和其他英語圈國家有著共同的語言與歷史，將更有自信、更重視對外關係，也更繁榮。英語圈國家不會形成一個正式的團體，只是會讓大家發現，比起地理位置的接近，文化及語言或許更能將人們團結在一起。

一群國家因為語言與文化而形成聯盟，感覺很像浪漫的幻想，也許是想起過往的大英帝國時代，或是想像英國在脫離歐盟之後，在世界舞台扮演的另一種角色。目前英語圈國家合作的主要項目是情報，也就是美國、英國、加拿大、澳洲、紐西蘭組成的情報組織「五眼聯盟」。五眼聯盟是依據一九四一年八月的《大西洋憲章》成立，因此是在美國加入第二次世界大戰之前成立[4]。成立五眼聯盟，並不是作為日後擴大合作的基礎，雖然確實在二〇一九年討論過擴張的事宜。從這個角度看，五眼聯盟與一九五二年成立的歐洲煤鋼共同體非常不同，歐洲煤鋼共同體就是歐盟的前身。五眼聯盟是一個能發揮作用的、由下而上的組織，而不是由上而下的概念，所以能存續至今。

這本書最後的部分，將討論英語圈國家將如何發展成一個更大的非正式團體，包括印度、北歐、新加坡，以及大半個非洲。這裡要表達的重點，是英國放棄了四十七年來身為歐盟會員國的實驗，在摸索與其他國家的新關係的同時，語言與文化的團結力量，將助英國一臂之力。要承認失敗總是不容易。加入歐盟就是個失敗。至於是不是從一開始就不需要加入歐盟，以及脫歐是不是個錯誤這些問題，則已不再重要。英國人民不顧當時的政府及主要反對黨的勸說，以公投決定脫歐，足以證明這場實驗失敗。

這場失敗的實驗遺留的傷痕，以及英國執政階層所受的屈辱，需要時間才能癒合。對於投票選擇留在歐盟的英國某些地區，尤其是蘇格蘭，療傷格外不容易。英國的某些部門也很難療傷止痛，尤其是各大學，以及大多數的企業菁英。在脫歐公投，年輕人多半反對脫歐，而年長者則大多支持脫歐。這將導致年長者與年輕人之間的對立更為嚴重。無法包容不同意見，是全世界都有的現象，而在英國，這個問題會讓情況更糟。

也許對於脫歐的最佳解讀，是劍橋大學政治經濟學教授海倫·湯普森[5]所說的，英國在沒做好準備的情況下，歷經了一場「憲政苦難」。英國接下來至少要經過十年的混亂期，才會逐漸穩定。英國與歐洲的關係，可能會走向逐漸斷開，並不會是棘手的難題。英國的各構成國顯然都會逐漸斷開歐洲，但許多愛爾蘭人可能會感到意外的是，愛爾蘭共和國也會減少與歐洲的貿易，增加與美國及英國的貿易。真正的挑戰在於英國國內的關係，以及不列顛與愛爾蘭島之間的關係。

不列顛與愛爾蘭的經濟體越成功，就越容易經營政治關係。這方面確實有非常樂觀的理由。英國與愛爾蘭的經濟體將再次結盟，兩者都將經歷轉型，只是英國速度較快，愛爾蘭較為緩慢。隨著英國逐漸減少與歐洲的貿易，二〇二〇年代的英國將格外動盪。不過到了二〇二〇年代末，英國將會建立新的貿易模式，對歐盟的出口將占出口總額大約百分之二十，相對於二〇二〇年略高於百分之四十。英國的歐洲移民人數將減少，但來自包括香港在內的其他英語地區的移民人數將增加，因此總人口將持續上升。移民帶動經濟成長的效應，從二〇三〇年開始將格外明顯，所以到了二〇五〇年，英國（假設還是現在的版圖）的人口與經濟規模將與德國相差不遠。英國的勞動力增加，經濟的某些領域又擅長生產全球都需要的商品與服務，有希望成為歐洲最大經濟體。

英國要想成為歐洲最大經濟體，必須滿足幾項條件。有些條件與英國脫歐之後的世界地位有關。英國顯然必須繼續歡迎移民。英國未來將面臨一項很有意思的挑戰，亦即利用脫歐吸引能振興經濟的移民。英國必須將其與美國在外交、安全、防禦的緊密關係，擴大為在經濟方面的合作關係。同時也必須拓展與加拿大、澳洲、紐西蘭，更重要的是印度的貿易關係。英國必須做美國對抗中國的盟友，同時也要充當中國合法商業擴張的基地。

英國還必須滿足兩項條件。一個是必須扶植相對具有全球競爭力的產業，包括金融業、製藥業、教育業、創意產業，以及高端製造業。英國也必須重新平衡經濟成長，讓國內其他地區的財富與生產力水準，與倫敦及其腹地更為接近。

這些用寫的都很容易。但究竟做不做得到？我覺得英國要有一個總體的目標，亦即盡力對世界有所貢獻。換句話說，就是幫助世界妥善因應各種衝突對立與困難。英國有能力成為英語圈的第二位成員，雖說地位不如美國，但在許多方面，都比美國更懂得向外發展。如此即可幫助英語世界度過艱難的階段。但要做到這一點，首先英國必須承認，自己在幾個領域必須有所提升。

第一，英國對於自身在世界上的特殊地位，還有一些殘存的自大，必須徹底戒除這種心態。英國應該把自己當成放大的瑞士，而不是縮小的美國。同時也必須了解，國內包括醫療在內的許多公共服務，品質都有待改善。英國必須提供更多的教育機會，創造更多的教育成就。也必須了解大量移民湧入的好處，知道在一個擁有大量移民的社會，規則會以法律為準，而不是以習俗為重。

這些條件要一一滿足實屬不易。但每一個已開發國家，都面臨類似的挑戰，而且英國的處境比大多數已開發國家更好。所以可以合理推斷，英國二〇二〇年的前景並不樂觀，但到了二〇五〇年，在世界上的地位將有所提升。英國將與歐洲大陸以及美國建立穩固有效的關係，也與印度形成互惠互利的關係。但這一切必須建立在兩項前提上：英國持續對外發展，國內也能團結。這兩個條件相輔相成。對外發展能提升經濟，經濟繁榮有助於國內團結。

整體而言，大不列顛暨北愛爾蘭聯合王國在二〇五〇年很有可能仍將存續，但英格蘭與威爾斯之間，以及蘇格蘭與北愛爾蘭之間，將轉為更鬆散，更接近聯邦之間的關係。英格蘭與威爾斯的關係相對穩定，也會繼續穩定。威爾斯在聯合王國內部，將擁有更高的自主，英格蘭的所有行政區也一樣。但無論蘇格蘭與愛爾蘭的關係如何，英格蘭與威爾斯仍將是政治實體。

蘇格蘭的前景則是不明確得多。在一九九〇年代初期，不少跡象顯示蘇格蘭在二〇二〇之前，會選擇獨立之路，也會正式獨立。結果並非如此，被二〇一四年一場「一個世代只有一次」的公投否決，百分之四十四．七贊成獨立，百分之五十五．三反對。來自蘇格蘭的壓力時高時低，未來也將如此。顯然在二〇五〇年還很遙遠的時候，就會再舉辦一次獨立公投。現在絕對無法預測公投結果，不過整體而言蘇格蘭應該不會獨立。但公投是難以預測的。當時的英國脫歐公投，其實也有可能被否決。要記得加拿大的魁北克省就分別於一九八〇年及一九九五年舉行獨立公投，差點造成加拿大分裂。第一次是百分之四十．四四對上百分之五十九．五六，顯然不會通過，第二次則是非常接近：百分之四十九．四二相對於百分之五十．五八。第一次公投失利，並沒有澆熄分離主義者捲土重來的雄心壯志。所以蘇格蘭民族主義者應該會依循魁北克模式：繼續努力。

英國在二〇五〇年之前，應該會完成某種憲政改革。最有可能出現的一種結果，是大不列顛暨北愛爾蘭聯合王國仍將存續，只是蘇格蘭將擁有某種形式的「自治」，類似十九世紀末、二十世紀初為愛爾蘭規畫、後於北愛爾蘭實施的模式。會有一些問題有待解決。蘇格蘭將擁有英國國會的幾個席位？顯然會比以前更少，也許一個也沒有。蘇格蘭對於自身的稅務與支出，能有多少決策權？大概能完全掌控增值稅之外的所有稅務，也能完全主宰蘇格蘭的支出。蘇格蘭會不會為了防禦與外交起見，繼續留在聯合王國？幾乎肯定會。不列顛群島之間，是否還會有共同旅行區，好比愛爾蘭與英國之間的共同旅行區，讓蘇格蘭人民仍舊可以在英格蘭工作、生活，反之亦然？當然會有的。

不是完全獨立？倘若當真獨立，蘇格蘭內部將嚴重分裂，贊成獨立的票數若與反對票數極為接近，分裂將更為嚴重。包括昔得蘭群島以及奧克尼群島等地區，可能會尋求類似海峽群島以及曼島的特殊地位。幾乎可以確定會有部分人口南遷。蘇格蘭作為一個獨立國家確實可行，但轉型成為獨立國家，將是極為艱難的歷程，而且局勢可能會不穩定，因為聯合主義運動仍具有相當的勢力。簡言之，二〇五〇年有可能出現的情況，可能介於蘇格蘭完全獨立，以及目前權力部分下放的政府之間。不過歷史已經告訴我們，很有可能會出現更極端的結果，無論是朝著哪一個方向發展。

不列顛與愛爾蘭之間的關係甚至更難預測。從北愛爾蘭人口發展的方向來看，愛爾蘭有可能統一，目前屬於少數的北方民族主義天主教徒人口，將在二〇二〇年代的某個階段，超越目前占多數的聯合主義新教徒。從一九九八年的《貝爾法斯特協議》即可看出，未來支持統一的人可能會占多數[6]。但把宗教信仰與部落認同或政治意向畫上等號，也未免太過死板（對於兩個群體也太過失禮）。到了二〇五〇年，大多數愛爾蘭人民可能會支持愛爾蘭統一，但也有可能並非如此。民調結果顯示，二〇二〇年雖有英國脫歐造成的對立，以及《貝爾法斯特協議》可能被推翻的危機，但支持統一者並未占多數。《貝爾法斯特協議》也許必須重擬，以因應英國脫歐之後的關係變化，但整個協議並沒有瓦解的理由。在簽訂協議之前的談判過程，歐盟參與的程度不深，與美國、加拿大相比輕微得多。英國脫離歐盟，確實讓跨國貿易更為不易，但這些問題憑藉善意都能解決。到了二〇五〇年，這段崎嶇的路程將成為回憶。

無論是北愛爾蘭還是南愛爾蘭，都要面臨經濟局勢轉變的挑戰。要預測愛爾蘭的經濟前景並不困難，貿易對象將逐漸從歐洲，轉為其他國家，尤其是英語世界國家。愛爾蘭共和國要適應新的局勢較為不易，因為先前能有如此榮景，是因為作為美國企業進入歐盟市場的門戶。愛爾蘭共和國為了吸引美國企業，精心設置有吸引力的公司稅結構，但同時也能提供教育程度高的年輕勞動力，以及普通法環境，進而吸引更多投資。但歐洲未來的成長難免會相當緩慢。愛爾蘭商品的兩個最大出口市場，分別是美國與英國。到了二〇四〇年左右，與歐洲的貿易很有可能將占愛爾蘭共和國貿易總額的四分之一甚至更低。屆時愛爾蘭會怎麼做？

愛爾蘭國內有一個主流意見，還有一個少數意見。主流意見是愛爾蘭選擇做歐盟的忠實會員國，也因此收穫了不少經濟與政治上的利益，未來仍將繼續如此。這個模式既然很有效，又何必改變？

另一個不受都柏林執政當局青睞的少數意見，則是愛爾蘭犯了戰略上的錯誤，未來最好能脫離歐盟，專心經營與英語圈的關係。最直言倡導這個觀點的，是一位退休的高級公務人員，也就是前愛爾蘭駐加拿大大使雷．巴塞特[7]。他在《英國脫歐後的愛爾蘭與歐盟》一書表示，從數據即可研判，愛爾蘭與歐洲關係不深，與英語圈的關係卻十分密切。撇開由英美主導的投資與貿易不談，從愛爾蘭人民的實際行為來看，就會發現他們選擇了英語世界。聯合國的移民報告也呼應這個說法。報告指出二〇一三年，在愛爾蘭出生的人有六十萬居住在英國，十四萬四千人居住在美國，但只有一萬人居住在法國，一萬七千五百人居住在西班牙。

我在英國脫歐之後寫這本書，幾乎無法想像愛爾蘭會在二〇五〇年之前脫離歐盟。在英國脫歐的談判期間，愛爾蘭與歐洲站在同一陣線。從英國的觀點來看，愛爾蘭等於與英國為敵。但長遠來看，愛爾蘭作為歐盟會員國，並不利於自身經濟發展。而且愛爾蘭的氛圍可能也會隨著時間改變。倘若歐盟真的分裂成核心集團與外圍集團，愛爾蘭顯然比較樂意成為外圍的一員，不僅是因為地理位置，也是因為經濟需求。如果北歐諸國要全數脫離歐盟，愛爾蘭自然也會跟進。假如美國對待歐盟剩下的會員國的態度漸趨敵對，英國又加入以美國為首的北大西洋自由貿易區，那愛爾蘭恐怕別無選擇，只能轉而經營與英語圈的關係。

這一切都有可能出差錯。不列顛與愛爾蘭的人民，可能會繼續任由作家兼政治人物康納・克魯斯・奧布賴恩所謂的「祖先的聲音」[8]，破壞愛爾蘭島內部的關係，也破壞不列顛與愛爾蘭，以及英格蘭與蘇格蘭之間的關係。我具有蘇格蘭、英格蘭血統，大半成長過程都在愛爾蘭共和國度過，並不樂見我們不同且豐富的傳承，落入如此可怕的境地。幸好到了二〇五〇年，「祖先的聲音」很有可能成為更加遙遠的回聲，這些島上的人民也很有可能將精力用於把握當下的機會，而非計較過往的衝突。倘若真能如此，那麼到了二〇五〇年代，這些島將成為和諧的社會，比過往兩百年來的大半時間更加和諧。

德國與荷比盧：較小的歐洲核心

從現在到二〇五〇年，德國將堪稱順利，雖然這段時間難免充滿挑戰，但德國憑藉經濟與政治社會的核心優勢，仍將順利度過。德國仍將穩居歐洲大陸最大經濟體，規模大約與英國相同。德國仍將富有，但也將面臨三大挑戰。德國社會面臨的一大考驗，是必須與國內的新移民群體順利融合。經濟方面的一大考驗，是未來人口減少，導致某些製造活動因而消失，因此必須發展新的活動取而代之。外交上面臨的重大考驗，是必須帶領歐盟，轉型為各民族國家互助合作，而組織更為鬆散的團體，逐漸偏離布魯塞爾所設想的「越發緊密的聯盟」願景。接下來分別就這幾點談談。

德國社會面臨的挑戰，是要確保移民的人數，足以填補自然減少的人口，以及更嚴重的預期勞動人口的流失。二〇一四至二〇一九年逃往德國的大批難民多半來自中東。到了二〇五〇年，這些難民將會是中年人士，甚至是年長者。他們的子女將帶動德國經濟成長。假設德國不斷有移民湧入，新移民的生育率又始終高於傳統德國家庭，那麼有移民背景者，很有可能占二〇五〇年德國勞動力的四分之一至三分之一之間。儘管如此，德國的勞動力仍將不斷下降，因此教育、訓練與資本取得等議題，將會格外重要。「新德國人」的技能與生產力，沒有理由會輸給「舊德國人」。這裡要表達的重點很簡單，德國若想繼續做歐洲的經濟強國，就必須滿足上述條件。

在德國政壇，移民向來是個備受爭議的議題，在二〇二〇年代、二〇三〇年代也將如此。雖然大多數來自土耳其的「外籍勞工」，對戰後德國的經濟貢獻卓著，但來自不同文化背景，而且至少是一開始不會說德語的移民，要融入德國社會並不容易。德國可想而知也很重視這個問題。至於移民對於德國經濟與社會的長期影響，得到的關注則是少得多。德國將因為移民人數大增而有所改變[9]。首先，人口減少的速度將因為移民而趨緩。人口將成長得更快，總人口絕對會成長更快，希望人均產量也會。而且，移民絕對會影響德國的文化。到了二〇五〇年，關於移民的討論將會平靜下來。而在二〇五〇年之前的某個時間，反移民勢力很有可能在德國執政，目前大多數主流政治人物恐將難以接受。但也許德國人就能藉此認清，自己的國家已經與心中的昔日形象不同。國家是會變的，德國從一九四〇年代末開始，順利轉型自由派民主政治，改變的幅度比大多數國家都大。新的勞動力將協助德國駕馭不同的全球經濟，德國也將因此再度改變。

德國經濟挑戰的起點，頗令其他國家羨慕。我們在第一章討論過，德國是世界第一製造大國，汽車工程格外出色，化學業、機具業、醫療設備業等產業也表現不俗。問題是製造品的全球消費量持續下降，而且還會繼續下降。另一個問題是，倘若全球化式微，未來趨勢將會把生產基地，設置在更靠近國內的地方。如此將難免不利於身為全球最大製造品出口國的德國。此外，德國家門口的市場，也就是歐盟其他會員國，將會緩慢成長。另外還有一個問題，德國至今尚未發展出新的產業，能從現有的商業巨擘手中接過大旗。

任何人只要見識過、讚嘆過德國經濟許多方面的出色表現，就會深信德國有能力解決這些問題。德國的財政優於大多數已開發經濟體，德國人民也勤於儲蓄。但德國未來三十年將遭遇經濟逆風，需要企業界共同發揮恢復力，人民的生活水準才能維持不變，甚至有所提升。

德國若無法提升生活水準，外交的困境將更為嚴重。德國是歐洲的財源，多年來始終是歐盟預算的最大淨貢獻國，淨貢獻甚至高於英國。但德國對於歐陸其他國家的支援其實遠不只如此。德國是歐元的靠山，是歐元區主權債務的實際保證人。倘若歐盟其他國家經濟適度成長，德國暫時還會繼續當靠山。但無論二〇五〇年的歐盟會是什麼樣子，只要不是名存實亡，也許在二〇三〇年代的某個階段，德國人民將再也無力支撐歐盟。目前德國將繼續提供財源，直到無力負擔為止。

未來發生的某個事件，或是一連串的事件，將促使德國決定不再支撐歐盟。也許是通膨暴增。歐洲中央銀行不願將利率調升到足以抑制物價上漲的程度，唯恐義大利不堪負荷，走上債務違約一途。如此一來，德國就會退出歐元區，重新啟用德國馬克。另一個可能的原因，是每年必須貢獻給歐盟預算的金額升高。德國對歐盟的淨支付，在二〇二〇年占每年GDP的百分之〇．五左右。若是增至每年GDP的百分之一，那德國的經濟必須成長百分之二，才有可能負擔。經濟成長若是趨緩，德國可能必須將國家財富每年成長的幅度，全數拿來支援歐盟其他會員國。還有一種可能，是發生類似全球新冠疫情的外部衝擊，嚴重打擊歐洲財政。本就疲弱的歐盟各經濟體，將徹底崩潰。

德國還將面臨其他外交考驗，尤其是與俄國的關係。但德國最重要的任務，是繼續做歐洲的靠山。德國只要還是歐洲最大、最穩固的經濟體，就有權力將按照自己的意思塑造歐洲。我們稍後會談到，法國對於歐洲的政治影響極大。但最終決定歐盟命運的，還是德國的經濟與財政。

這也將影響比利時、荷蘭與盧森堡的未來。如果歐盟能以某種形式繼續存續，在歐洲擁有一席之地的比利時經濟，也將得以存續。只是比利時境內的法語人口與法蘭德斯語人口長年的對立，仍將難以化解。只要德國經濟轉型成功，重心從製造業轉為服務業，荷蘭經濟將隨之受益，因為荷蘭經濟是德國經濟的附屬。只要德國繼續大力支持歐盟，荷蘭也會跟著繼續支持，只是對於身為歐盟會員國必須付出越來越多的成本，荷蘭可能會難以接受。如果北歐經濟維持強勁，擁有歐洲最大海港以及第二大機場的荷蘭，當然也會隨之受益。但如果歐洲經濟衰退，尤其是出口衰退，而且在未來三十年很有可能發生，荷蘭經濟也將相對衰退。盧森堡身為金融轉口中心，是世上最富有的國家。歐盟的未來，是盧森堡經濟能否繁榮的關鍵。不過歐洲的市場若是變小，以盧森堡執政當局的聰明才智，想必也會為國內的金融服務業尋找新客戶。三十年後的盧森堡不再是世上最富有的國家，但仍將安好。

法國：美人遇難

法國永遠都會是法國。到了二〇五〇年，法國的文化力量，以及提升影響力的雄心，將會是一如既往的強大。只是法國在歐洲，以及在全世界將不如以往燦爛。就經濟而言，法國仍將是領先全球的國家之一，也許奢侈品產業是全球最強。在政治方面，法國將繼續利用歐盟這個平台，發揮自身在歐洲內部的影響力，也會繼續運用法語國家組織[10]，在歐洲以外的世界發揮影響力。法國仍將是軍事強國。巴黎仍將是地球上最偉大的城市之一。最重要的是，法國人民仍將享有世界上最令人羨慕的生活。

如果你覺得這些願景美好到不真實，那確實是。法國確實具有上述的優勢，但也有幾項難以克服的挑戰。其中一項是製造業競爭力流失，在二十一世紀初期即已明顯，未來也將嚴重拖累經濟。另一項則是公共財政脆弱。法國的公共部門相當龐大，GDP占比是全球大型經濟體當中最高，也提供優質服務，但隨著法國人口老化，公共部門的負擔也將增加。即使總人口持續增加，就業人口進入高原期之後，稅收也將陷入停滯。歐盟若是轉型為組織較為鬆散的聯邦，法國與德國作為歐陸共主的自信也將遭受打擊。歐盟倘若因為失和而分裂，法國的處境將格外危險。德國倚仗自身財力，可保安全無虞。二〇五〇年的英國將重新定義自身在世界的地位，也會接受自身的未來是在英語圈之內。法語國家組織卻無法提供法國類似的出路。法語國家組織在文化方面能對法國有所助益，但經濟規模太小，無從發揮影響力。

法國還要面對另一個難題，與德國面臨的難題有某些地方相似。法國必須融合境內的移民人口，強化移民對於經濟成長的貢獻。執政當局一旦拿出決心，誰都不能小看法國融合移民的能力。但這是一項浩大工程，而且政府的角色也必須隨之調整。連續幾任的法國政府，都曾推出大規模經濟與財政改革，但都遭到阻力而無法推動。表面上看起來大權在握的執政當局，必須與大批極為保守、難以說服的選民打交道。法國要改革難如登天。

因此法國未來三十年將顛簸前行。已經嚴重的社會對立，還會進一步惡化。街頭將有更多暴動。法國在未來很有可能出現右派政府，也許會是國民聯盟或是其所衍生出來的產物，也有可能是新的政治團體。說來矛盾，但右派政府可能比過往幾十年的自由派政府，更擅長整合移民群體。無論誰來做，這件事都必須做。法國作家尚恩·富拉斯蒂埃發明了「光榮三十年」一詞，同時也是他在一九七九年著作的書名，指的是從二次世界大戰結束，到一九七五年的這三十年[11]。這三十年的法國政壇動盪不安，見證了第四共和的興衰（十年二十一位總理），戴高樂將軍也於一九五八年回歸，領導第五共和。但這段期間的法國儘管政治動盪，又接連失去包括阿爾及利亞在內的殖民地，經濟卻是穩定發展且大有進步。戰亂之後的法國崛起，經濟迎頭趕上其他歐洲國家。法國的未來三十年將不再光榮，但若能做到三件事，也就是接受歐盟的衰退、精簡政府組織，以及改善移民待遇，未來三十年也會有長足的進步。

義大利：尋求領導

義大利能團結一致嗎？會不會脫離歐盟？

這些是很重大的問題，也是許多義大利人感到頭痛的問題。我這個不是義大利人的作者，卻自稱能正確解答，似乎太自以為是。說義大利可能會分裂成兩個國家，很多人會覺得誇張，甚至荒謬。但若說過去五十年帶給我們的啟示，那就是一個時代看似穩固的憲政體制，可以在一夕之間被推翻。蘇聯帝國瓦解之後，捷克斯洛伐克和平分裂為現在簡稱 Czechia 的捷克共和國以及斯洛伐克。不幸的是南斯拉夫的分裂過程可就血腥多了，是一連串的軍事衝突，至今整個區域的傷痕仍在。至於脫離歐盟，義大利是歐盟主要創始國之一，若是脫離歐盟，將遠比英國脫歐更凸顯歐盟的失敗。

這兩個問題都引發熱議，我在二〇二一年寫這本書的時候，覺得兩者都很有可能發生。義大利的南北對立嚴重，部分民調顯示，多數義大利人贊成脫離歐盟。雖說兩種情況都有可能發生，但預測的時候還是務必謹慎。凝聚義大利的文化力量不會輕易瓦解，歐盟也會努力留住義大利這個會員國，不像先前任由英國離去。更何況脫離歐盟對於義大利並沒有好處。也許透過二階式歐元讓貨幣貶值，就能創造經濟利益，進而部分脫離歐盟。但這樣的結果，與其說是義大利基於經濟考量決定脫離歐盟，不如說是義大利財政疲弱的副產品。

人口是義大利的一大挑戰。義大利該如何提高出生率，又該如何遏止年輕人出走？義大利是世上人口減少最快的國家之一。從數字來看，引進移民確實可以增加人口。也確實有多半來自北非的數百萬人想移民義大利，但實際來看並不可行。義大利要將人口維持在二〇二〇年的六千萬，就必須引進至少五百萬移民，甚至更多。引進這麼多移民，必然會引發嚴重的社會與政治對立。

所以未來會怎樣？義大利必須改善行政品質。將會出現排山倒海的民粹聲浪，期盼能有強勢領袖主導大局，改善行政品質，像墨索里尼一樣「讓火車準點行駛」。這位強勢領袖甚至有可能是墨索里尼的孫女亞歷珊卓．墨索里尼，或是曾孫凱歐．墨索里尼這兩位政壇人士。不過，現在不可能預測三十年後新一代政治領袖的人格特質。我要表達的重點，只是未來會發生某個事件，或是一連串事件，導致義大利選出強勢的民粹領袖。這很有可能發生在政治體制之內。我並不是預言義大利會發生政變。新選出的強勢領袖能否改變義大利真正運作的方式，將決定二〇五〇年的義大利會是良性且穩定的民主國家，還是動盪混亂的國家。

伊比利半島：往西看，也往東看

西班牙與葡萄牙未來三十年將遭遇逆風，因為這兩國的人口都將減少百分之十左右，幅度與義大利類似。但比西班牙小、也比西班牙窮的葡萄牙，未來卻可能比西班牙更為光明。原因包括西班牙過於依賴旅遊業、加泰隆尼亞的獨立問題所造成的對立，以及在第一章提過的，葡萄牙作為巴西進入歐洲的門戶的獨特優勢。說西語的拉丁美洲，未能帶給西班牙類似的優勢。

未來三十年，葡萄牙的治理可能也會勝過西班牙。這樣說西班牙未免太苛刻，也許確實苛刻。但西班牙歷任政府的施政重點，始終放在領土事務，而非治理品質。所謂領土事務，指的當然就是加泰隆尼亞與巴斯克地區的地位，但也包括直布羅陀，以及西班牙在北非的兩個海外自治市，休達與梅利利亞。西班牙對加泰隆尼亞的治理越理想，加泰隆尼亞脫離西班牙獨立的壓力就越小。至於巴斯克地區，加泰隆尼亞若是依循某種聯邦制度，將引發巴斯克人再度爭取完整主權。至於直布羅陀，西班牙最好將直布羅陀，視為國內貧窮地區所需要的經濟夥伴，而非當成關乎民族自尊的大事。短期之內，西班牙與英國將繼續因為直布羅陀爭議而失和。至於西班牙位於非洲的兩個自治市，摩洛哥雖然想控制休達與梅利利亞，但目前並沒有太多談判籌碼。但摩洛哥與西班牙的人口差距將逐漸縮小，大約在二〇五〇年將超越西班牙，GDP的差距也不斷縮小，因此摩洛哥的談判籌碼將逐漸增加。

西班牙面臨的真正挑戰，是如何更妥善運用為數稀少的年輕人：如何解決青年失業率，以及如何遏止最優秀、最聰明的人才外流。這個問題恐怕難以解決，結果就是在二〇五〇年還很遙遠的時候，西班牙的治理可能就已崩潰。也許一九七八年正式實施的西班牙憲法，會演變成沒那麼剛性的制度。也有可能朝著另一個方向發展，演變成較為專制的制度，不過當然不會出現另一位佛朗哥將軍。無論朝著哪個方向前進，未來的路都將顛簸。

相較之下，葡萄牙可能轉趨平靜。先前說過，葡萄牙是巴西進入歐盟的重要門戶。但除此之外，葡萄牙執政當局也明白，除了扮演歐洲內部的角色之外，也必須將眼光延伸到歐洲以外。葡萄牙將更努力吸引全世界的資金與人才。若能成功，葡萄牙未來就不再是西歐窮國，在世界舞台也會更有影響力。葡萄牙是個小國，必須努力提供本國人民更好的條件，進而延緩人口減少的速度。但葡萄牙有一手很有意思的牌可以打，如果打得好，未來三十年將堪稱順利。

北歐與瑞士：平靜的繁榮

北歐的五大國，包括瑞典、丹麥、芬蘭、挪威與冰島，在二〇五〇年仍將安定繁榮。瑞士也一樣。這裡將瑞士與北歐國家歸為一類，是因為瑞士雖然離北歐國家很遠，世界觀卻大致相同。這些國家都與歐洲打交道，因為地理位置接近確實很重要，而且這些國家當中，有三個是歐盟會員國。但這些國家從未參與歐洲整合，從來不是越發緊密的聯盟的一份子，反而是歐洲自由貿易聯盟的當然會員國，瑞士、挪威與冰島至今仍是。

這些國家的治理品質、體面，以及生活品質，仍將受到世人羨慕。歐盟會員國將逐漸脫離歐洲，向外尋找機會。這對挪威與冰島來說不難，因為他們一開始就不願加入歐盟。對於以歐元作為貨幣的芬蘭，以及經濟與歐陸較為密切相關的丹麥，則是比較不容易。瑞士會繼續特立獨行，做個個人主義的國度，有時也會執拗，但總是精明、堅定，最終也會成功。

這些國家各自會以不同的方式，逐漸遠離歐洲的核心，雖然對於瑞士這個內陸國來說，「脫離歐洲核心」是個奇怪的想法[12]。這些國家的共同點，將是經濟的當務之急：這些國家往後最大的市場不會在歐盟，所以必須依循那些市場的標準，而不是歐盟的標準。脫離是遲早的事，只是英國脫歐會加快其他國家脫離的速度。大概不會出現突然脫離的狀況，因為沒有必要。無論其他地方發生什麼事，北歐與瑞士都只會是歐洲的外圍。一路上會有顛簸，例如萬一芬蘭棄用歐元，重新啟用本國貨幣。北歐未來的大方向，將是逐漸成為英語圈的實質成員，增加對英美的貿易，減少對歐陸的貿易。瑞士則是會將眼光放在新興市場，畢竟瑞士在二〇一九年的最大出口市場已經是中國，第三大則是印度。

比較難堪的問題，在於這一切究竟重不重要。北歐諸國與瑞士的人口全部加起來，大約是三千六百萬。二〇五〇年也將差不多是這個數字，是英國、法國、德國人口的一半。不過這些國家之於世界的重要性，絕對不僅止於經濟規模而已。這些國家之所以重要，是因為各有卓越之處，堪為世界表率。他們並非完美，天底下沒有一個人類社會能做到完美。但想了解繁榮、有序、社會安定、重視環保的國家是什麼模樣，這些國家就是最好的典範。在狂風暴雨的世界中，他們仍將是寧靜的島嶼。

中歐與東歐：指望俄國，也指望西方

從波羅的海一路延伸到地中海的那條線，就是前英國首相邱吉爾命名的、大名鼎鼎的鐵幕。把位於鐵幕以東的國家，全都歸為同一類，似乎很荒謬。從許多方面來看，也確實荒謬。畢竟這些國家有太多不同：宗教、文化、經濟發展、社會應如何運作的概念等等。但還是有共同點。除了奧地利與希臘之外，其餘的國家都是經濟互助委員會（Comecon）的會員國與準會員國。經濟互助委員會是蘇聯成立的東歐帝國，只是很快就瓦解。我們在第一章討論過那段時間對於經濟的衝擊。經濟互助委員會於一九九一年瓦解，到現在已經過了三十年。從現在到二〇五〇年，又會是三十年。但經濟互助委員會遺留的影響力，從一九九一年至今，似乎就屬現在最為強烈，因為這些國家顯然大多懷念威權統治。現在的威權統治是經由民主機制產生，而不是由外國勢力指定，人民賦予的正當性，更是給了威權統治前進的力量。民意會變，但從現在到二〇五〇年的三十年間，整體而言將有更多人支持威權統治。

俄國的舉動足以影響全局。世人眼中的俄國越強盛，中歐與東歐就越會向俄國靠攏。俄國絕對不可能憑藉武力重建帝國，不過還是有一個尷尬的問題：北大西洋公約組織（NATO）真正的界線到底在哪裡？俄國要是入侵德國，北大西洋公約組織會出手相救嗎？當然會。會保護波蘭嗎？很有可能會。那愛沙尼亞、拉脫維亞、立陶宛這些波羅的海國家呢？體面的人可能不愛聽這話，但大概不會。我的意思並不是說俄國會像入侵烏克蘭那樣，也入侵波羅的海諸國，但也不是完全不可能。俄國比較有可能利用這些國家的少數俄語人口，擴大自身在這些國家的影響力，而且在未來有可能會成功。

地理位置是很重要的。歐洲大陸必須與俄國共處，最靠近俄國的幾個國家，也必須接受這個事實。中歐與東歐將面臨兩難的抉擇，一邊是西歐誘人的財富與自由的思想，另一邊是俄國那種直截了當的民粹思想。如果是一對一的對決，二選一的情況，那西方當然會勝出。歐盟在世界上的相對經濟實力將會減弱，但俄國的經濟實力將衰退得更快。到了二〇五〇年，俄國經濟體的規模，甚至會比另一個半是歐洲、半是亞洲的強國土耳其還小。但經濟不是唯一的重點，甚至不是主要的重點。不同思想的鬥爭才是主要的重點：社會該有怎樣的架構？歐盟市場的魅力，已經吸引了大多數經濟互助委員會的會員國。但這些國家也付出不小的代價，必須遵守歐盟繁雜的規範，許多最優秀的年輕人，也流向更為富庶的西方。

所以到了二〇五〇年，中歐與東歐會比現在更像拼湊出來的東西。包括奧地利、斯洛維尼亞在內的某些國家，會形成歐洲的核心。希臘仍將是異數，整個國家會因為無力負擔使用歐元所衍生的債務，而陷入貧窮。但從希臘的歷史，以及希臘與土耳其交惡的關係研判，希臘仍然將投靠西方陣營。其他國家則將與俄國和解，不再與歐盟結盟。烏克蘭將不得不如此。羅馬尼亞若覺得與俄國結盟較為有利，就會轉投東方，不過目前看來不可能。

最重要的將是維謝格拉德集團四國，亦即波蘭、匈牙利、捷克、斯洛伐克所做的決定。這些國家與俄國的歷史及文化淵源各有不同，所以不會形成一個同進退的集團。而且這些國家與俄國的過往，婉轉一點說就是不甚愉快。但他們曾經是俄國在歐洲的帝國核心，而且他們向俄國靠攏的程度，將決定整個地區的平衡。未來三十年將會動盪不安，不過到了二〇五〇年，俄國與歐洲其他國家的關係應已穩定下來。也就是西方必須承認俄國的重要性，接受俄國在東歐具有影響力的事實。俄國也必須了解，自身的重要性已經受到西方的承認與尊重，而且俄國必須遵守國際行為的正常規範。俄國做得到嗎？

俄國：世上最大的國家前路艱辛

俄國的故事非凡、複雜、豐富、美好，卻也悲哀，未來三十年還會繼續，甚至更久以後都會繼續。俄國要是能成為類似西方的正常民主國家就好了，就會有有序的政府、有效的反對黨，若有選民支持即可取代執政黨，還會有獨立的法院、新聞自由等等。這樣的俄國就會努力解決第一章提到的問題，包括過於依賴能源與原物料出口、公共衛生與社會問題、人口逐漸老化減少，以及必須以相對較少的人力來經營世界上面積最大國家的種種難處等等。這樣的俄國也能與歐洲鄰國建立友善互助的關係，甚至成為改革過後的歐盟的準會員國。

這個願景能成真當然很好，我們也衷心期盼會成真。尤其是隨著環境問題越發嚴重，俄國將更需要與鄰國和睦共處。但我們也不能以為一定會成真。二〇五〇年的俄國確實可能比現在更「正常」，但首先得克服重重困難。實質的獨裁政體，要完成和平有序的改革總是不容易，在俄國尤其困難。在未來的某階段，我國將告別過去，現今的獨裁政體將被另一種政體取代，也將因此陷入動亂。我寫這本書的時候，覺得普丁政權終結，俄國就會迎向新局。等到他下台或是過世，俄國就將告別過去。也許真會如此。但俄國也很有可能在普丁繼任者的領導之下，繼續一陣子的獨裁統治，之後才會邁入新局。也許某種災難，或包括入侵烏克蘭在內的某個事件，將導致普丁政權提早終結。

展望三十年後，俄國很有可能會形成一個概略的民主政體，能接受政壇反對勢力的存在，而不是一個會將政敵趕盡殺絕的獨裁政體。但我們絕對無法預料，俄國會如何達到這樣的境界。

比較容易預測的，是俄國到了二〇五〇年，要管理、保護邊界都很困難。以俄國的人口，尤其是工作年齡人口來說，國家的面積實在太大。如果大批俄國年輕人移民海外，要管理如此遼闊的國家將更形困難。我們不確定俄國的人口減少的速度會有多快，不過二一〇〇年之前會降至一億以下的預測，確實值得重視。但在二一〇〇年還很遠的時候，俄國就會是一個異數，是越來越擁擠的世界中，一個人煙稀少的國度。

所以未來會怎樣？俄國會汲取某些前蘇聯國家的長處，尤其是哈薩克，以及裏海一帶的幾個國家。這些國家擁有自然資源，但更重要的是，我們在第一章提過，這些國家也能提供年輕的移民。西方的評論者，往往把焦點放在這些國家參差不齊的治理品質，忽略了這些國家的年輕人的活力、智慧，以及得體。我覺得西方整體而言，確實低估了俄國擁有的絕佳資源，也就是下一代的俄國國民。不過俄國有太多國土需要填滿。

俄國與中國、蒙古的邊界長達四千一百八十公里。中、蒙兩國都需要更多空間。三個國家難免會繼續爭搶空間，就像以前一樣。俄國與歐洲也會爆發邊境衝突，理由先前已討論過，不過最有可能是因為人口外移，而非人口移入。俄國家庭會積極提高生育率，但生育率就算略有起色，也不足以逆轉劣勢。唯一能真正奏效的政策，是俄國仿效美國、加拿大、澳洲，以及英國，具備吸引移民的條件。但這恐怕是苛求。

最有可能出現的結果，是俄國現有的版圖還能維持三十年，甚至更久。俄國當然會努力維護自己的疆界。但在本世紀後半，俄國可能會失去一些領土。這已經超出這本書討論的時間範圍，但還是應該預測一下，會失去的是哪些領土。最嚴重的情況，是失去西伯利亞，俄國就回到以前，純粹做個歐洲國家。乍聽之下會覺得這不可能成真，但要知道超過四分之三的俄國人口，目前生活在歐洲，但超過四分之三的俄國領土位於烏拉山脈以東的亞洲。即使失去西伯利亞，俄國仍將控制百分之四十左右的歐洲陸地面積。屆時西伯利亞將會如何？會成為新的主權國家，吸引世界各地（最有可能的還是非洲、中國，以及印度次大陸）的人，協助西伯利亞運用境內豐沛的自然資源。

當然還有很多種可能。可能會出現兩個俄羅斯國家組成的聯邦，兩個國家各自有不同的法律、習俗與政治制度。也許俄國領土會有一部分賣給中國，甚至賣給美國，就好比阿拉斯加於一八六七年被賣給美國。還有其他不堪設想的可能性，因為領土紛爭也有可能演變成戰爭。雖說沒有必要猜測八十年甚至更久以後的俄國會是什麼樣子，但我們應該可以確定，到了二〇五〇年，治理俄國的困難之處，會比現在更明顯。世界第十五大經濟體，無法永遠控制世界最大面積的國家。總會有需要讓步的時候。

土耳其：巨大的機會，堪慮的治理

談談另一個一半是歐洲、一半是亞洲的強國土耳其。土耳其就像俄國，也是一個粗略的民主國家，以強人領袖領導的威權政體，對抗固有的政治不安定。土耳其就像俄國，與某些歐洲國家關係不佳，與鄰國希臘更是交惡。俄國大多數的人口在歐洲，土耳其大多數的人口則是在亞洲[13]。除了這種明顯的實體差異之外，還有一個很重要的差異，即土耳其在世界上的影響力逐漸升高，俄國卻逐漸下降。到了二〇五〇年，土耳其可望大幅領先俄國，躍居第十大經濟體。而且土耳其的人口相對年輕，所以勞動人口也會較多。土耳其如果願意，也可以打造較為強大的軍事機器。

在二〇〇〇年代初，不少人認為土耳其在二〇二〇年之前，會成為歐盟的正式會員國。土耳其曾在一九八七年申請加入歐盟，西班牙與葡萄牙在前一年才提出申請，而當時匈牙利、波蘭這些華沙公約組織會員國仍是蘇聯的衛星國家。現在無論歐盟未來如何，土耳其都不可能加入歐盟，原因之一是土耳其無法達成歐盟對於政治多樣性的標準。但最大的原因，是對於土耳其來說，加入歐盟再也沒有意義。沒必要為了微薄的經濟利益，付出巨大的政治代價。因此土耳其將逐漸遠離歐洲，而非向歐洲靠攏。

不過土耳其將加強與俄國合作，成為外圍國家的一員，時而在內部跟隨歐洲，時而向外追求其他的區域利益。舉例來說，土耳其與俄國都非常樂見中東地區穩定。土耳其會在強硬的民粹政府與較為妥協的自由派政府之間擺盪，但無論政府的政治色彩為何，終究會朝著民族主義的路線前進。

關於歐洲的最後總結

歐洲大陸在二〇五〇年的經濟地位，將是兩百五十年來的最低。即使將不列顛與愛爾蘭這兩個離島算進去，歐洲在全球GDP占比也不到百分之十五。換句話說，歐洲在全球產量的占比，將創下一八〇〇年代初以來的新低。歐洲仍將蘊含大量財富，仍然會上演豐富的文化活動，也仍然會是某些科技的領導者。歐洲仍會讓大多數人民繼續享有舒適的生活，但對於世界的影響力有限。這與歐盟是否能繼續存在，或是後繼的組織又會是什麼樣的形態的政治議題無關，而是與人口及經濟有關。屆時的歐洲人口太老，經濟規模太小，在世界上將無足輕重。

很多歐洲人民想必不樂見這樣的未來。布魯塞爾的那些官員，還有歐盟各會員國那些支持歐盟的政治人物，當初說的可不是這樣的未來。誰都不想聽真實的全球成長數據。如果許多胸懷大志、受過良好教育的歐洲年輕人，決定到別的地方發展職業生涯，歐洲的前景可就更慘澹了。義大利南方目前嚴重的人才外流問題，可能會擴大到歐陸其他國家，進一步加速歐洲的衰退。

不過一旦人民接受歐洲的重要性將不如以往，烏雲就會開始退散。先前提過，歐陸擅長的活動非常多，能帶給人民舒適的生活，能促進和平與安全，也能貢獻些許力量，讓世界更美好。只要歐洲人放下對於權利的執念，適應相對的衰退，也接受未來三十年世界的重大決策，將由其他地方作主的事實，整個歐洲仍將在穩定中逐漸進步。至於那些決策？很多會在亞洲進行，接下來就要談談亞洲。

第九章／亞洲

亞洲的世紀

亞洲對於我們地球的未來至關重要，僅僅用一章的篇幅討論世界最大洲，似乎太過草率。不過傳統的六大洲觀念，作為本書的框架（南極洲除外）確實很實用，就好比把這個世紀簡稱為「亞洲的世紀」也很貼切。短短五個字道盡亞洲的重要性，又能呼應歐洲稱霸世界的十九世紀，以及美國呼風喚雨的二十世紀。但這樣的簡化也會忽略三大重點。

第一，我們在前言提過，在工業革命之前，亞洲各文明的經濟體規模，遠大於世界其他地區。就經濟而言，之前的**每一個**世紀，都是亞洲的世紀。十九世紀與二十世紀則是反常。我們現在回歸正軌，正軌會延續到遙遠的未來。大多數的人類經濟活動，將繼續發生在亞洲。這個世紀的確是亞洲的世紀，但情勢也就跟第十世紀，或是絕對會屬於亞洲的二十三世紀相似。

第二，亞洲在很多方面都非常多元，絕對無法只用一個詞概括。寫書討論亞洲三十年後可能的面貌，難免就要將北極凍原，與赤道森林這些南轅北轍的區域混為一談。亞洲各地擁有不同的文化，面臨的挑戰也截然不同，因應的方式也會截然不同。亞洲國家合作越融洽，就越能克服這些挑戰。重點是亞洲諸國要繼續控制難免會浮現的衝突對立。

這就談到第三點。西方對於亞洲國家的干預會減少。當然，美國的領導仍然很重要，在軍事方面絕對重要，在經濟與文化方面也很重要。歐洲也會發揮一定程度的影響力。但歐洲稱霸十九世紀所累積的優勢，幾乎已經耗盡，美國的影響力也開始衰退。西方的科技與思想也會繼續影響亞洲各民族，只是影響程度會是兩百年以來最低。無論結果是好是壞，應該會是好結果，但亞洲各民族都會主宰自己的未來。西方應該坦然接受，也應該尊重。

大中華：重返應有的世界地位

我們一定要從中國談起。二〇五〇年的中國，絕對會是世界最大經濟體。擁有如此地位，自然也會更為自信、冷靜，其他國家也更容易與中國相處。中國將能主宰自己認定的固有領土。美國是與中國爭奪全球領導地位的勁敵，不過到了二〇五〇年，中美關係將會正常運作。整體而言，中國將享有自己覺得應當享有的尊重，扭轉所謂的「百年國恥」[1]，亦即中國覺得一八三九至一九四九年間，自己受到其他大國欺凌。簡言之，中國將奪回應有的世界地位。

至少事態**應該會**如此發展。中國可以說必然會成為全球最大經濟體。但中國在邁向世界最大經濟體的道路上，也許會屢屢失策，也必須克服許多困難。即使能夠大致克服困難、避免失策，但是到了二〇五〇年，中國將面臨倒退，與再度崛起的美國，以及越發自信的印度相比，重要性相對下降。如果中國的發展不如預期，倒退會更早發生。中國開始倒退的關鍵時刻，將出現在二〇三〇或二〇四〇年代。

我們稍後會討論這個，現在先談中國將會遭遇的挑戰。總共有三大挑戰：環境、領導，以及內部穩定。

過去四十年來，中國像個飢餓的十幾歲年輕人，成長速度驚人，挖取全球各地的資源，在國內大片土地上建設，難免也破壞了國內的環境。一旦成長放緩，中國也就不再那麼飢餓。更為富有的中國，也會將更多資源用於保護環境。這些現象已經發生。但損害已經造成，需要三十年才能匡正過往的錯誤。中國的領導階層非常清楚這一點，因此宣示要在二〇六〇年之前實現碳中和[2]。但是氣候變遷的影響甚鉅，全力衝刺經濟成長也傷害了環境，這對中國來說都是不小的衝擊。二〇五〇年的中國將缺乏水資源、可耕地，以及能源。

有些問題可以順利解決。中國當地的水污染與空氣污染將大有緩解。中國的巨型城市不會繼續成長。人口壓力將成為過去。人口外流將會停止，甚至開始回流。儘管推出三孩政策，中國人口仍將迅速下降，也許將在二〇七〇年代跌破十億[3]。這些問題需要動用資源才能解決，工廠必須關閉，無用的市區公寓，以及無人使用的辦公大樓必須拆除。這將耗費其他投資項目的資源，但年邁的中國國民會希望解決這些問題。

更大的隱憂是爆發環境災難。可能是全球性的災難，中國受到的影響比其他國家嚴重，也有可能是中國自身的環境災難。新冠疫情讓全世界知道，病毒與細菌的散播是無國界的，同時也提醒我們，這種疫情向來是源自中國。黑死病就是來自中國[4]。中國當局非常清楚整個國家面臨的環境危機，所以應該會及時拿出有效對策。但中國當局也有可能無力應對。我們不可能、也沒有必要將環境危機依照嚴重程度一一列出。但我們必須承認，中國、印度次大陸，以及大半個撒哈拉沙漠以南的非洲的環境相當脆弱，而且未來三十年還會更為脆弱。

科技方面的挑戰很簡單：中國是能繼續趕上西方，還是會落後？一九五〇及一九六〇年代的俄國，科技成就似乎與美國不相上下，只不過後來證明是曇花一現，原因之一是俄國沒能開發出可用的電腦。日本在一九七〇及一九八〇年代，稱霸許多領域的工業生產，卻從一九九〇年代開始喪失優勢，原因之一是日本生產的電子消費品不敵美國與韓國。

目前的前景相當樂觀。除了在建築業與製造業具有優勢之外，中國在幾項科技的發展，例如電池開發，可說是與美國並駕齊驅，甚至超越美國。但俄國與日本的經驗告訴我們，中國的科技優勢將難以維持。中國與日本、俄國有一個很重要的共同點：難以吸引外國人才，因此必須仰賴本國人才。中國可說是人才濟濟。誰都不該小看每年幾百萬從校園畢業的中國年輕人的素質、教育程度，以及追求成功的渴望。不同於俄國、日本，中國將許多學生送往海外留學，所以人才儲備非常充足，中國的大學也與世界各地的大學合作。中國若想興建新的機場或體育館，可以聘請全球最頂尖的建築師。只要願意花大錢，誰都願意為你效力。但其他國家為數更多的優秀人才，若是不願意長期在中國工作，對中國來說也不是好事。

人才與研發尖端新科技的能力固然重要，卻不是唯一的重點。花錢聘請頂尖人才，也不是唯一的重點。同樣重要的，也包括人際關係、文化連結，以及了解開放的社會，能開創哪些市場。即使是中國、美國這樣的國家，也不可能樣樣都做到最好，沒有一個國家做得到。中國縱然絕對有能力繼續發展明星產業，也還是面臨一項危機：經濟和以美國為首的其他國家，將越來越隔絕。中國的產品與服務仍將擁有一席之地，但不會是全世界最暢銷的。所以中國將陷入瓶頸。就絕對產量而言，中國的經濟體將依然巨大，是全球最大。但品質將是二流。因此，即使是中國大陸最富有的區域，也無法達到香港的生活水準，遑論新加坡的生活水準。

中國的出路很明顯。新加坡能提供舒適的生活，吸引懷有抱負的非中國人前來，中國也必須提供類似的生活。這種生活結合了商機、文化活動、公共安全，以及實用的便利設施與態度，能吸引有能力選擇的成功人士。這種組合就是《美國獨立宣言》所說的「生命權、自由權和追求幸福的權利」。香港原本可以成為中國大陸的大城市仿效的典範，但我們稍後會談到，如今已是不可能。中國的政治與社會若能維持穩定，當局的心情就會比較放鬆，願意開放中國社會，中國也就有機會成為真正的全球領袖。不過目前看來不太可能。

中國社會能否維持穩定？很難判斷。誰也想不到一九七〇年代深陷文革動亂的中國，不到三十年後竟能轉型為繁榮的市場經濟，而且不到六十年後，竟能挑戰美國作為全球最大經濟體的地位。

中國社會之所以可能**無法**維持穩定，有很多明顯的原因。最主要的是中國的領導階層，一定會犯下戰略錯誤，例如在國際關係上貪功致敗。眼下過於高漲的民族主義，將導致中國在外交上陷入孤立。一個巨大的經濟體，卻沒有真正的朋友。雖然機率很渺茫，但中國還是有可能發動軍事行動，最後失敗收場，領導階層也因此下台。將台灣重新納入中國大陸政治體制的行動若是處理不當，將釀成災難。中國的中產階級也有可能群起反抗政治體制。中國有半數以上的人口是受過教育的中產階級，對於體制的不滿顯然會越演越烈。

不穩定的第二項原因，是經濟停滯。隨著中國人口逐漸高齡化，經濟若是陷入中等收入陷阱，中國年輕人就很有可能出走海外，到西方尋求更好的機會。大規模人才外流，不只會重創經濟，也會象徵政治上的失敗。

中國也許會遭遇某種金融風暴，金融體系被壞帳壓垮，當局的因應措施又失當。中國已背負巨債，許多債務根本無法償還。成長迅速的時候，可以憑藉成長擺脫債務。但一旦經濟停滯，無力償還過於沉重的債務，就必須展開某種重整。但是對於無法全數收回欠款的貸方來說，「重整」二字不過就是好聽罷了。中國在這方面的危機，是否比日本之類的國家更為嚴重？答案是大概不是。中國當然會以日本的錯誤為戒。這裡要表達的重點很簡單，中國的金融體系並非天生強大，而是需要謹慎管理，才能保持穩定。

中國內部也有明顯的對立：城市與鄉村的對立、年輕人與年長者的對立、少數族群與多數漢人的對立、香港與中國大陸的對立、粵語與普通話的對立等等。從旁觀者的角度深入探討這些，或是研究相關的風險，都沒有意義。重點是我們要知道，內部穩定始終是中國當局重視的問題，未來也仍將是。在未來三十年的某個階段，中國共產黨的領導階層，大概會遭遇不只一項重大挑戰。黨繼續掌權的機率很大，但也沒人敢說百分之百。二〇二〇年的中國，並不是一九七〇年左右的蘇聯。當時的蘇聯政權看似強大，但二十幾年後就被推翻。中國源遠流長的凝聚力量，比蘇聯強大得多。蘇聯是二十世紀的願景，並不是地球上延續最久的文明。但在未來三十年，中國的方向將徹底改變，會來到關鍵點。中國如何因應那場危機，將決定中國的未來，也許也會決定世界的未來。

有一種可能是這樣的。中國經濟在二〇二〇與二〇三〇年代繼續穩定成長，只是不像本世紀開頭二十年那樣的飛速成長。然後，某個重大事件在二〇三〇或二〇四〇年代爆發，導致經濟嚴重下修。最有可能發生的事件，是先前提過的金融危機，但也有可能是其他事件。復甦將會很緩慢，有時還會倒退。因此，二〇四〇年代，從經濟角度看將會是失落的十年。美國雖然仍將是僅次於中國之後的第二位，但也會開始拉近與中國的差距，在本世紀的後半逐漸趕上中國[5]。中國當局將努力穩定金融，重啟成長，但成效恐怕有限。隨著中國人口減少，勞動力甚至減少得更快，唯一的選擇就是坦然接受相對停滯，努力適應。一開始會感到不安。從日本與英國的例子可以看出，要坦然接受相對衰退並不容易。不過到了二〇五〇年，中國會漸漸接受現實：國力的全盛時期即將結束。中國仍將牢牢控制本國的領土，而且總有辦法與台灣保持穩定的關係。中國讓人民脫離貧窮，晉升中產階級的成就，將贏得世人尊敬，但中國也將一改先前的海外擴張行動。當局會努力將中國治理得更好，而不是要統治世界。

中國會不會成為西方眼中的開放民主社會？這個嘛，中國必須做到，未來才能擁有繁榮與經濟成長。問題在於中國的發展在未來將進入高原期，難以再上層樓。所以中國當局為了因應二〇三〇年代的經濟停滯，在治理方面將會改弦易轍。中國不會照抄美國或西歐的政治模式，而是會發展自己獨特的民主治理。

這是相對樂觀的劇本，也是最理想的劇本。比較悲觀的劇本也不難寫。比方說美國與中國無法交好，進而爆發新冷戰。中國可能捲入印度次大陸的軍事衝突，也可能處理不好與台灣的關係。中國想加強在南海的軍事控制，也有可能引發衝突。中國在必須完成的民主轉型道路上，也許會犯錯，因此掀起另一場政治革命。也有可能出現不堪設想的結果與引爆點。不過中國應該能避開不堪設想的局面，也將得到應有的大國與偉大民族地位。

香港與台灣：前途堪慮

我們先談談香港與台灣，其次再談印度次大陸的幾個大國。先前說過，中國處理對台灣的關係，也許會比照與香港的「一國兩制」協議。但現在不會了。也許不該奢望「一國兩制」能維持整整五十年到二〇四七年，不過無論如何也已經堅持了將近二十五年，這可是一大成就。但現在的香港，顯然很快就會納入中國的政治體系，不過應該可以保留一些先前的地位。二〇五〇年的香港，幾乎肯定會跟中國其他大城市並無二致。不過歷史的影響力是很長久的。隨著中國的社會與政治態度轉變，那些促進香港的發展，讓香港在不到一百年的時間，從一個小小的漁村，發展到世界大型金融中心之一的特質，也許會再次出現。中國大陸的領導階層，也許願意鼓勵香港保有某種對整個國家有益的特殊角色。香港之所以仍是傑出的城市，少不了適應力強的優秀人才的貢獻。這些人才若想到別的地方發揮所長，其他國家也會張開雙臂歡迎。香港的底蘊在二〇五〇年仍將閃耀，只是會在世界的其他城市閃耀。

台灣則是不同。大致預測香港的未來很容易，判斷台灣的未來則是困難得多。就經濟而言，台灣仍將是整個區域最繁榮的經濟體之一。由於人口的緣故，未來三十年的台灣，將不如過去七十年活躍，但還是會有所進步。台灣的未來並非由經濟決定，而是由政治決定。中國主張台灣是中國的領土，但台灣實質上是獨立國家，然而，目前的兩岸關係其實運作得很順利，只是不穩定。香港的遭遇讓兩岸關係更加不穩定，因為台灣成為香港人民海外移民的首選目的地[6]。照理說這樣的關係應該能維持下去，台灣將維持實質獨立，而非法理獨立，因為這樣的關係能有效運作。但經濟實力變強的中國，可能會向其他國家施壓，阻止各國與台灣來往。這種作法有先例可循。美國就曾用類似的手法，阻止其他國家與伊朗來往。

想破壞台灣獨立，經濟施壓會比軍事行動更有效。撇開軍事行動的人力成本不談（更不用說戰敗的可能性），中國若對台動武，美國絕對會將中國打成經濟賤民。世上其他國家也必須選邊站。很少主要國家會選擇中國，而不選擇歐美等已開發國家。中國會是大輸家，不得不撤回自己的地盤，放棄稱霸全球的野心。

中國與台灣的關係未來三十年會怎樣發展，該由政治學家研究。中國若對台動武，會有怎樣的結果，該交給軍事專家研究。從經濟學家的角度看，只有維持現狀才合理，其他形式的關係都沒有意義。這種尷尬的僵局既然已經維持了七十多年，照理說也能再維持三十年。其他國家也希望真能如此。

印度與印度次大陸：精采卻也顛簸的未來

印度對整個世界的重要性，就跟中國一樣。我們在前言提過，印度在羅馬帝國時代是全球最大經濟體。一五〇〇年的印度經濟體，規模與中國不相上下，到了一八二〇年，仍然僅次於中國。所以，印度在二〇五〇年成為僅次於中國、美國的世上第三大經濟體，可以說是印度這個國家、甚至整個印度次大陸，回歸原本應有地位的正常現象。我認為印度在全球GDP的占比，到了二一〇〇年還會更上層樓。

印度民族主義者聽見這話，可能會洋洋得意：印度不僅是僅次於中國與美國的全球第三大經濟體，規模大概也超越歐盟。至於我們這些了解印度、喜歡印度，也見證印度作為一個獨立國家多年來一直進步的人，當然會覺得印度是突飛猛進的故事，是值得慶賀的成就。但在慶賀之餘，也應該提出警告，因為通往二〇五〇的道路將充滿障礙與危機。印度必須克服障礙，了解危機。這趟旅程應該很順利，但也有可能是災難。

未來有四個障礙。

第一，印度必須改善基礎設施。很多人對此也有同感，尤其是與中國的對比更是明顯。這是一項浩大的挑戰。道路、水與公共衛生、住宅、通勤鐵路網、醫院、學校、電信網、醫療、電力供給，還有其他許許多多的項目。印度在過去三十年進步不少，拿印度與中國比較的人，往往低估了印度的進步程度。基礎設施的投資還在繼續，二〇五〇年印度的基礎設施，在各方面都會大為改善。問題在於基礎設施的品質，是否足以讓印度人在工作上發揮應有的競爭力，在家中享受應有的快樂生活。對於很多人而言，答案是不盡然。印度最富有的幾個城市，包括德里、孟買，以及邦加羅爾，將會是更理想、更舒適的工作與生活地點。大多數鄉間地區將會落後。因此發展不均衡，未來的問題將在於基礎設施不足，對於經濟繁榮的普及，以及整體的健康與幸福，會有怎樣的影響。答案則是取決於印度的下一個挑戰，也就是次大陸環境問題的嚴重程度，以及印度的因應措施。

印度政府無力控制國內大多數的環境問題，因為印度次大陸特別容易受到氣候變遷影響。海平面上升威脅到沿海居民的生存，雖然問題在未來三十年還可控制，但是到了二〇五〇年，孟買、加爾各答這些城市的大半區域，將有滅頂之虞。也許更嚴重，而且絕對更迫切的問題，是溫度不斷上升，因為影響的是整個次大陸，而不是只有沿海地區而已。糧食生產格外容易受影響，僅僅是印度，未來就必須餵飽超過十六億人。預測將來會發生嚴重饑荒並沒有意義。但還是需要審慎的對策，盡量將危機最小化。印度僅憑自身的力量，無法扭轉氣候變遷。但世上人口最多的國家，理當會想帶領大家減緩二氧化碳排放量增加的速度。

印度也必須解決自己有能力控制的問題，包括土地利用、農業實務，尤其是用水。這些問題都不好處理，可想而知印度因為環境問題，將度過一段經濟與社會動亂加劇的日子。人民將覺得中央政府無能，因此轉而向區域政府與地方政府求助。印度會勉強度過難關，但代價是百姓的福祉將被犧牲。

第三項障礙是教育。中產階級生活需要有技術的勞動力支撐。至少在本世紀前半，印度並不會缺乏勞動力。但每年固定投入勞動市場的年輕人需要工作。印度必須提高勞動力的教育水準，創造就業機會的速度才夠快，因為徵才的對象是握有技術的勞工。印度廣大的中產階級年輕人，是在全球市場與來自世界各地的同儕競爭。所以必須保持競爭力，才不會灰心，也才不會困在沒有前景的工作。印度的教育體系有一些頂尖的教育機構，但也有太多二、三流的教育機構表現平庸。因此要提高教育水準殊為不易。

最後一個障礙也與教育有關。印度若想擁有和諧的未來，就必須解決不平等的問題。印度正在逐步解決這個問題，只是可能並未得到應有的肯定[7]。印度社會的支柱之一，是家家戶戶會互相幫助，共度難關，尤其是較為貧窮的家庭。印度的安全網是家庭，而非政府。整體財富將會增加，到了二〇五〇年，中產階級應占超過半數的人口。印度當然樂見這樣的發展，但剛過上舒適生活的家庭，與落後的家庭之間的差距會更大。中央政府恐難弭平這種差距，根本辦不到。印度政府就算負擔得起由上而下的社會福利政策，也不可能在人口超過十六億的國家執行。所以各邦政府與地方政府會介入，至少會因為政治壓力而不得不介入。我們在第一章談到，有些邦遠比其他邦富有，因此富有程度的差異以及不平等，往往會導致一個國家分裂。印度這個國家不會分裂，但能否有效解決不平等的問題，將是決定整個國家的凝聚力有多強的因素之一。

至於印度面臨的危機，有三個明顯的，還有一些我們目前還看不出的。

第一個與第二個明顯的危機互相競爭，目前看不出哪一個會勝出。一個是碎裂化。另一個是民族主義。除非發生大災難，否則印度仍將保持領土完整。然而，由於各邦各有不同的利益，因此印度可能變成較為鬆散的聯邦。這個問題必須解決，誤判的機率也很高。與碎裂化抗衡的是印度民族主義，是由上而下強加的單一認同。目前是民族主義較為強勢，而且在大半個二〇二〇年代，甚至往後都有可能繼續強勢下去。但在未來的某個階段，風向可能會改變，民族主義可能會被地區主義取代。誰也無法判斷這種角力的結局，但確實有可能演變成嚴重的內部衝突。這種危機令人非常不安。

第三項危機是外部衝突惡化成戰爭。預測戰爭是否會發生並沒有意義。我們唯一能做的，是觀察印度與兩大鄰國中國及巴基斯坦之間的對立。過去七十年來，這些對立有所起伏，往後大概也一樣，偶爾會逼近公開衝突。這三個擁有核武的國家，會不時挑起小規模衝突，藉此彰顯自身政治地位，但不會動用所有的傳統武器，更不可能動用核武。宏觀來看，只為了極小的領土爭議，進行一場核武戰爭，客氣點說不只是完全不理性，簡直是不可思議。

不過不可思議的事情、讓人難以忍受的事情，還是有可能發生。二十世紀的歷史已經告訴我們這個真理。我們可以判斷大災難發生的機率。我只是要列出每一種可能出現的結果，哪怕我覺得不可能發生也要列出。印度與中國難免會敵對，就某種意義上來說也確實應該敵對。幾百年來，印度與中國絕對是世上最大的兩個經濟體，也有可能是世上最偉大的兩個文明。在未來三十年，這種關係或多或少會重現，一個是世上最大經濟體，另一個是世上第三大經濟體。我們也好，他們也罷，只能期盼兩國當局的智慧，足以讓過去幾世紀以來堪稱有效的中印關係，在這個世紀延續。

印度的鄰國：巴基斯坦、孟加拉、斯里蘭卡

大半個印度次大陸都是印度的領土，因此我們很容易忽略巴基斯坦與孟加拉的重要性。歷史要是轉個彎，巴基斯坦與孟加拉就會是現在的印度的一部分。過去七十年來，印度與巴基斯坦之間一觸即發的緊張關係，再加上孟加拉的疏離，讓人看不見更緊密的經濟合作對整個印度次大陸的好處。激烈的政治雜音，淹沒了經濟的正面信號。在遙遠的未來的某個時間，巴基斯坦、孟加拉與印度也許能組成某種聯邦，但在這本書討論的二〇五〇年之前不可能發生。比較有可能的是嚴重對立將會持續，合作極少，而且印度與巴基斯坦之間，可能爆發武裝衝突。

假如，這個機率非常渺茫，但假如這三個國家能維持良好的關係，巴基斯坦與孟加拉也許會有長足的進步，未來將更為繁榮。這兩個國家將成為世界排名三十左右的大型經濟體。巴基斯坦的人口將達到兩億七千五百萬，孟加拉則是兩億。兩個國家都會達到中產階級經濟體的邊緣。雖說以已開發國家的標準來看，這兩國的整體人均GDP仍將處於低水準，比印度稍低，遠低於斯

里蘭卡，但人民屆時將遠比現在富有，眼前也會有通往更繁榮經濟的道路。

巴基斯坦面臨的挑戰在於治理。這個國家要如何從比較重視菁英的財富與健康，轉為重視所有人民的財富與健康？這也是孟加拉面臨的問題，只是重要性可能次於環境問題。孟加拉將近四分之一的陸地面積，位於高出海平面不到二．一四公尺的位置。是，海平面不會在未來三十年上升二．一四公尺，但不少孟加拉人民未來可能會遭遇更頻繁的洪水。印度次大陸的環境問題將越來越嚴重，不過最大的危機之一，可能會出現在布拉馬普特拉河、恆河，以及梅克納河三大河流入孟加拉灣的三角洲。

在整個印度次大陸，斯里蘭卡是突出的經濟成長典範。斯里蘭卡與坦米爾少數族群之間煎熬又往往慘烈的戰爭吸引了大多數的目光，因此很少人注意到這個島國經濟的微幅成長。戰爭儘管殘酷，卻不是這本書要討論的主題。我要提出的重點不一樣，就是以印度的標準來看，斯里蘭卡可說是非常成功。人均財富高於印度次大陸的大多數國家。但以東亞的標準來看，卻是依然落後。

這就點出一個關於整個印度次大陸的更廣泛的問題。南亞能否實現類似中國大陸的經濟起飛？一九五〇年代的起點確實很類似中國大陸。印度在一九五〇年的人均ＧＤＰ，還比中國稍高。中國一直到一九七〇年代末，才超越印度，不過正如我們所知，中國的人均ＧＤＰ從此突飛猛進。印度與幾個鄰國「當一回中國」，是個宏大、誘人、高飛的夢想。

這絕對有可能實現。印度次大陸擁有一九七八年中國的許多特質。一九七八年，鄧小平掌權之下的中國，蘊含極大量未開發的人力資源。現在印度遇到的障礙，當時全都出現在中國。先前提到，印度未來三十年會快速成長。但能否維持像中國那樣的突飛猛進？倘若可以，印度在二〇五〇年的角色將截然不同，仍將是全球第三大經濟體，但不會大幅落後中美兩國，而是緊跟在後。也許到了這個世紀末，印度聯邦將重返一千年前的地位：世界最大經濟體。

這有可能嗎？當然有可能。很有可能嗎？這個嘛，印度的政治必須有重大變化，類似鄧小平在中國發動的改革。要有一群人認為世上人口最多的國家，理當努力成為世上最大經濟體。接著就要借鏡其他國家的經驗，開發一條實現目標的道路。這群人必須將民族主義用在好的地方，創造更多財富。他們必須證明，在創造財富的過程中，財富也在逐漸普及。先前提過的區域對立，也必須細膩處理。宗教藩籬必須化解。如果次大陸上真的出現聯邦，即使是最鬆散的聯邦，巴基斯坦與孟加拉也必須了解，聯邦對他們國內的執政菁英能有哪些好處。這些都是可行的。問題在於究竟會不會做到。

這有可能嗎？理性的答案一定是不可能。印度、巴基斯坦、孟加拉不可能發生一連串的事件，能讓大印度在本世紀末前成為全球最大經濟體。要出現這種情況，必須有太多條件配合，而且出錯的空間很小。所以我們只能說，印度在未來某個階段，確實有可能成為世界最大經濟體，只是大概不會在未來一百年內。但我們幾乎可以確定的是，在大半個有記載的歷史上，始終是全球經濟強國的印度，在二〇五〇年將重返經濟強國之林，往後也將有登上顛峰的機會。

日本：老年社會的先驅

日本是已開發高齡化國家的先驅。我們在前言說過，日本已經是世上最高齡的社會。日本往後還會更高齡，人口將在二〇五〇年前降至一億左右。日本仍將富有，但勞動力規模減少的速度甚至比總人口減少的速度還快，因此未來會形成年長者照顧比自己還年長的人。許多小城鎮將會廢棄，田野將變回森林，工廠會被退休社區取代。日本會比現在更乾淨、更平靜。理論上來說，大規模引進移民可以減緩人口下降的速度。但實際上這種情況不會發生。世界其他地方越混亂，日本人民就越是覺得鎖國是正確的。凝聚日本社會的是一種社會契約，亦即人人都要互相幫助，共度難關，但受了別人的幫助，也要以對等的方式回報。這種社會契約在未來依然有效。

簡言之，日本不會一直停留在現在的樣子。日本目前與其他國家不同的特質，在未來將會強化。日本會變得更日本、更特別，與其他國家更不同，甚至更偏離外界對於社會應如何組織的觀念，也更相信現行的社會組織方式，最適合日本人民。更高齡的日本人口，未來會希望塑造一個能滿足他們特殊需求的日本，也就是必須經營國內，而非向外發展，日本過去三十年就是越來越著重內部[8]。

這很重要嗎？那要看其他國家對於日本有哪些期待。要記住，日本的經濟規模雖然變小，但絕對仍將是全球第四大經濟體，仍然是所謂的西方聯盟的一份子，是美國堅強的盟友。日本仍將是實力雄厚的製造大國，仍將在世界各地持有許多實體資產與金融資產。日本文化也仍將深深影響其他國家。其他逐漸高齡化的國家想知道該如何因應他們也面臨的轉變，也仍將向日本取經。

這些都是巨大的成就。了解日本也喜歡日本的人，可能很難指出日本的嚴重問題，但還是有必要討論。

一個是經濟結構。問題在於日本能否繼續做真正的科技領袖。日本目前的能耐，來自一個世代之前累積的技術。刻薄一點說，日本擅長硬體更甚於軟體，擅長製造可出口的產品，更甚於提供可出口的服務。日本的電子消費品已經不是全球第一。日本汽車公司的技術也不再領先，不過汽車業至少相對來說，在未來會較為不重要。日本的大學雖然出色，吸引到的外籍學生卻很少。二〇五〇年的日本仍會是個強國，能帶給人民像樣的生活，但在經濟方面，大多數產業將不再具有領先優勢。

第二個問題是國家財政的狀況。日本國債占GDP的比例，已經是大型經濟體當中的最高。這個比例還會持續上升。這樣下去日本會無力承擔。在未來三十年的某個階段，必須重新協商這些債務。日本終將走上債務違約的道路，只是誰也無法預測何時會重新協商債務，又會以什麼樣的方式違約。也許是由外部因素引發，例如全球升息。也許壓力會來自內部政治事件。但是日本國債相對於經濟規模的比例是全球最高，勞動力又快速減少，久而久之將無以為繼。略加計算就會知道無法維持。日本社會的恢復能力很強，但要解決國債問題，顯然要歷經一番痛苦與波折。

第三個問題是地緣政治。日本對外界關注得太少，將無法與逐漸崛起的中國抗衡。日本會保衛自己的領土，這倒不是個問題，但無力與其他國家共同阻擋志在擴張版圖的中國。也許也不需要阻擋，因為中國一旦控制了他們認為屬於中國的領土，就會克制自己的行為。無論如何，這本書的重點主題之一，就是中國向外擴張的野心終將凋零。但日本面對東南亞鄰國之間的對立，竟然選擇消極旁觀，這種漠然的態度總讓人難以接受。

簡言之，二〇五〇年的日本仍將團結安定，對世上其他國家不太感興趣。日本會將照顧本國人民，以及處理財政危機列為首要任務。日本不會與外界隔絕，怎麼可能與外界隔絕呢？但日本會珍惜國內犯罪率相對較低的環境、清潔，以及有序。周邊的國家越是混亂，日本人民就越堅信自己國家的道路較為理想。島國可以選擇放眼世界，就算不征服世界，至少也要影響世界，或者也可以在可行的範圍內，把世界隔絕在門外。從一九五〇年代到一九九〇年代的四十年間，日本選擇的是第一條路。成果就是豐田、三菱這些大企業稱霸全球市場，這項成果還會繼續存在。但日本在這個世紀，選擇的是第二條路。從現在到二〇五〇年，日本會更堅定走在第二條路上。

東南亞：脆弱的成功故事

過去七十年來，東南亞是最璀璨的成功故事之一，未來也必將保持佳績，不過從許多方面來看，東南亞也是個脆弱的區域。未來的隱憂，是潛藏的弱點會浮上檯面，衝擊東南亞長久以來突飛猛進的經濟與社會。

「東南亞」是個簡便的統稱，涵蓋的區域其實在每一個方面都極為多元。不同國家的表現，難免差異甚大。但綜觀從南北韓、台灣，一路延伸到泰國、柬埔寨、越南，以及馬來西亞半島的這些國家，再加上菲律賓以及印尼這個大國，就會發現東南亞是世上最成功的區域。我們在第一章談過，新加坡是東南亞的模範生，也是世上最富有的國家之一。在世界銀行二〇二〇年發布的人類發展指數，新加坡得分也是最高[9]。歷經慘烈的內戰，南韓在一九五〇年代初期，人均GDP低於賴比瑞亞與迦納，現在則是與義大利相當。即使是比較落後的東南亞國家，也出現急起直追的跡象，尤其是緬甸。

所以，東南亞國家會一路順利到二〇五〇年？某種程度來說當然會的，除非發生環境上或政治上的大災難。但還是應該提出警告。東南亞長期以來的發展大致順利，至少從越戰結束之後是如此。會順利，當然也會有可能出問題。

東南亞面臨的，是一個廣泛的全球問題，還有幾個特定國家的問題。

廣泛的問題是全球化的未來。貿易環境越來越全球化，至少在二〇一〇年代中期之前，主宰了世界經濟，而東南亞是很大的受益者。其中最大的受益者是新加坡，直到二〇一一年被上海超越之前，始終是世上最大海港。但其他東南亞國家也在全球市場表現出色。因此，南韓的三星是全球最大手機製造商，直到二〇二〇年被中國的華為超越。在另一個截然不同的市場，泰國是前十大觀光景點，排名領先英國。印尼是世上人口第四多的國家，按購買力平價計算的GDP是全球第七，是相當多元化的大型經濟體，將大多數人民提升到中產階級的生活水準。越南擺脫戰後的蕭條，在本世紀是全球成長最快的經濟體之一。出口帶動的經濟成長，讓越南的貧窮率從二〇〇二年超過百分之七十，降至二〇一九年的百分之六以下。世界銀行說這樣的進步是非凡的，倒也十分貼切[10]。

東南亞的成功故事不勝枚舉，但也要承認，高速成長的代價就是環境受創。經濟繁榮總是伴隨著黑暗面。這裡要闡述的重點，是東南亞既然是全球貿易成長的最大受益者，萬一國際貿易障礙增加，東南亞很有可能會是最大受害者。來得又快又猛的新冠疫情，讓我們看見災情能有多慘重，不過中國的復甦相對迅速，減輕了衰退的衝擊。倘若世界分為兩個涇渭分明的貿易集團，一個以美國為首，另一個以中國為首，東南亞就會面臨極為棘手的選擇。不過這種違反多邊主義的現象不太可能發生，比較有可能發生的是逐漸壓縮供應鏈。目前在東亞製造的產品，未來生產的地點可能會更接近銷售的市場。東南亞的實質薪資不斷上升，當地人民固然樂見，卻也導致成本優勢下降。東南亞往後可能會加強服務出口，但在服務方面的優勢，可能不如在商品的優勢。最後要問一個尷尬的問題：泰國、馬來西亞能做的，有什麼是中國不能以更低的成本做的？答案應該是不多。

東南亞各國面臨許多挑戰。難免要大致談談東南亞的六個國家，亦即韓國、印尼、菲律賓、泰國、馬來西亞、越南面臨的挑戰，以及關於東南亞的最後一些總結。

某些東南亞國家面臨的主要是政治問題。以兩韓為例。南韓是世上最了不起的成功故事之一。北韓則是世上最慘烈的人類與經濟大災難之一。照理說兩韓很有可能會在二〇五〇年之前統一。但道理並不會決定政治的走向。一九九〇年代初期柏林圍牆倒塌，東西德統一之後，感覺似乎南北韓的分裂也該告一段落。結果不但沒有，北韓反而變得更難以預測，更與世隔絕。我們可以合理預測，在未來三十年的某個階段，南北韓將會統一，但每過一年，南北韓就會更加疏離。在未來三十年的某個階段，北韓領導階層也許會明白，與南韓和解對他們自身也有利。也許會出現某個外部因素，促進兩韓統一。

所以**可能會**統一，但也可能因為誤判，導致兩韓爆發武裝衝突。這是不堪設想的局面，去猜測武裝衝突的結果也沒有意義。該點出的是，兩韓衝突可是全球最危險的局勢之一。雖說兩韓自一九五三年設置非軍事區，至今都能避免軍事衝突，但並不代表往後也能避免。兩韓從未簽訂和平協議，嚴格來說還在交戰。

要強調的是，兩韓維持現狀的機率比較大。但這只是最有可能出現的結果，現狀還是很脆弱。

印尼的未來對全世界影響甚鉅，但印尼面臨不少問題。一個是環境問題，印尼是最容易受到氣候變遷影響的國家之一。印尼擁有全世界最大的群島，涵蓋超過一萬七千個島。印尼還有幾座全球最受威脅的雨林，首都的某些區域可能會被逐漸上升的海平面淹沒。另一個是政治問題，過去五十年的政治情勢並不平穩。還有一個問題是宗教，印尼有全世界最多的穆斯林人口，基督徒雖說是少數，卻也為數不少。最後，印尼自從一九四五年獨立以來，始終處於分裂成幾個實體的危機之中。

二〇五〇年的印尼會是什麼模樣？會是個混亂的巨人，勉強度過一堆危機，再迎戰下一堆。印尼將帶給大多數人民更優質的生活，但表現將不如北方幾個鄰國，尤其是馬來西亞。印尼多多少少能減緩環境退化，但無法根除問題。印尼這個國家不會分裂，這個是肯定的。但比較弱勢的族群與地區，未來的進步也很有限。三億三千萬人口會想知道，未來究竟會不會更好。

菲律賓面臨與印尼類似、也很煎熬的問題：如何才能更好？自從獨立以來，治理始終是個問題。環境也是個問題。菲律賓群島的各島之間，以及生活在各島的不同族群之間，存在著衝突對立。二〇五〇年的菲律賓將擁有一億五千萬人口，是東南亞人口第二多的國家，卻無法帶給人民相當於馬來西亞或泰國的生活水準。為什麼呢？這是一個謎，也是未來的擔憂。菲律賓未來仍然安好，但應該要比過去更成功，也確實會比過去更成功。菲律賓的地理位置、與美國的緊密關係，以及健康的人口結構都是利多。但這些利多相加，卻無法形成很大的優勢，往後也仍將如此。

與泰國、馬來西亞，以及越南的成功相比，菲律賓的表現更令人費解。泰國與馬來西亞是進步的典範。越南從最艱難的困境，上演奇蹟般的復甦。雖然在發展階梯上的位階下降，卻也證明了大多數東南亞國家正在攀爬的發展階梯確實存在。這三個經濟體的經濟發展方式不同，但都循著類似的道路前進。

顯然，二〇五〇年的泰國與馬來西亞將是繁榮且高度開發的國家。兩國的生活水準，以及健康與幸福程度，將會類似二〇二〇年的南韓。越南也許會稍微落後，越南的鄰國寮國與柬埔寨會再稍稍落後一點。緬甸的局勢較為平靜之後，若能更注重人權就更理想了。如此才能與世界經濟進一步整合，經濟與社會也會更為進步。但我們無法預測這樣的願景究竟會不會實現。

但整體而言，東南亞將難以重現過去五十年大多數時間的高速成長率。追趕帶動了成長。但大多數東南亞國家如今已算是趕上。只有表現極佳的新加坡，登上了經濟發展的顛峰，而東亞時區，只容得下一個新加坡。況且東南亞也逐步高齡化。東南亞的人民會追求舒適與安全，而非純粹只追求成長。東南亞也將面臨棘手的政治抉擇，要思考與志在控制南海的中國，維持怎樣的關係[11]。世界若是分裂成兩個敵對的貿易集團，東南亞該加入美國陣營，還是中國陣營？中國能不能接受自家南方有個成功的區域？

最後一個問題的答案是，如果中國繼續追求自身利益，那當然能。但全球貿易的緊張局勢，對東南亞來說是很危險的。若是爆發貿易戰爭，那更是災難。一個國家經濟成長越是倚重全球化，那一旦全球化式微，該國的處境就越危險。所以從現在到二〇五〇年，難免會出現較為艱難的階段，東南亞受到的衝擊尤其嚴重。東南亞是全世界恢復力最強的區域之一，未來三十年也必須好好發揮這種恢復力。

第十章／非洲與中東

世上成長最快的區域

非洲面臨巨大的挑戰，但也帶給世界巨大的希望。二〇五〇年的非洲，將擁有二十五億人口，占全球人口四分之一。非洲還是最貧窮的一洲，但無論是生活水準，還是人類幸福程度，都將是進步最快的一洲。非洲也將是最年輕的一洲，精力充沛，充滿幹勁。但非洲人必須處理一些問題，處理過程中又會遇到壓力，因此未來三十年將是驚濤駭浪。在西方，絕望是一種時尚。我們在前言提過，原因之一就是援助機構的負向偏誤。非洲要是一切都好，援助機構就沒有插手的空間，所以他們會刻意強調非洲的缺失，而不太提到非洲的長處。但非洲人民接連逃離非洲大陸，跨越地中海奔向新家園，足以證明大半個非洲絕非一切都好，至少也是不夠好，無法讓大多數人民享有創造幸福人生的機會。想預測非洲的未來，就必須了解這一點。

現在看看非洲的不和諧，難免會認為非洲會繼續跌跌撞撞，遭遇一個又一個的災難。如果現況就已經算嚴重，那等到人口成長將近一倍，世界氣溫上升攝氏兩度，那豈不是成了人間煉獄？憂慮不但沒用，簡直可以說是小看了非洲人民的活力與恢復力。這可是他們的非洲。他們知道眼前的挑戰，未來也將由他們克服這些挑戰。

所以，非洲會發展成什麼模樣？要回答這個問題，最簡單的辦法，是研究撒哈拉以南非洲，以及北非這兩個傳統地理分區，再探討中東。中東有一項主要特質與非洲相同：人口成長迅速。

撒哈拉以南非洲：開創那些就業機會

挑戰主要有四個：為人數激增的年輕人找到工作，因應氣候變遷引發的許多危機，改善薄弱的治理，以及減緩宗教對立。

工作、工作、工作。奈及利亞的年齡中位數是十八．一歲[1]。奈及利亞是非洲人口最多的國家，預計人口在二〇五〇年將達到四億。整個非洲的年齡中位數不到二十歲。這些人要做什麼？經濟學家的標準答案，是市場會決定。我們在第一章談過，奈及利亞有強烈的企業家熱情。僅僅是人口成長如此迅速，本身就會製造出不少工作機會。數以百萬計的新增人口要吃飯，要穿衣。

必須興建住房。教育與醫療需求也會持續攀升。這些都會創造就業機會。

但向國內市場提供服務是不夠的。每一個國家都必須具備所謂的經濟作物。非洲需要以有競爭力的價格出口到全世界的商品與服務。現在的出口產品，主要是初級產品：奈及利亞的石油與天然氣、南非與坦尚尼亞的礦物與黃金、剛果的糧食作物等等。世界人口仍在成長，未來還會繼續需要原物料，也非常需要糧食。但撒哈拉以南非洲面臨的危機，是這方面的競爭優勢不斷流失。中國會繼續挖走非洲的資源，不過等到中國人口減少，中國的需求也會減少。未來的成年人，食欲不會像現在的飢餓十幾歲年輕人那樣大。

所以，遽增的非洲人口將如何因應？答案是非洲不缺企業家精神。非洲人民會想辦法將他們的經濟體推往高檔市場，開發附加價值更高的商品與服務，以全新方式使用科技，一如先前使用行動通訊。這將是追趕成長，而非新開拓的成長。未來在某些非洲國家與地區，將會有太多人低度就業。但也可以合理判斷，生活水準將攀升至目前的兩、三倍。但這是平均值，而面對所有的平均值，我們都應該審慎以對。遺憾的是某些地方將陷入極端貧窮，整體而言，大多數非洲人民的富有程度，將不如某些區域的大多數人民，例如印度次大陸的大多數人民。但現在大多數的孩子，很有可能擁有比父母那一輩更好的教育、更好的健康、更好的飲食、更好的就業機會。非洲若能克服接下來的三項考驗，就能前進，而不是倒退。

氣候變遷。撒哈拉以南非洲通常很容易受到氣候變遷影響，某些地區更是如此。就極為長遠的未來而言，非洲的未來將取決於整個世界能否解決氣候變遷問題。但就未來三十年而言，非洲國家必須學會適應。這可說是極為不公平，非洲各地區與各國政策縱然有所缺失，人口又遽增，但全球排放量，以及棲息地的破壞，絕大多數不是非洲所為。但非洲人承受的衝擊，卻比大多數人更多，原因之一是非洲是最炎熱的一洲。還有一個原因，就是非洲缺乏減緩可能發生的氣候變遷所需的財力。

因此非洲必須承受多半不是自己製造的一連串複雜問題，所帶來的後果。殖民主義的影響逐漸減退，但其他國家對於非洲環境的影響將會增強。未來會怎樣？

將非洲各國一概而論，未免太荒謬。比方說衣索比亞面臨的挑戰，與赤道幾內亞面臨的挑戰就截然不同。不過，從非洲各國面對環境問題的因應之道，倒是能歸納出兩個大方向。其中一個的根據，是西方會因為非洲受到氣候變遷影響，而感到內疚，因此會展開一連串行動，補償非洲或是延緩氣候變遷的影響。另一個則是非洲居民將認為，對於該如何與自己的環境共處，處理相關的環境問題，他們比世界另一頭援助組織的那些人更了解。這種想法是正確的。

所以，其他國家希望非洲政府做的，以及非洲人民想做的事情之間會有差異。好處在於，能減輕氣候變遷影響的科技，將會普及全球。如果有解方，非洲也能擁有。

這就點出第二項挑戰：改善非洲各國的治理品質。由外人批評非洲各國的治理，似乎有傲慢之嫌，但無可迴避的事實是，除了少數國家之外，大多數非洲國家的治理堪稱薄弱。但終究會改善的，已經在改善了。隨著非洲各國經濟體成長，整體非洲影響力增加，撒哈拉以南的非洲國家與世界其他國家之間，會出現新的權力平衡。「非洲國家依靠西方援助機構與中國投資人的恩惠過活」的觀念，將會逐漸式微。

這樣說會不會太樂觀了？也許會。要衡量治理品質確實很難，因為要衡量，就難免會受到選用的資料，以及不同結果的權重影響。不過，我們可以用一個數據，也就是預期壽命，作為治理品質的粗略指標[2]。在一九八〇年代末之前，大多數撒哈拉以南的非洲國家的預期壽命穩定上升，後來卻因為愛滋病擴散，以及各種衝突而有所下降，直到二〇〇〇年代初期才止住跌勢，開始穩定回升。太多人的生命太早流逝，但目前整體來看，失土已經收復。展望未來，世界銀行預估非洲的預期壽命將會持續增加，與已開發國家的差距將會縮短。若預測成真，也就代表整體治理水準也將上升。

那宗教對立呢？我寫這本書的時候，北非的穆斯林族群以及迅速增加的基督教族群之間的對立，引發不少慘絕人寰的暴行，所以很難樂觀。薩赫爾是橫跨撒哈拉沙漠南緣地帶，從大西洋一路延伸到紅海的遼闊地區，是世界兩個最大宗教的地盤的匯聚之地。非洲東岸也有許多穆斯林群體，坦尚尼亞大約就有四分之一人口是穆斯林，但關係能否趨於和平的關鍵，將會是薩赫爾的局勢。奈及利亞可能因為宗教與社會對立，而形成較為鬆散的聯邦，而且這個聯邦也有可能分裂。

我們在第六章討論過全球第一大與第二大宗教之間的關係。非洲是宗教對立的區域之一，不過只有一種宗教對立，而且在短期的未來，全世界都必須忍受宗教對立。值得一提的是，不同宗教信仰的人，已經在非洲共同生活了很久，非洲人民處理宗教衝突，很有可能比其他地區的人民更妥善。宗教衝突終將平息，也許在一個世代之內就會平息。我們已經看到，幾百年來，宗教狂熱始終依循高低起伏的循環。我們當然希望在更為和諧的階段出現之前，不會有太多傷害，也不會有太多傷亡。

撒哈拉以南的非洲，在二〇五〇年不太可能會是平靜繁榮的區域。顯然人口迅速成長與相對貧窮這兩個因素相加，會有爆炸性的效應。另外一個顯然會發生的情景，是目前越過地中海的非洲難民人數將大增，因為要逃離氣候變遷與衝突最嚴重的衝擊。不過還有一個樂觀得多的情景，是這樣的：

奈及利亞與南非發展順利，一起稱霸撒哈拉沙漠以南的非洲，一個是人口最多的國家，另一個是最大經濟體。到了二〇五〇年，兩個經濟體的規模將大致相同。奈及利亞將是非洲人口最多的國家，人口遙遙領先其他非洲國家。大約四億人口，大概會是僅次於印度與中國的世界第三大。南非的人口將會是七千五百萬左右，不過人均GDP較高，因此大多數人民得以過上中產階級生活。這兩個國家的經濟將大有進步，繁榮的經濟也會是各自所屬區域的靠山。

成功會造就更多的成功。用簡單的貿易理論來說，只要本地交通正常，一個國家的成功就能嘉惠鄰國。但交通往往不暢通。迦納首都阿克拉距離奈及利亞的商業中心拉哥斯不到四百八十公里。但即使沒有被多哥與貝南的邊境管制站耽誤時間，這段車程也需時將近十二小時。這就給貿易增添了無謂的難度。前聯合國祕書長安南表示，各區域間的交通是非洲成長的關鍵。這話一點也沒錯。這些終究會改善，但改善得不夠快。不過到了二〇五〇年，交通會改善很多。

這不只與貿易有關，與治理態度也有關。奈及利亞最令人印象深刻的特色之一，是政治討論非常開放且熱絡。人民確實會要求更有效率的行政。行政效率也確實會因為來自人民的壓力，而逐漸改善。等到行政效率改善，奈及利亞就會成為西非鄰國的表率。

這種關於奈及利亞未來的預測確實很樂觀，也反映出南非未來的願景。誰都不能否認，南非的確有不少問題，多半是種族隔離時代的遺毒，但種族隔離時代結束之後，不穩定的治理讓許多問題變得更糟。不過我們在第一章討論過，南非是非洲大陸的經濟強國，未來也仍將是。等到種族隔離的遺毒淡去，種族之間的關係有可能會更加和諧，不平等的現象會減少，內部安全也將改善。

上述這些預測哪怕料中一半，效應都會擴及整個非洲。一旦一套政治或經濟概念在一個地方扎根，就會擴散到千里之外。我們已經見證過很多次。往往是政治點燃的火花，例如一九九〇年代末，東歐脫離蘇聯帝國，以及比較沒那麼歡樂的、二〇一〇年代初所謂的阿拉伯之春。但有時候是經濟點燃的火花，最好的例子也許是日本的成長激勵了南韓，以及印尼、馬來西亞、菲律賓、泰國、越南這一群東亞「五小虎」經濟體互相扶持。

未來三十年的某個階段，非洲很有可能會起飛。倘若當真起飛，不會是預先計畫的，且是區域性的起飛，而不是整個非洲大陸起飛。當然也有可能不會起飛，而是會勉強度過艱難時期。但想想這種可能性。

有一種可能，是南非的成長可能向北擴散到莫三比克、尚比亞，再一路擴及辛巴威、坦尚尼亞與肯亞。東非未來三十年將頗為繁榮，因為繁榮的基礎已經打下：有能力的中產階級、越來越優質的教育，尤其在肯亞、辛巴威逐漸走出勞勃．穆加比災難般統治的遺毒等等。

另一種可能，是除了奈及利亞與迦納之外，說法語的西非國家也將突飛猛進。文明大國衣索比亞隨著財富增加，經濟重心從農業轉向價值鏈的更上游，未來可望更為穩定。也許，不過這種情況發生的機率較低，也許剛果民主共和國的自然資源將更為公平分配，帶動非洲中部的生活水準上升。我們在第一章提過，自然資源能創造鉅額的財富。舉個例子，全球大約百分之六十的鈷產自剛果共和國。鈷是製造電池的主要礦物之一。採礦的環境將會改善，也必須改善，因為使用這些礦物的企業，承受的壓力將越來越沉重。這些壓力是否可能大幅改變非洲各國的福利標準？答案當然是有可能。若是認為不會有**任何**影響，那也未免太悲觀了，所以問題在於影響的程度。在未來，非洲的財富留在非洲的比例將高於過往。

撒哈拉以南非洲的某些地區，未來三十年則是很難樂觀，甚至很難感到自在。在同樣貧窮的鄰國圍繞之下的貧窮內陸小國，未來也很難讓人民擁有起碼的像樣生活。那些因為歷史因素或地理位置，而面臨種族衝突的國家，仍將繼續面臨種族衝突。這些國家將會成長，但分配仍將不均。科技能派上用場，非洲率先開發行動通訊的新用途就是一例，但科技的用途也有限度。以全世界的標準來看，非洲四分之一的人民，仍將比印度、中國的人民貧窮，更不用說已開發國家的人民。但了解這些事實的同時，也應知道到了二〇五〇年，撒哈拉以南非洲的整體生活條件與人生機會，也有可能比二〇二〇年更為健全。換句話說，現在出生的孩子，人生可能比父母更美好。這確實值得慶賀。

北非與中東：阿拉伯世界

北非與中東面臨的問題，與非洲其他國家不同。之所以將北非與中東歸為一個區域，是因為阿拉伯世界的文化認同。這個區域執政的政權完全不同，包括獨裁、近似君主立憲制，以及各式各樣的民主政治。幾千年來，許多不同的種族與宗教族群生活在這裡，多半也能和平共處。我們現在認為的西方文明，就是從這個區域開始。雖然我們應該了解，其他文化將深深影響這個區域的未來，但真正有凝聚力的，還是這個區域大多數人民使用的阿拉伯語、信奉的伊斯蘭教。

這個區域在二十世紀末、二十一世紀初很動盪。兩次波斯灣戰爭、敘利亞衝突、利比亞的慘劇、黎巴嫩的政治動亂、持續受苦的巴勒斯坦人，整個區域固有的弱點非常明顯。所以展望未來三十年，要問的最大問題，是未來三十年會重演過去六十年，還是會趨於穩定，類似過去幾百年來動亂之中穿插的和平時期。

這個問題沒有答案，但還是有一些線索，讓我們得以預測未來三十年的狀況。當然，政治是影響力最大的因素，這就交給專業的區域分析師分析。問題是很少預測真的有用。

先說說個人觀點。我在二〇〇五年，與我的另一半，還有幾位會說阿拉伯語的美國朋友造訪利比亞歡度新年，當時的氛圍是這個國家向西方開放，連帶也向我們這樣的觀光客開放。當時是美好的時光，我們躬逢其盛。英國首相布萊爾才在二〇〇四年三月拜訪格達費，歡迎他重返西方國家的行列[3]。格達費的次子賽義夫．格達費即將前往倫敦政經學院攻讀博士學位。英國航空的班機定期飛往利比亞首都的黎波里。當時的人擔憂的是格達費死後將由誰繼任。誰也想不到僅僅六年後，他就被趕下台，雖然苦苦哀求，還是在路邊的溝渠被射殺身亡。專家的預測，包括大多數在倫敦政經學院歡迎賽義夫．格達費的學者的預測，後來證明完全失準[4]。

說這些並不是要挖苦布萊爾、倫敦政經學院，或是所有的政治分析。經濟學家的判斷有時也會完全失準。英國女王二〇〇八年十一月因緣際會造訪倫敦政經學院，說起金融風暴，她問道：「真是太可怕了。怎麼就沒人預料到呢？」

利比亞的故事足以證明，政治上的巨變是多麼難以預測，北非與中東又特別容易出現政治巨變。比較**能夠**稍微準確預測的，是未來會影響這個區域的經濟因素。其中有兩項格外突出：激增的青年人口，以及逐漸減少對石油及天然氣的依賴。這些因素對不同的國家有不同的影響。對於埃及來說，挑戰在於如何讓一億六千萬人口過上好日子。對於沙烏地阿拉伯以及波斯灣的幾個大公國來說，挑戰在於如何減少對石油與天然氣出口的依賴，依循杜拜開創的道路，成為轉口貿易與服務中心，以及初級生產者。

北非的地理位置靠近歐洲，衍生出另一種人口問題。南歐也有找不到工作的年輕人，但還是有福利制度給予的保障，而且還可以選擇北漂。但地中海南岸的大多數人，可就沒有這兩項好處。過去兩千年的大多數時間，地中海諸國是一個統一的經濟體。但現在再也不是了。總會有人因而不滿。

這種不滿可能由兩種途徑引起，我們在未來三十年可能兩種都會看到。一個是歐洲加倍努力，將來自北非的移民擋在門外。移民人數難免會增加，但歐洲的政治將導致歐洲各國政府別無選擇，只能將移民拒於門外。另一個則是重新塑造地中海經濟體，歐洲向北非國家購買更多東西，利用北非國家較低的生產與能源成本。埃及在羅馬帝國的全盛時期，曾是義大利的糧倉，指望埃及再次扮演這個角色，根本是癡心妄想。但是期待商品與服務貿易會興旺，可就不是癡心妄想，因為北非有兩樣歐洲沒有的東西：充足的年輕勞動力，以及迅速的經濟成長。

所以這個關係的良性成分與惡性成分可能會拉鋸。每個國家的結果會不一樣。摩洛哥、阿爾及利亞、突尼西亞的前景顯然樂觀，利比亞就難免不容樂觀。但過去三十年給我們的教訓，就是凡事最好不要一概而論，也要留心可能發生的意外。有些災難雖然難以想像，還是不能完全排除可能性，反過來說，意外的驚喜也並非不可能發生。利比亞也有可能變好，利比亞的人民值得擁有一個安定的國家。

埃及的景況對於西方與東方的區域都很重要。埃及是個充滿活力、歷史悠久、胸懷大志的大國。二〇五〇年的埃及，將擁有大約一億六千萬人口，擠在尼羅河沿岸，以及尼羅河三角洲。開羅可能擁有三千五百萬人口。這個前景很令人興奮，但也同樣令人擔憂。令人興奮是因為埃及有很多優勢，有大量受過教育的中產階級、講求包容的傳統、活力，還有一種夾雜著混亂的巨大魅力。埃及顯然目前是、未來也將是人口最多的阿拉伯國家，也是阿拉伯世界的靠山。但也同樣令人擔憂，原因之一是政治不穩定，也許更重要的是經濟太脆弱。埃及一切都靠一條河的氾濫，而且在短期之內，農產品出口仍然重要，因此氣候變遷會是巨大的威脅[5]。任何了解埃及的人，都會希望埃及一切順利，但未來三十年對埃及來說將是一場驚心動魄的旅程。

對於埃及來說，能源價格並不是大事，因為埃及的石油產量相對較少，天然氣儲量雖說龐大，卻尚未充分利用。對於大半個北非，尤其是阿爾及利亞，能當作燃料、也能當作原料的石油化學製品未來的發展極為重要。至於我們接下來要談的中東，能源將是未來的重中之重。

中東：追求穩定

中東是全球最脆弱的地區之一。對於數百萬死於中東地區戰爭的冤魂，以及流離失所、只能棲身難民營的數百萬人來說，過去五十幾年簡直不堪回首。遺憾的是在這個世紀，也許更久以後，中東地區仍將脆弱。二〇五〇年的中東，當然還是有可能更為平靜。衝突止息的機率甚至可以說不低。但我們也必須承認，中東可能將自身，連同整個世界，一起拖入大災難。所以中東的未來究竟會如何？

有三個主要問題：以色列與鄰國的關係、伊朗的行為，以及石油與天然氣在中東，乃至全世界的重要性。前兩項將會受到地緣政治，而非經濟學影響，這些又難以預測，看利比亞就知道了，所以我們能做的頂多就是知道這些議題罷了。不過稍加討論也有助益。

至於以色列，有兩點值得一提。一個是以色列是中東地區最複雜的經濟體。另一個是以色列並未在區域經濟扮演要角。就結構與實力而言，以色列是個完全已開發的經濟體，類似西歐、北美、日本等等。但以色列並沒有真正融入中東地區。以色列的經濟是與歐洲及北美相連，而非與中東相連。原因很簡單，以色列是位在阿拉伯地區的猶太人國家，必須面對西岸與加薩走廊的衝突，以及自身與鄰國之間的衝突。

還是不談政治了。政治的事外人置喙也沒用。我還是引用以色列出生的鋼琴家、指揮家丹尼爾・巴倫波因二〇〇六年於耶路撒冷錄製的里斯講座系列的最後一場[6]，其中一段擲地有聲的內容：

> 因此，以色列若是希望擁有永久的地位，就必須成為中東的一份子，也必須認識中東固有的文化，不能再像長久以來那樣，以為中東是沒有文化的沙漠。為了以色列的未來，以色列人

必須張開耳朵，傾聽阿拉伯文化。這並不是要以色列否定自己的歐洲根源，而是要歐洲傳統與中東傳統並重，進而豐富甚至提升歐洲傳統。否則以色列國只能永遠做個外來實體，留在中東也沒有未來可言，因為一個外來實體，無論是在社會、在音樂，還是在人體，能存在的時間都有限。

巴倫波因說的是文化，但這番道理也能套用在政治與經濟。政治上的危機令人膽寒，經濟面則仍然懷抱希望，因為有一個很有意思的問題，是以色列未來在中東經濟的角色，是否會重要得多，是否會成為中東經濟的核心，而非身在其中卻又格格不入。以色列可以改變整個中東，可以擴展中東對已開發市場的出口貿易，尤其是對美國的出口貿易。以色列的科技，能幫助缺乏能源的國家減少對進口燃料的依賴，還能幫助不缺能源的國家減少對石油與天然氣出口的依賴。以色列也能協助被內戰摧毀的鄰國重建，當然也能提升西岸與加薩走廊人民的財富。以色列還能提升整體的教育與管理標準。

這些願景會有一個實現嗎？以目前的態度與不和來看，說以色列會實現如此劇變，似乎很奇怪。但經濟合作可以獨立於政治之外。經濟整合更緊密的中東，對所有人都有好處，對大家都有好處的事情，有時候比較容易實現。

另一個非阿拉伯的中東強國伊朗，也會基於自身利益，改善與中東鄰國的關係，當然也會改善與世界各國的關係。這跟過去的發展當然是相反的：與伊拉克的血腥戰爭、與西方僵持、與波斯灣的幾個阿拉伯鄰國敵對、遭到美國經濟制裁等許許多多的慘劇。想想伊朗深厚的文明、知書達禮的人民，這樣的慘劇更令人傷心。我們曾在二〇一六年造訪伊朗，任何人只要造訪過伊朗，絕對會深受這個大國好客的年輕人吸引，也會為伊朗的文化底蘊而驚艷。

但對於伊朗的未來，很難感到樂觀。在一邊的極端，伊朗確實有可能出現反革命，逆轉導致巴勒維王朝在一九七九年被推翻的一連串事件。目前的神權政體，將被另一種形式的治理取代。然而，革命幾乎總是帶來破壞，幾乎不可能以和平有序的方式進行，因此應該不為任何人所樂見。而在另一邊的極端，伊朗可能會進一步遠離西方文化，繼續嚴詞批評美國以及美國在中東的盟國。這會引發一連串的衝突，任何一個都有可能演變成另一場區域戰爭，最慘的結果不堪設想。

所以，我們希望能有中間路線，幸好這也是最有可能實現的路線。所謂中間路線，亦即不再威脅其他國家，也擺脫目前伊朗領導者看待其他國家的偏執眼光，更能接受外國的思想與社會觀念，以及主動接觸數百萬離開祖國的伊朗人民。伊朗只要稍微調整治理方式，就能在不少領域躍居應有的特殊地位。

第三個因素是石油與天然氣的角色。中東地區有些地方的石油與天然氣儲量很少，甚至沒有，有些國家則是有超過百分之九十的出口收入，來自石油化學製品。我們在第三章談到，石油化學製品在未來三十年，甚至更久之後，仍將是重要能源及化學原料。石油化學製品雖說仍將重要，產量卻有可能在進入高原期之後下降。實質價格似乎也會進入高原期，然後下降。中東的洗錢金流也會減少。

對某些國家來說，即使如此也差異不大。科威特、卡達、阿布達比這些人口較少的波斯灣國家擁有鉅額財富，足以讓人民在未來幾個世代生活無虞。其他國家要養活的人比較多，必須運用石油與天然氣的收益，投資其他產業，尤其是服務業。沙烏地阿拉伯能否順利轉型，將有重大影響。是，沙烏地阿拉伯確實擁有豐富的自然資源，足以安然度過一個世代，但是否真能成為放大的杜拜？大概不會，而且如果無法開發其他收入來源，人民恐怕就無法繼續享有已經習慣的生活水準。伊拉克在近代動盪不安，現在的政治又紛亂得很，也很需要錢。大家只能希望伊拉克能帶給人民更安定的未來，不會因為介於暴躁的伊朗以及鄰國之間，而變得不穩定。大家也希望近年的慘痛事件，會成為過往的回憶。大家只能懷抱希望。

對於中東某些地區，石油價格下跌是好事。整個區域的富有程度會相對下降，但不平等的現象會減少。對於勇敢的約旦，未來的挑戰在於繼續做個平靜的國度。對於敘利亞，尤其是黎巴嫩，未來的挑戰在於重返受到內戰摧殘之前的微幅繁榮。這些國家只要仿效約旦，妥善治理，就能有所改變。在一九七五年內戰爆發之前，黎巴嫩堪稱人間天堂，融合了法國與阿拉伯文化，實施平衡的憲政，尊重穆斯林與基督徒的利益。我們不能改變歷史，但都能向歷史學習。

最後還要談談一個想法。中東很脆弱，但也蘊含豐沛的人力資源，而且正如丹尼爾・巴倫波因所言，中東文化能讓以色列的歐洲傳統更豐富、更上層樓。我們可以把這個論點擴大，中東文化能豐富的不只是以色列的傳統，而是全世界的傳統。現在的中東並不是普世價值的典範，而且除了其他問題之外，當地信奉基督教的少數族群受到的待遇非常不好。討論這種現象的責任歸屬並沒有意義。事情已經發生。放眼未來三十年，我們能懷抱的合理期待，是中東地區好幾百年累積的包容傳統，能逐漸浮現。從現在約旦因應數百萬難民、缺水等問題的方式，就能看見包容的美德。說中東需要一個更大的約旦，未免荒唐。但中東確實需要重視、發揚許多固有的文化傳統，也需要控制固有的對立關係。

坦白說，中東地區是未來三十年全球的火藥庫之一。這也是世人的煩惱。但我們不能因為恐懼，就斷定沒有樂觀的空間。中東逆風苦行這麼多年，該是順風的時候了。現在很難樂觀，但總有一天風向會變。

第十一章／澳洲、紐西蘭與太平洋

是兩個幸運的國家，不是一個……

現在已經不太流行用「大洋洲」一詞代表澳洲、紐西蘭，以及南太平洋諸島。現在慣用的統稱是澳洲，或是澳大拉西亞。這其實很可惜，因為太平洋在往後，對全球未來的影響可能比現在大得多。太平洋涵蓋將近三分之一的地球表面，比全球所有陸地面積加起來還大，占全球水體的一半。但我們卻對太平洋所知甚少。我覺得三十年後，我們對太平洋的認識一定會大增[1]。我們稍後會談到這個。現在先看看位於太平洋西南一隅的兩個說英語的國家：澳洲與紐西蘭。

澳洲是個幸運的國家。在很多方面，澳洲的好運氣會持續下去，因為基於許多原因，澳洲未來三十年將是順風而行。澳洲有遼闊的國土，有大多數國家都羨慕的文化，位於東亞時區，目前是經濟成長速度第二快的區域，僅次於非洲。澳洲也是英語圈的一份子，具備我們在第一章提到的所有其他優勢。但有一個很大的問題，澳洲是最乾燥的大陸，面臨氣候變遷危機。從這個角度看，澳洲大概是最脆弱的已開發國家。

澳洲會繼續吸引移民，移民也會讓澳洲逐漸脫離盎格魯凱爾特根源。澳洲人口將會逼近四千萬，未來的人口仍將年輕有活力。教育業、資訊業、娛樂業在經濟所占的比重，在未來甚至會比現在還高，礦業與農業的比重則較小。簡言之，澳洲偉大的成功故事仍將繼續，也會是越來越多人才居住、工作、觀光的首選之一。

澳洲的黑暗面，在於必須因應更炎熱、甚至更乾燥的氣候[2]。重點並不在於更謹慎管理稀缺的水資源，也不是在住家、辦公室安裝更強大的冷氣。當然這些也很重要。但同樣重要的是，澳洲必須重新思考如何與氣候變遷共存，以及如何逆轉氣候變遷。當然，沒有一個四千萬人口的國家，有能力改變其他國家因應氣候變遷的方式。能做的是研發、應用對環境最友善的措施。三十年後的澳洲將是完全宜居。但澳洲的領導階層，必須將眼光放得長遠得多。澳洲該怎麼做，才能從現在到二一〇〇年，甚至更久以後，始終都是一個宜居的綠色國度？

提出問題很簡單，但除了擬出方法，其實也沒有別的辦法。澳洲顯然應該實施成本效益最高、對環境最友善的措施。要如何誘導一個獨立自主的社會遵循這些措施，是另一回事，但確實需要科學與常識並重。該如何以符合成本效益的方式運用科技？一個民主國家，能強迫人民改變自己的行為到什麼程度？另外一個比較不明顯的辦法，是將澳洲當成一個已開發國家如何對抗氣候變遷的測試台，就好比日本也逐漸成為因應人口老化的測試台，北歐也是社會政策的測試台。澳洲有很多東西要學，但或許也有很多知識可以分享。

澳洲還面臨其他的決策，也就是成長的速度，這裡指的是人口成長。一個地理位置孤立，向來能吸引移民的國家，處理移民問題比其他與他國接壤的國家方便。要是吸引不到移民，嗯，那面臨的就是非常不同的問題。澳洲成長得越快，改變就越多。改變也許會更好，也許會更壞，也許有好有壞。只有澳洲人才能為他們的國家決定未來的方向。不過他們確實有選擇，這本身就是大多數國家無法享有的奢侈。

紐西蘭也有選擇，只是選擇比較少。紐西蘭會成長，仍會是一個避風港，會是動盪世界的一處安全境地，在新冠疫情期間就是如此[3]。紐西蘭具有開創性的社會與經濟政策，將持續影響其他說英語的國家。隨著通訊科技越來越便宜，功能越來越強大，地理位置隔絕的問題就比較不嚴重。紐西蘭與澳洲不同，氣候變遷的直接影響可能比較不明確。

世界越是艱難，紐西蘭的前景似乎就越具吸引力。除非遇到疫情這種特殊狀況，否則沒有一個國家能完全與世隔絕，所以，問題在於該如何超越現在的地位，不再只是一個很有意思、有吸引力、人民相對幸福的國家，卻永遠處在西邊大哥的陰影之下。紐西蘭將繼續發揮超乎自身的影響力，但也必須有能力留住、吸引、歡迎人才。要做到這一點，需要的不只是能提供舒適生活而已，也絕對不只是能在疫情期間充當超級富豪的避難所。

未來三十年無論發生何事，澳洲與紐西蘭都會安然無恙。如果這本書的主要觀念之一是正確的，也就是說從現在到二〇五〇年，會是英語圈的順風期，那無論這兩個國家怎麼做，都能順風高飛。他們會是菁英超級聯賽俱樂部的初級成員，有一手好牌可以打，也許全世界再也找不到更有意思的兩個國家。他們拿著好牌，能不能打出一番好局面？也許可以。所以幸運國家不只一個，而是兩個。

……還有世界最大洋太平洋

這本書談的大多是人、國家，還有全球各大洲發生的事情。一定要談這些，畢竟我們是生活在陸地上的動物。我們的未來，多半將取決於我們如何管理占地球面積百分之三十的可居住陸地，而不是我們如何管理占地球面積百分之七十的海洋。但我們也必須承認，哪怕只是短短說一句，又表達得不完美，但我們身為人類的未來，也與海洋下的動態緊密相連。世界上有超過一半的水位於太平洋，所以對於二〇五〇年的世界的預測，應該以全球的海洋，特別是太平洋作為結尾。

我們對於太平洋所知甚少。除了澳洲、紐西蘭、新幾內亞，只有數百萬人居住在太平洋的兩萬五千個島上。我們在這些小島上的作為對世界的影響，並不如我們在太平洋上以及在太平洋下的作為。人類長久以來並未善待海洋，尤其是太平洋。大概除了南極洲之外，就屬太平洋是地球上最遙遠的地方，但太平洋的某些區域，也是污染最嚴重的區域。太平洋上被丟棄的塑膠品的體積，相當於美國德州，介於夏威夷與加州之間。太平洋受到過度漁撈，包括合法與非法的漁撈。太平洋也飽受酸化之苦，問題真是一籮筐……

但太平洋也有能力幫助地球，因為人類活動排放至大氣層的碳當中，至少有四分之一能為海洋所吸收[4]，也許不只四分之一。了解海洋的作用，也許就更懂得對抗氣候變遷。太平洋無法解決人類製造的問題，但我們越了解太平洋，就越有可能知道該怎麼解決這些問題。

這裡有一個更大的重點，氣候變遷的問題雖然嚴重，卻不是我們唯一關心的問題。我們越是了解海洋與海洋生物，就越能在我們自己的短期目標，以及為未來的世代保護地球的重責大任之間取得平衡。地球上最深的地方是馬里亞納海溝，就位在太平洋。太平洋四周有環太平洋火山帶圍繞。環太平洋火山帶是幾個板塊匯聚之處，之所以叫這個名稱，是因為地球上百分之七十的火山活動，以及百分之九十的地震，發生在太平洋邊緣區。這些活動包括有史以來最大規模的火山爆發，也就是印尼坦博拉火山於一八一五年爆發。另外，還有史上最強烈的地震，也就是智利瓦爾迪維亞一九六〇年爆發的地震。

我們至少很了解太平洋周遭的活動。但是對於太平洋裡面的活動，則是所知甚少。我們只研究了全球海洋不到百分之二十，對於太平洋的研究甚至更少。

現在我們的知識，已經遠遠超過以往。在二〇一七年，只有百分之六的海底經過研究。日本財團展開一項計畫，要製作通用海洋水深圖[5]。預期在二〇三〇年完成。這是一個繪圖計畫，但一定能衍生出其他的知識。我們現在只能純粹猜測屆時能了解關於太平洋的哪些資訊，但應該強調的是，環太平洋火山帶有能力對世界經濟發出重重一擊。紐西蘭第二大城基督城的人口用了六年時間，才恢復到二〇一一年地震之前的水準。如果美國第二大城洛杉磯，或是世界最大城東京被類似甚至更嚴重的災難襲擊，後果簡直不堪設想。我們就見證過更嚴重的災難，也是在二〇一一年，地震與海嘯引發一連串效應，釀成福島核災。大概除了俯瞰拿不勒斯的維蘇威火山之外，就屬環太平洋火山帶的地震與火山活動對人類生命的威脅最大。

太平洋海盆蘊含著無窮的希望，無盡的危機。我們越是了解、越懂得尊重，就越有可能發揮它潛在的價值，嘉惠人類與地球上的其他物種。也更有可能化解危機，防範災難於未然。到了二〇五〇年，我們知道的會比現在多出許多。

這本書的主要觀念

第十二章／影響未來世界的重要議題：恐懼、希望、判斷

確定與不確定的平衡

在這本書的最後一章，我應該先感謝讀者，跟我一起走了這麼遠。在這本書，我以事實為基礎，盡可能預測世界在未來三十年的發展。當然我也會擔心，唯恐遺漏了哪些重點。我感到欣慰的是，將近三十年前，我寫《二〇二〇的世界》的時候，已經預見過去幾年的三件大事：英國脫歐、美國政治分裂，以及疫情。但一個世代以後的世界所發生的事，還是會有一些是我無法預料到的。我所提出的影響世界的因素，有些會比我想像得重要，有些則是會比我想像得更不重要。無論如何，隨著越來越多事實浮上檯面，我們也要修正預測。我把這本書當成一個樣板，大家可以自行補充自己的想法，可以按照自己的判斷，贊同或反對這本書的論點。但更重要的是，我希望這本書能幫助每一個人，評估未來發生的每一件事的重要性。所以這本書其實是我們一同踏上

的未來之旅。

這些事件的確定性，差異當然很大。有些事情我們有把握一定會發生，例如全球人口將會達到一百億左右。有些事情我們完全沒把握，最好的例子，應該說恐怕是最糟的例子，是世界能否有效因應氣候變遷。不過我寫這本書的目的，是說出我對於某些事件發生機率的整體看法。等到事件一一發生，或是我們知道得更多，先前預測的機率難免也必須調整。我希望這本書能提供一個架構，讓我們把一連串的事件看清楚：哪些真正重要，哪些只是雜訊。

我寫這本書有一個重要的目的，希望大家看了前言已經明白，是要匡正這麼多評論的負向偏誤：要務實面對危機與難處，但也要明白整體來說比較正面的事情，才能對我們人類，以及我們的地球有益。我接下來會介紹我覺得最重要的十件事情，也是會影響地球未來三十年的十件事情。這十件事情整體而言是正面的，有些顯然是正面的，有些我們只能期待會發展成正面。但首先還是要坦白說出我最大的恐懼，否則就顯得不誠實，也沒有說服力。以下是我最大的恐懼。

哪些地方可能出差錯？

一、美國政治體系無法維持

美國必須經歷三次痛苦的轉型，財富與機會的分配必須更均等。必須從世界最大經濟體，變為僅次於中國的第二大經濟體。而且必須接受，甚至樂見自己成為世界第一個真正多元種族的社會。

這三項一直在發酵，更在川普總統任內爆發。他的支持者形形色色，但有個共同點，就是其中很多人認為，自己得不到自由派菁英享有的機會。我在一九九〇年代初寫《二〇二〇的世界》的時候，擔心的是反抗菁英的浪潮會發生在政治體系之外，威脅到民主政治本身。結果美國的憲政挺住了。但未來的美國政府，若是無法限制菁英的權力，還是會受到更多衝擊，反抗陣營的領袖，也許會是比川普更厲害的角色。我相信美國民主政治能度過難關，看見川普在和平之中當選總統，又在混亂之中下台，又看見拜登當選總統，我就更有信心了。但我的判斷也有可能出錯。美國必須實現真正的機會均等，真正尊重不同的意見。目前在這兩方面做得還不夠。

第二項挑戰，是失去一哥地位。美國人民將難以接受，比先前的英國人民更難接受。英國人民還能將自己國家的財富與權力流失，歸咎到對抗希特勒時耗費過鉅。美國沒有類似的理由能說給人民聽。我在這本書提出的論點，是在這個世紀中期之前，隨著中國人口逐漸老化，美國將逐步超前，可望在本世紀末之前，奪回世界第一大經濟體的寶座。但美國必須先經過幾十年的相對衰退，還要不失去自信才行。

轉型為真正多元種族社會的過程，對所有人來說都會很難熬。轉型要成功，必須要下定決心努力，而不是作作表面功夫，矖出道義言論，或只是打勾勾表示做到而已。這裡要強調的是，美國仍將吸引全球各地的人才，這也將是美國的重要地位與權力得以延續的關鍵。進一步追求種族多元，感謝非裔美籍人民的貢獻，將大大增強美國的力量。但美國必須真心接受這種變化，唯有如此，所有人民才能在多元種族社會安居樂業。我寫這本書的時候，恰逢「黑人的命也是命」抗議運動崛起，時勢如此，要打造多元種族社會更是不易。但還是要做。我相信總有一天終將實現，但也許只是我盲目樂觀。

在這三項具體的挑戰背後，是一個比較整體的恐懼。總得有人出來領導全球。我在這本書提出的論點，是整個世界越來越平衡，新興經濟體的重要性遠勝於以往。這是必然發生的好事，也是正確的方向。但這個世界還是需要一個靠山。一個強盛自信的美國，可以勝任世界的舵手。其他國家不可能領導世界。最有力的領導就是以身作則。在這個世紀，美國仍將是全球第一軍事大國。但美國的影響力除了來自地位之外，也來自行為：由硬實力支撐的軟實力。美國若是失去自信，世界可就會變成比現在危險得多的地方。

二、中國、印度與美國之間的關係經營不善

中國與美國之間的對立難免會升高，尤其是在中國超越美國，成為世界最大經濟體之後。如果這本書提出的論點正確，中國隨著人口逐漸老化，內部會更平靜，對外的侵略性也會降低。但在那之前，中國還要經過一段過程，也許在二〇三〇、二〇四〇年代，會因為政治變遷而引發分裂。印度在本世紀的後半會繼續崛起，中國也必須接受印度的崛起。有幾個很明顯的衝突爆發點：中國武力占領台灣、中國與印度的邊界爭議、南海地位等等。中、美兩國在這種轉變期間，必須保持平靜、有序，這對兩國都大為有益，對其他國家也大為有益。倘若失敗，後果簡直不堪設想。但也有可能失算，確實也有可能爆發一連串的事件，釀成大災難。

舉個例子，如果真能證實，新冠肺炎病毒確實是從中國武漢的實驗室流出，中國當局又刻意隱瞞病毒的來源，美國對中國的信任將煙消雲散。或者中國武力占領台灣，造成大量傷亡，那美國哪怕有違自身的直接利益，也會以武力回應。也許中國不會與美國正面衝突，而是與印度正面衝突，最後演變成美國軍隊介入。我擔心的是中國其實是輕視美國的，而美國卻不了解，也不尊重中國[1]。總之對立在二〇二〇年代難免會繼續上升，所以對全世界來說，這會是最危險的階段。

三、俄國對於自身力量太過樂觀

俄國也許會經歷動亂，自己與鄰國都會遭殃。也許動亂已經發生，俄國入侵烏克蘭可能就是。俄國可是世界上面積最大的國家，目前的領導階層讓人難以捉摸，其他國家很難與其往來，而且可能不如表面所呈現的那樣穩固。我在這本書做出的判斷，是俄國隨著人口老化、減少，在世界的影響力也將縮小。然而，一個占有全球百分之十一陸地面積的國家，被一個侵略鄰國的政權控制，對整個世界來說都是危機。這個危機並不是俄國坦克會橫掃波蘭，就像橫掃烏克蘭一樣。西方國家，尤其是烏克蘭人民面對俄國入侵，團結一致做出的有力回應，將會改變俄國與其他國家未來十年的關係，也許還不只十年。我在二〇二二年三月寫這段的時候，無法判斷歐洲是否已經拉下新的鐵幕，不過看來除非俄國政權有所變動，否則西方會決心繼續壓制俄國，而且還能有效壓制。

其他國家面臨的更重大危機，是俄國可能會犯其他錯誤，也許某項環境實驗出差錯，嚴重波及全球。想想車諾比核事故，說不定還嚴重得多。

有兩個重點應當牢記。一個是俄國人民值得大家尊重。另一個是現今的政權不會永遠執政，俄國會在未來的某個階段，回歸依循正常行為規則的國家之列。但我們不敢說，俄國轉型的過程一定會和平有序。擁有核武的強國若是混亂失序，全世界可就該憂心了。這種危機可能只是短暫的，但仍然很可怕。

四、撒哈拉以南非洲無法脫離貧窮

我在討論非洲與中東的章節，提出的看法相對樂觀，但也有可能誤判。非洲將繼續受到內部衝突、人口成長，以及環境退化的衝擊。整體而言，撒哈拉以南的非洲國家可望改善治理，審慎處理分裂的問題，提升人民的福祉。畢竟非洲人民的企業家精神，在世界上是數一數二的。這是大致的預測。但就算這個整體的論點正確，未來也會有失敗的時候。環境退化會讓人口成長造成的問題雪上加霜。最糟糕的情況，是全世界最年輕的區域，變成最不穩定的區域。中東的政治也加重了這種不穩定性，但至少這些是已知的因素。世界已經與這些因素共存很多年了。但世界從未遇到的情況，是非洲的人口占全球四分之一，還在不斷增加，而且太多非洲年輕人失業。

接下來會如何？其他國家出手相助，不僅能盡到道義責任，也能大大增進自身利益。非洲大陸若是不穩定，所有人類都會深受其害。但除了提供務實援助以及緊急救援之外，其他國家還能做什麼？外人必須知道，過往的經驗證明，出手干預不但不能解決問題，還會讓事態更糟。雖然非洲的問題不少，我還是相信非洲人民會克服困難，只是前路將會非常艱辛。

五、宗教衝突爆發

這本書對於宗教的討論不多，並不是要刻意貶低宗教對於信眾的影響力，以及宗教幾百年來塑造我們現在生活的世界的力量。之所以討論不多，純粹是因為經濟學出身的人，能討論的不如其他領域的專家多。不過誰也不能忽視，世界三個最大宗教的信眾之間的對立，包括二十五億基督徒、十八億穆斯林，以及十一億印度教徒。各大宗教地盤的邊境難免容易爆發衝突，例如印度、巴基斯坦，以及撒哈拉沙漠的南端。移民也引發新的對立，尤其是移入歐洲的移民，以色列與鄰國之間的關係，仍是世上最有爭議的關係。

長期而言，這些緊張局勢時輕時重。未來應該也是時而合作共生，時而爆發衝突。唉，現在的我們似乎處於對立較多、包容較少，公開衝突危機較大的階段。這樣發展下去，最理想的就是讓人感到遺憾；而最不堪的局面，就是對立演變成殘殺，上演人類慘劇。照理說，不同宗教信仰的人應該互相尊重，為共同利益而努力。但現實很少如此美好。

從略為樂觀的角度，可以把目前這種越來越缺乏包容的情況，看成一種很快就會自行逆轉的循環。我覺得這種情況比較有可能發生。另外一種比較不樂觀的可能性，是這個世界缺少包容的情況才剛開始惡化，未來還會越演越烈，鐘擺要到很多很多年之後才會擺向另一邊。我們無從得知哪一種情況會成真，但如果第二種成真，那宗教衝突將是籠罩所有世人的烏雲。

六、環境退化與氣候變遷不可逆轉

對於這個世界對抗環境退化的能力，我的看法也有可能過於樂觀。我認為科技很快就能拯救世人，減緩人類破壞環境的速度，最終逆轉環境破壞。這種樂觀的看法有兩個問題。

一個是科技的作用可能有限。是，科技是可以減少環境破壞。是，科技是可以幫助我們做出有益於環境的改變。但我們的動作可能不夠快，而且氣候的變遷也許不可逆轉，因此地球上的某些地方對人類來說將難以居住。屆時數億人必須逃離無法居住的地區，到別的地方重新開始生活，因而引發我們無法想像的移民潮。這在未來三十年也許不會發生，但本世紀的後半呢？

另一個問題是，也許某個大事件即將浮上檯面，只是我們沒注意到。我們知道氣候變遷有所謂的引爆點，我們可以努力延緩氣候變遷，避免引爆點出現。但我們若是以為自己做了這麼多研究、對自己居住的地球已經了解得夠多，不會出現讓我們意想不到、感到震驚意外的事，那也未免太自以為是了。照理說，我們應該知道要防止地球的氣候到達引爆點。但慎重起見，還是應該保持警覺。

七、新冠肺炎疫情的長期影響以及接下來的疫情

新冠肺炎疫情讓我們發現，互相連結的全球經濟有多脆弱，人類又面臨哪些健康危機。這場

疫情本身是可預見的。先前說過，我在《二〇二〇的世界》已經提到「致命病毒」的危機，不過當時的致命病毒，是在一九八〇年代以及一九九〇年代初期爆發的愛滋病。嚴重急性呼吸道症候群（SARS）與中東呼吸綜合症（MERS）這兩種與新冠病毒較為相關的流行病，在當時還是未來的事情。當時幾乎無法預料的，是疫情對於世界經濟的破壞程度。我們現在比較清楚了。

世界雖然沒有消滅愛滋病，倒也控制住了愛滋病的擴散。世界也會控制住新冠病毒，還會深入理解如何對抗未來其他類似的病毒。但我們的健康與福祉，還是會面臨許多意想不到的危機。我們的武器難免只能應付眼下的戰爭。我們只能希望現有的武器有機會改良，足以應付往後的戰爭。但就算確實能改良，我們也必須承受長期的負面效應。先前說過，我們從全球如何調度資源開發疫苗，就能歸納出有用的心得。但疫情造成的負面效應之一，是人民親眼看見了政府能力的限度，對於政府的信心將會降低，至少在西方是如此。大家對其他國家會較為防備，尤其是對中國。也許世界會繼續享受全球化的好處，也能對抗全球化的負面效應，但也許是我盲目樂觀。也許國際合作會遭遇更多障礙。

值得欣慰的是，世界會因為這次可怕的事件，學到寶貴的知識。例如控制新冠疫情也能帶動其他醫學發展，進而減少其他疾病。研發疫苗的團隊已經將所學的新知識，用於其他領域。世界還有其他大戰要打，例如現有抗生素效力逐漸減退，新的抗生素的研發又相當緩慢。現在研究團隊可能擁有打這些仗所需的資源。但更重要的是，世人對於公共衛生政策的了解大有進步。整體衛生與行為將有所改善，所有人都能受益。大多數國家人民的壽命將持續增加。

但令人灰心的、也是我擔心的，是世界沒有學到這些教訓，而且未來的世代會覺得，二十一世紀初是全球合作的黃金時代。

八、中東變得非常不穩定

中東始終會是一個引爆點。中東是我們文明的發祥地，是第一批城市、第一群農民出現的地方，也是世界三個主要宗教的起源地。但中東很脆弱，未來也仍然脆弱。規畫一條通往和諧未來的道路並不困難。規畫的內容包括讓西岸與加薩走廊的巴勒斯坦人擁有應得且穩固的未來、西方與伊朗和解、沙烏地阿拉伯與波斯灣諸國良性治理、埃及經濟更加繁榮等等。唉，要指出對立的起因，以及要預測災難都是同樣容易的。其中最嚴重的，顯然就是核災難。但除此之外，近代歷史也不容樂觀。所謂的阿拉伯之春，實在是個不恰當的用詞，說穿了就是始於二〇一〇年的暴動，掀起一連串激烈血腥衝突。這些衝突會以各種形式，繼續在二〇二〇年代上演，也許更久都有可能。

未來較有可能出現的狀況，是緊張局勢雖然仍將延續，但中東在未來的某個階段，將回歸眾多文化和平共處的局面。但中東必須打造繁榮，還要分享繁榮，唯有如此才能為中東的年輕人創造就業機會。年輕人若是感到憤怒，覺得被剝奪，中東就不可能太平。

九、資訊革命可能有害，而非有益

沒有一個記者會嫌資訊太多。教育程度高，知識普及的世界，當然比相反的世界更好。現在有海量資訊，再加上社群媒體崛起，大家對於閱聽內容的信心卻反而下降。大家不但會選擇符合自己想法的觀點，還會選擇呼應自己想法的新聞，進一步強化自己的立場。最令人擔憂的是，事實證明人們的教育程度越高，越會找符合自己觀點的證據，也越不重視不符合自己觀點的證據[2]。這種特質叫做確認偏誤，絕對不是現在才出現的現象，但科技似乎助長了這種現象。資訊更多就代表不實資訊更多。我們根本不知道科技能否讓真訊息蓋過假訊息，還是根本無法區分事實與意見（甚至無法區分事實與另類事實）。皮尤研究中心[3]於二〇一七年發表關於事實與不實資訊的未來研究，結果不出所料，果然十分分歧。美國二〇二〇年總統大選的角力即可證明，人們只要不想相信，哪怕證據擺在眼前，也還是不會相信。

理論上，資訊越多，具備兩種技能的人才就越珍貴：分類與強化。所謂分類，是仔細檢查大量資訊，區分訊息與雜訊，讓大家了解哪些是重要的真訊息，哪些是不重要的假訊息。強化則是增強訊息，讓大家專注傾聽訊息內容，無論訊息是有益還是有害。在實務上，分類者往往不受信任，親眼目睹記者不受尊重，或是受到讀者的壓力，因此淪為喉舌，而非評論者。最厲害的強化者，是推銷垃圾的那群人。造成的結果就是混亂與不信任。

也許這樣想太悲觀了。我希望等到大家適應了隨處可得的資訊，以及社群媒體的危險，知識普及的好處將逐漸浮現。崇拜與陰謀論還是會一如往常繼續出現，但人類的常識，還是足以讓我們越來越了解這個世界。

十、民主政治面臨威脅

資訊能遭到竄改，也就引出最後一項擔憂：整個民主政治的原則，會在未來三十年崩塌。民主政治的支持者，現在應該感到高興。生活在民主政治環境的人口數，是史無前例的多。獨裁者哪怕是靠舞弊贏得選舉，也還是會參選。但如今民主政治已面臨危機。

歐巴馬將這種危機闡述得相當透徹。他在二〇二〇年接受《大西洋》[4]訪問，表示：「我們要是沒有分辨真假的能力，思想的市場當然就無法運作，我們的民主政治也就無法運作。」

邱吉爾的名言顯然是回應了上面這段話：「在這個罪惡與苦難的世界，許多形式的治理已經實施過，未來還會實施不同的治理方式。誰也不敢說民主政治是完美的、全能的。甚至還真的有人說，除了不時實行的其他治理形式之外，民主政治是最不理想的治理方式。」[5]

然而，至少對某些人而言，很難接受「沒有一種治理形式比民主政治理想」的說法，畢竟中國表面上似乎優於西方。民主政治面臨的更重大危機，也許並不是選民無法分辨事實與虛假，因為大多數人對於各種立場的政治人物的言論，都知道要存疑。真正的危機，在於世人對於許多民主國家的治理品質，以及整體西方的市場經濟制度，普遍失去信心。

二十一世紀的兩個重大危機，引發了一種焦慮感，感覺我們沒有妥善經營。二〇〇八、二〇〇九年的金融危機，以及隨後的經濟衰退，都影響了世人對於金融體系的信心。新冠疫情爆發，英國、歐洲以及美國政府參差不齊的回應，也顯得無能。相較之下，中國對於金融危機及新冠疫情因應較佳。中國在二〇〇九年實施鉅額的反景氣循環投資方案，因此得以避開經濟衰退。在二〇二〇年，中國成為全球唯一年底經濟規模大於年初的大型經濟體。這可是難得的成就，畢竟新冠病毒就來自中國。其實，對於西方國家在這兩個危機的長期表現，我們確實有很好的理由感到樂觀。東亞的某些民主國家，例如南韓與台灣，面對危機的回應與中國一樣有效。但任何人若是覺得民主政治是最理想的治理方式，也必須承認民主政治必須有所提升。

十個重要而且多半正面的想法

這本書的讀者都會有不同的收穫：會有不同的重要想法，以及依據這本書呈現的證據，所歸納出的不同結論。作為一個指引，以下是我認為在未來一個世代，對世界影響最大的十個重要想法。要記得，這只是一個樣板，大家還是要加入自己的評估。先從最重要的說起。

一、中產階級的世界

二〇五〇年，全球大約有三分之二的人口，將屬於中產階級或富有階級。這將是人類史上第一次出現這種情況。大多數人能享有優質教育與醫療、能旅行、能吃優質食物，而且多數人還能擁有各種就業機會，這可是前所未見的現象。因為通訊革命的關係，為數眾多的新中產階級，擁有先前的世代所沒有的：能立即且方便接觸大量全球知識。

我們習慣將世界畫分為窮國與富國，所謂的先進經濟體以及所謂的新興經濟體。這種二分法很好用，就好比以GDP衡量一個國家的生活水準。三十年後，世界上就跟現在一樣，還是會有高度開發國家、中等所得國家，以及窮國。但比例會有所變化。未來將有更多富有與中等所得國家，也會有更多富有與中等所得人口，窮國與窮人則是較少。我們雖然可以斷定，世上大多數人將擁有大致類似的中產階級所得，但我們完全無法判斷，這些人當中有多少會擁有類似的中產階級價值觀。反正這些價值觀本身也會隨著時間改變。我們也許都會住在類似的住家，在類似的辦公室與工廠工作，但我們的休閒活動差異可能很大。每個人消費的優先次序也不一樣。因此所得相近的日本人與中國人，將所得用於儲蓄的比例，高於美國人與英國人。對待家庭的態度也不一樣：年輕人應該在成家前、還是成家後結婚，還是乾脆不結婚？

這些差異多半都不重要，因為各國即使有不同的社會規範，不同的法律架構，仍然可以和平共存。東歐與西歐的社會態度就截然不同，也因此在歐盟內部形成對立。美國各州之間也嚴重對立。但歐洲與美國也能相處愉快。是，英國脫離了歐盟，但原因並不是中產階級英國人的社會態度，與同屬中產階級的德國人、法國人不同。真正的原因在於認同與主權，而非價值觀。

展望未來，有兩個重要的問題。一個是新中產階級是否會改變舊中產階級的態度。另一個是這些態度整體而言是否會改變，如果會，又會如何改變。

對於第一個問題，數字的變化將會很重要。不同的定義會造就不同的結果，但大致而言，目前已開發經濟體的中產階級人口，確實多於新興經濟體。不過到了二〇五〇年，比例將有所改變。新中產階級人數將超越舊中產階級，比例是二比一或三比一。目前思想的流動是從西方流向東方，不過這也是大致而言。中國與印度仿效西歐與美國的生活方式。

參觀邦加羅爾或上海郊區的新建高級住宅群，會發現與加州高級經理人所居住的住宅群類似。孩子們也會身穿類似的衣服，在加了柵門的安全社區中，使用相同的運動設施。家裡也會有類似的家電。也許相較於較為發達的經濟體的中產階級，新中產階級的生活空間稍微小一點，但至少從遠處看來，他們的生活方式看起來差不多。

這些非常類似的生活方式，未來還會繼續類似。但在表面之下，已經開始有所不同。舉個例子，中國較為偏好有制度，重視閱讀、寫作、算數課程的學校，不像西方的許多學校，重視學生的自我表現以及創造力。換個很簡化的說法，就是中國依循的是日本模式，而非美國模式。放眼未來，如果接受中國式學校教育的兒童（當然中國式學校教育也有很多版本），未來在職業生涯的表現超越美國與歐洲兒童，那全世界的教育都將有所改變。學校教育是本地的，但人才的市場是全球的。

亞洲在其他很多方面，對於歐洲與美國也將有更大的影響，包括要照顧每一位成員的大家庭概念。當然，照顧每一位成員是全家集體的責任，而不是某些西方社會所崇尚的極端個人主義。這些包含減少依賴國家提供的福利服務，包括退休金在內，以及個人承擔更多責任。如果西歐的福利國模式，不足以照顧歐洲大陸漸趨老化的人口，而且這種情況很有可能成真，那重擔就會落到家庭頭上。家庭必須想辦法照顧家中的老人，現在的日本就是這樣。

簡言之，西方可能會發現，東方是個很好的學習榜樣。就財務而言，三十年後標準的中產階級美國家庭，擁有的資源將比標準的中產階級中國家庭更多。但以整體購買力而言，中國家庭與印度家庭不僅將擁有更強大的實力，也會更審慎運用資源。如果這種現象變得明顯，西方也會因而改變。

這種全球的中產階級社會，會出現哪些更為普遍的變化？很難判斷。我們知道有所謂的鐘擺效應：觀念與價值觀會隨著時間改變。所以我們可以斷定，新中產階級世界將與現在的中產階級世界不同。不同的當然還有廣泛的社會行為、兩性關係、所得與財富不平等、種族、宗教等等。現在認為正常、可以接受的事情，一個世代以後可能變成不正常、無法接受，反之亦然。這些無常的變化，會繼續讓不同的社會感到驚訝，甚至震驚。大家都可以猜測。我的猜測是社會將會漸趨極權，團體認同與責任所受到的重視，將超越個人認同與權利。許多亞洲國家對於新冠危機的因應，之所以比西方國家有效，至少有一部分原因，是亞洲人民願意為了整體社會的利益，犧牲個人自由。

新中產階級世界還有另一個主要的特質，就是更老化的人口的財富增加，是否會讓人們更為平和。這對於我們人類的未來極為重要。表面上看，繁榮的全球中產階級，應該有能力抑制喜好侵略的民族主義。老化的世界，照理來說侵略性應會下降，至少也能控制競爭，將競爭引導到正面的目標。祖父母最重要的投資，就是孫子女的未來。祖父母不會希望破壞孫子女總有一天要接手的世界。

理應發生的情景，是人數逐漸增加的中產階級，應該強力要求領導者順從他們的民意。這種觀念很令人安心，卻與二十世紀的歷史完全相反。一九一四年的歐洲，是由迅速成長、經濟富裕的中產階級所控制，但這些中產階級，卻任由領導者將他們帶往大災難。民族主義在中國與印度的大肆崛起，再加上中國與美國的敵對，讓人不免依稀聽見遙遠歷史的戰鼓聲。第一次世界大戰，終結了將近一百年的全球化。

我們還是不要太在意這種類比，畢竟我們保有兩次世界大戰的民間記憶，知道要保持理智。但是，我們還得度過未來二十年不斷上升的全球對立，到時候已經年老的中產階級才會控制局面，讓我們冷靜下來，將精力用於對付世界面臨的許多其他挑戰。侵略性民族主義，以及不包容的精神（包括宗教的不包容），將逐漸式微。但有一點我們可以確定，人類史上從未出現過中產階級世界。目前正在發生的事情，對人類的影響將可比工業革命，亦即帶動整個進步的經濟變遷。

二、更平靜、更自在、更自信的美國

我寫這段文字的時候，川普總統動盪不安的總統任期才結束不久，美國深陷嚴重的政治、種族，以及經濟對立，在這樣的時候預測美國未來將更平靜、更自在，似乎不太合理。中國的經濟規模可望在二〇三〇年左右超越美國，說美國會更有自信顯得很奇怪。但這本書對於美國的所有正面的預測，都是根據一個幾乎肯定會出現的結果，一個很有可能實現的命題，以及一個很合理、但比較有爭議的判斷。這幾項顯示到了二〇五〇年，美國對於自身的表現將更為滿意，也更了解自身對於整個世界的價值。

幾乎百分之百可以斷定的，是美國人口將繼續成長。人口繼續成長的效應之一，是美國仍將是最年輕的已開發國家。人口成長帶動了GDP成長，只是人均GDP不見得會隨之成長。年輕帶動活力。等到中國經濟規模真的超越美國的時候，中國人口幾乎可以確定是逐漸減少，而美國人口則是很有可能逐漸增加[6]。

美國很有可能持續吸引人才。這本書的主要主題之一，是能吸引有活力的人才的國家，繁榮程度將超越那些人力資本移民海外的國家。低階技術人才仍將樂意移民美國，因為他們在美國，收入會比在本國更高（還能寄錢回家）。我們無法斷言，美國是否也能繼續吸引高階技術人才，不過想想這些人才除了美國會去哪裡，似乎也想不到別的選擇。也許歐洲各國的經濟相對繁榮，移民海外的歐洲人民將會減少。不過，最大的人才庫將是中國與印度。如果法令許可，有些會移民歐洲，有些會選擇英國，尤其是曾在英國留學的人。但大多數當然還是會選擇美國。倘若真是如此，那美國就能保持活力。

之所以有信心的第三個原因，主要是直覺判斷，但直覺的背後也有理性。這個判斷就是美國將順利解決目前的政治、種族，以及經濟對立。

先說政治。我在這本書的「前言」說過，在一九九〇年代初，即可看出美國的政治將會出現對立，大概會發生在本世紀第二個十年。後來歐巴馬、川普，以及拜登政府之間的衝突，應驗了這項預測。當時的危機是，分裂可能會發生在政治體系之外，導致美國失控。然而後來證明政治體系並未分裂。開國元勛建立的民主政治，確實發揮了當初設想的作用：避免國家陷入混亂。我的意思並不是要在美國激烈的政治角力選邊站。我覺得不是美國人，就不該選邊站。不過身為友好的英國人，倒是覺得美國處理國內的政治分裂，壓力並不會比其他許多民主國家來得沉重，處理的手法也不如處理過往許多國內分裂來得暴躁。民主政治無論是現在，還是未來，都是一頭粗暴的野獸。但如果過往經驗值得參考的話，那美國政治終將成為殺傷力較低的塹壕戰，也會更體面，更尊重事實。

再來談種族。這本書先前提出的觀點，是美國人口的多樣性增加，西裔人口減少，白人成為少數，整個國家就會越來越能接受多樣性。這樣說並不是要假裝種族對立會消失，也不是否認許多少數族群因為種族身份而遭受相當不公平的待遇。種族對立不會消失，少數族群也確實遭到歧視。這樣說只是期盼，美國了解多樣性是普世現象之後，會接受也會珍惜多樣性。要記得，美國目前正經歷改變，而其他國家也一樣。中國人民將會生活在世界最大經濟體。印度人民將會生活在世界人口最多的國家。非洲人民將會生活在成長最快的一洲。世界變得越來越平衡，歐洲與美國率先展開工業革命所累積的優勢逐漸消失。在那個更平衡的世界，美國當然也會更平衡。

在任何地方，種族始終是個很重要的難題，不只在美國，也可以說尤其是在美國。但所有的社會向來都必須因應分歧。財富、階級、年齡、機會，以及能力的差異，總會造成嚴重的不公平。正派的人應該去除這些對立，建造和諧互助的社會。美國至少一直在匡正自身社會的不平等，再努力一個世代，應該就能看到實質的進步。

那麼經濟呢？如果能抑制經濟對立，往正面的結果引導，進步就容易多了。每一個國家都有經濟不平等的問題，所以我要談的不是絕對值，而是相對值。美國的不平等現象，在已開發國家當中是數一數二的嚴重，而且無論以哪個方式衡量，差距都越來越大。中產階級尤其受到擠壓。結果就是美國的中等所得者的生活水準，在一九五〇以及一九六〇年代處於世界頂尖，現在卻停滯不前甚至退步。若是把醫療及度假津貼算進去，美國的中產階級就不見得是世上所得最高的勞工。他們的居住空間，也許仍然比西歐的中產階級多，但也必須面臨更嚴重的不安全。可想而知，結果就是他們非常不滿。

這種不滿若是繼續發展下去，美國國內就無法平靜。朝野的政治人物，都必須解決這個問題。目前只能說略有成效，而且以很多標準來看，可說是毫無成效。幸好，造成中產階級嚴重壓縮現象的經濟力量，已有逆轉的跡象。之所以這麼說，原因之一是生產國際貿易的商品的產業，在中國加入世界舞台之後，薪資被壓低。現在中國的薪資逐漸上漲，成本優勢下降。另一個原因是人口結構。美國隨著人口老化，勞動力成長將更為緩慢。勞動力現成的供給減少，將推升薪資。還有另一個原因是科技。現在說這些也許尚嫌過早，但新冠肺炎疫情造成的效應之一，似乎是服務業勞動生產力上升。世人逐漸學會善用科技，實質薪資可望因此上漲。最後一個原因是稅。似乎有不少人認為，美國的稅制應該要更為先進，向中產所得人民伸出援手。

這種種因素相加，美國在未來三十年，至少很有可能相對順利。從現在到二〇四〇年代的日子不會很輕鬆，美國的自信也會受到內部與外部的對立的影響。不過到了本世紀中期，美國大概會比在二〇二〇年代初期更受到世界景仰，也更自在。

三、英語圈的崛起

這本書探討英語圈國家的章節主題之一，是這些國家無論是否自願，都是一個非正式團體的一份子，而這個非正式團體，在未來三十年將更為重要。一個英國人說出「英語圈」，聽起來讓人想起大英帝國時代。美洲各殖民地的獨立，就像家族中的親戚糾紛。這是邱吉爾著作《英語民族史》所呈現的觀點，但現在看來，這個觀點說好聽是懷舊，說難聽則是矯情。是，大英國協仍然存在，也將繼續存在，但英語圈的概念是否還有意義？

思考一下。到了二〇五〇年，美洲人口最多的國家將是說英語的美國。非洲人口最多的國家將是奈及利亞，主要使用的語言是英語。亞洲人口最多的國家將是印度，雖然當地提倡印地語，但英語還是最廣為流通的語言。澳洲是大洋洲人口最多的國家。那歐洲呢？這個嘛，無論英國到時候會實行什麼樣的政體，無論屆時英國與愛爾蘭的關係如何，不列顛與愛爾蘭島的人口加起來，都會超過德國。再看看遠一點的未來，二〇七〇年代的英國，很有可能已經成為人口最多的歐洲國家[7]。

英語圈國家在世界經濟的GDP占比，將會達到百分之四十左右，而且還會繼續增加。美國的成長速度可能會超越歐陸，印度的成長速度幾乎肯定會比中國更快。

重點是基於種種原因，英語圈無論以人數，還是以經濟規模論，都將更為重要。大多數人並不了解這一點，原因之一是大多數以英語作為第一或第二語言的人，並不覺得英語是一種許多人共享的遺產。如果會認為英語是遺產，那通常也是歷史的巧合，而且往往還是他們不願接受的歷史。重點並不只是印度提倡印地語，或是香港鼓勵人民使用普通話而已。愛爾蘭為了發揚十二世紀受到諾曼人入侵之前文化遺產，用了一世紀的時間，想重振愛爾蘭蓋爾語。蘇格蘭也想振興蘇格蘭蓋爾語。

美國對於語言所代表的認同，心態確實很矛盾。喬治華盛頓在告別演說中，說過一句名言。他說，對美國而言，「我們恪守的政策，是避免與任何外國永久聯盟……」[8] 愛爾蘭共和國對於自身的定位，是強調與歐洲的關係，而非強調與英國的文化淵源及血緣。澳洲與紐西蘭積極拓展與亞洲的貿易關係，而不是與歐洲、北美的貿易關係。就經濟而言，加拿大是美國的分支。這些國家（愛爾蘭除外）也許會在五眼聯盟，就安全議題合作，但五眼聯盟畢竟是個務實的團體，追求的目標也較為狹隘。

至於整體的英語圈，也就是又稱新國協的一群新興國家，這些國家的政治與經濟差異很大，因此只會一起追求特別的共同利益，不太可能在其他方面合作。這些國家在政治上分屬不同的集團：巴基斯坦與中國結盟，印度則是與美國走得越來越近。如果印度放棄一九四七年獨立以來固有的不結盟立場，深耕與美國的關係，那也不會是因為美國人說英語，而是因為印度面臨中國的威脅。共通的語言有各種好處，能將不怎麼想結盟的國家串連起來。

大英國協將繼續存在，因為成員國覺得這個身份很好用。陸續還是有國家加入大英國協，最近的例子是二〇〇九年的盧安達。截至二〇二〇年，還有幾個國家的申請案尚在審核。唯一脫離之後沒有重新加入，也沒有申請重新加入的成員國，是愛爾蘭共和國。但大英國協說穿了就是一個最鬆散的團體，沒有多少規則與義務，凝聚成員國的除了共有的歷史之外，主要還是共同的利益。這裡要表達的重點，是大英國協與美國的共同利益，可能會變得更強烈。

所以英語圈並不是倒退回大英帝國，而是一群國家因為語言而串連，但多數時候也有共同的利益。英語圈國家當然會避免締結永久的聯盟，就像華盛頓也希望美國如此，但這些國家也會發現，越來越有合作的必要。歐盟有志要形成一個越來越緊密的聯盟，而英語圈正好相反。英語圈永遠不會成為一個聯盟，也不會成為類似聯盟的組織，只會是由國家組成的團體，往往由不情願的美國領導，彼此之間大致能和睦共處。這種缺乏野心是一種優點，不是缺點。英語圈之所以將深深影響世界的未來，是因為所有的成員國將更為重要，而不是因為某位去世已久的政治人物有一個擴大英語圈影響力的宏大願景。

四、中國：世界最大經濟體從侵略走向合作

中國是與美國競爭全球領導地位的主要對手。美國的未來有一部分將取決於中國的未來。這本書做出的重大預測，是中國最有可能在二〇三〇年代，歷經某種轉變，一改先前的侵略擴張主

義，更重視帶給中國的老年人平靜且更為舒適的生活。這種假設的前提是，人口結構與政治將會有正面的相互作用，進而引發這種轉變。

中國逐漸老化，人口將在二〇五〇年前迅速減少，是沒有爭議的事實。中國的經濟成長速度將會變慢，就像先前的日本。真正的問題在於人口老化對於社會的觀念與期待的影響。老化的中國的感受，將大大不同於現在這個相對年輕有活力的中國。老人的想法與價值觀，將會越來越明朗，影響力也越來越大。這種轉變將導致中國政治出現兩種變化的其中之一。中國政治體系也許會破裂，轉為更民主的制度。或是政治體系沒有任何改變，只是逐漸採用不同的價值觀，告別侵略擴張主義，以更沉穩的方式，長期改善人民的生活。我們無法判斷中國的變化會是哪一種，但絕對會有變化。

西方傾向從意識形態的角度分析。中國是會走向某種形式的民主政治，還是會繼續做個由魅力領袖領導的獨裁政體？當然最好還是從現實層面看。中國眼中的自身利益是什麼？中國是會想與其他國家合作，大致遵守全球的行為規範？還是不理會其他國家的想法，強勢追求自己眼中的國家利益（或者應該說領導者眼中的國家利益）？

這樣說好了。一黨獨大，願意遵守全球規範的共產政府，比一個不在乎其他國家的意見，拒絕全球規範的民主政府，更容易為美國及西方所接受。

我們無法預測中國政治未來的走向，但我們可以大致判斷，中國長期將如何與其他國家來往。歷史在這方面能借鏡的不多，畢竟中國在歷史上也曾經長期只關心自己，只專注經營國內，對於國境以外的事情不太感興趣。如此看來，現在的階段是個異數。中國推出一帶一路戰略，除了以基礎建設加速全球各地的貿易之外，也要將中國的影響力，大大拓展到國境之外。

這可以說是報復「百年國恥」。但未來的中國若是撤回自己影響力的範圍，就等於是延續過往的路線，也與日本過去五十年的路線相同。

中國稱霸全球的野心，在未來某個時

中國一帶一路戰略的經濟走廊

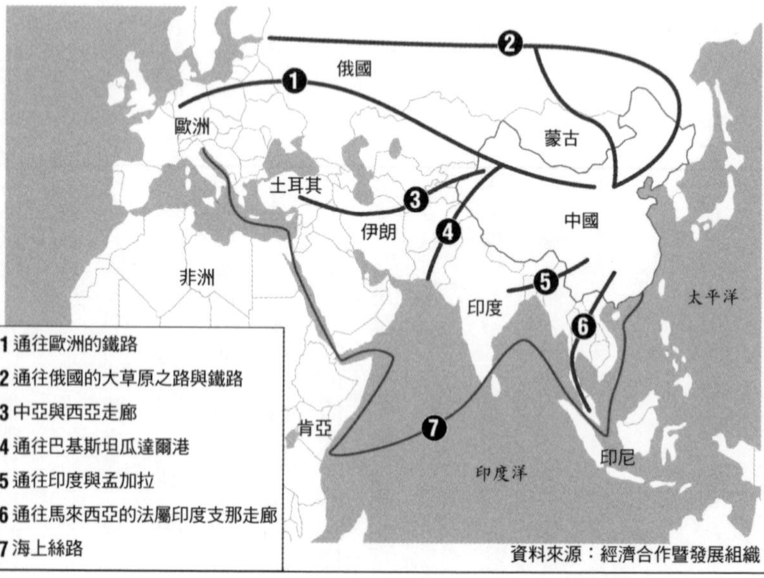

資料來源：經濟合作暨發展組織

間將會消失。在消失之前，其他國家很難與中國合作。這對美國來說是眼前的問題，但其實是每個人都要面對的問題。我希望中國一旦成為世界最大經濟體，也因此受到尊敬，就能有所收斂，降低自身的威脅性。未來的中國會減少以言語恫嚇及商業手段，對付那些反對中國的國家。是，目前中國還沒有如此打算的跡象，但現在還言之過早。如果真能如此，那整個世界未來二、三十年雖然艱辛，到了本世紀後半將會更輕鬆。

但眼前還要經歷一段嚴重危機。會有幾個爆發點。中國除非能重新控制台灣，否則不會感到自在，而且中國可能以非和平手段占領台灣。中國與俄國的關係可能會崩潰。顯然南海會引爆衝突。印度逐漸崛起，與巴基斯坦又關係緊張，可能會與中國爆發一發不可收拾的公開衝突。我們只能盼望世界能安然度過這些危機，進入更平靜、更緊密合作的本世紀後半。

五、歐盟分裂成核心國家與邊緣國家

但凡有英國人寫出：「歐盟將會分裂成較為鬆散的聯邦」，難免會受到嘲諷：「他是英國人，當然會這麼說囉。」

畢竟英國僅僅是第二個脫離歐盟，以及歐盟前身、也就是一九五七年羅馬條約的國家。另一個國家是格陵蘭，至今仍是海外國家與區域聯盟的準會員，人民也仍有移居歐盟的權利[9]。英國脫歐則是不同的等級。歐盟會員國之間雖然有不少不和的聲音，但目前尚未有重大跡象顯示，未來幾年還會有另一個會員國離去。除了等級之外，最大差異在於面臨脫歐呼聲的國家，大多數都是接受歐盟金援的淨受援國，而英國則是歐盟第二大淨貢獻國。

然而，如果說英國的經驗帶給我們任何啟示，就是一國之內的小小異議團體，不到二十年就能成為主流力量。歐盟面臨的挑戰，是必須讓會員國相信，身為會員國的淨效益大於成本。這本書提出的論點是，歐洲在世界經濟的占比降低之後，這種優勢的平衡將會改變。歐盟會員國將發現，自己並非世界最大貿易集團的成員。他們所屬的聯盟，約占世界經濟百分之十二，而且每一年還會相對降低。對於德國、荷比盧、法國，也許還包括義大利這些歐洲核心國家來說，能輕易進入彼此市場的好處，大概會大於成本。對於歐洲外圍國家，尤其是新加入的國家來說，會員國身份越來越是個沉重的負擔。如果大手筆的金援還能持續，歐盟大概可以花錢買這些國家的忠誠，但如此一來，歐盟的淨貢獻國負擔就會變得沉重。久而久之關係就無法穩定。

我在書中主張，歐洲會因為一些事件而更改目標，不再追求更為緊密的聯盟，而是發展成較為功利導向的聯盟。這些國家雖然在歷史上互有關連，文化卻非常不同。一個叫做歐盟的組織將繼續存在，但要想繼續存在，歐盟就不能再強迫會員國緊密結合，而是要專心經營較為鬆散的聯盟。

歐元會繼續存在嗎？歐盟內部覺得歐元消失幾乎是無法想像的事。這本書提出的論點是，如果歐元繼續存在，將是以德國為主的小型貨幣區。較弱的會員國使用歐元越久，經濟就越困難。最有可能出現的結果，是歐元區分裂成兩個陣營，外圍陣營對核心陣營貶值。現在還無法預測這個事件的細節與發生的時機，但可以預見的是，將會爆發某種貨幣危機，撼動整個歐盟的基礎。一旦危機爆發，歐盟就必須決定，更鬆散的聯盟應以什麼形式存續。

對於歐洲人民來說，歐盟領導階層屆時的舉措，將締造歐洲歷史的重大時刻。現在看起來覺得絕無可能，但屆時英國、俄國，以及土耳其可能會因此形成外圍國家。英國將研究其他選項，俄國會伺機顛覆歐盟，土耳其則是會將眼光放在亞洲。也許歐盟會直接汰除許多會員國，以羅馬條約的原始簽約國為重。然而，從局外人的角度觀之，歐洲怎麼做其實不重要。未來的歐洲將是廣大世界的一個舒適的小角落。能影響人類未來的舉措，將發生在其他地方。印度就是其中之一。

六、印度與印度次大陸：收割在望

印度將是世界人口最多的國家，也是全球第三大經濟體。印度會如何運用伴隨新地位而來的權力？

本書的主張是，無論如何，印度都會發展成世界強國之一，這也是印度應得的地位。但印度也面臨巨大挑戰，包括必須改善教育體系的品質，以及普及教育。環境壓力難免沉重。印度也必須與印度次大陸其他國家和平共處，尤其是巴基斯坦，但也包括孟加拉。同時，也必須想辦法將中國變成友善的夥伴，而非難纏的對手。

未來三十年將會非常危險。印度不再將境內的穆斯林人口，視為沒有特定宗教信仰的國家中一個積極進取的族群，而是著重在多數印度教徒的認同。印度的經濟與教育改革有些成效，但不平等的現象越來越嚴重。印度的基礎設施逐漸改善，但改善的速度較為緩慢。環境問題尚未徹底解決。所以印度有不少問題。但最嚴重的問題是與中國、以及中國的盟友巴基斯坦的關係。

我們只能期待這三國之間不會爆發戰爭，至少越演越烈的小規模衝突能得到控制。不用說也知道，三個核武國家一旦開戰，全世界都會遭殃。簡直不堪設想，所以我們也別去想。我們還是想想哪些方面能順利發展。

印度的政治必須改變，才能轉而與巴基斯坦、孟加拉合作，將印度次大陸發展為全球領導者。巴基斯坦與孟加拉也必須有類似的轉變。這些國家並不需要、也不會結為友邦或政治盟友，但確實需要更密切的經濟合作。在未來的某個階段，這些國家會因為經濟合作的潛在效益，而展開合作。也許在二〇五〇年之前不會合作。也許會發生某個重大的政治或環境事件，讓這些國家的領導者明白，次大陸的人民密切合作，對大家都有好處。

展望遙遠的未來，可以看出這些國家必定會合作，只是無法預測何時會合作。也許從歷史能找到線索，也許要參考大英帝國與蒙兀兒帝國時代的很久之前，笈多王朝的古典時代，甚至更早的時代。這得由印度史學家判斷。也許印度次大陸會形成經濟合作的區域，亦即歐洲單一市場的原始形態，但並不會發展成政治聯盟。也許只會發展出更理想的特別貿易關係。不過細節並不重要。總之印度次大陸的各民族之間的政治關係是多變的，不會有最終的形態。這些民族的聲音難免會更大，地位也會更重要，影響世界未來的能力更大，也終將是本世紀後半的重點之一。

七、非洲對於世界的重要性增加

非洲的未來將會驚心動魄，但這本書的主張，是非洲在世界經濟將扮演更重要的角色，發展過程會比許多局外人所預期得順利。以金融市場的術語來說，會有正向的驚喜。但榮景不會遍布整個非洲。若以為整個非洲都會繁榮，那也太不切實際。宗教衝突將持續在非洲上演，也會在非洲以外的地方上演。有些國家會跌跌撞撞，接二連三遭遇經濟危機，原因包括治理不佳，以及日益嚴重的環境壓力。幾乎每個非洲國家的人口都會增加，這本書也主張，非洲面臨的最大挑戰，是提供就業機會給為數眾多的年輕人。

非洲如此廣大，又如此多元，絕對不適合一概而論。但我認為我們必須了解，非洲的未來有可能是正面的，也有可能是負面的。非洲能順利解決許多問題，但也會遇到無力解決的環境與人道災難。此外，很多已開發國家的人對非洲悲觀，但我卻認為比較務實的作法，是理解非洲的優勢，同時也承認非洲的價值觀，永遠都會不同於西方。

這樣說好了。奈及利亞永遠不會成為大型的瑞典。如果發展順利，奈及利亞在未來三十年，將發展成更大、更有活力、更有組織的自己。奈及利亞確實有一群強而有力的企業家，能推動國家往前走。這會是一股指引。我想，非洲的成功會讓全世界感到驚奇，生活水準、人民擁有的機會都會大有進步。成功與失敗之間的差距很小。最重要的是，非洲有為數不少的年輕人，而在漸趨老化的世界，年輕人會是越來越稀缺的資源。如果大部分的非洲國家，都能讓夠多的年輕人受到教育，這些年輕人將有能力解決許多問題。如若不然，那問題就嚴重了。不過二〇五〇年的非洲，極有可能就像現在一樣熱鬧、一樣混亂，但也會比較懂得運用年輕的力量，得到正面的結果。我們都希望真能如此。

八、全球化改變方向，從移動商品，變為移動思想與金錢

在新冠疫情爆發之前，二戰結束以來的全球化模式，顯然已經陷入停滯。實體貿易在全球G

DP的占比，在二〇〇八年左右到達顛峰，在此同時，反對境外委外與管理複雜供應鏈的聲浪漸漲。然而無形貿易，也就是服務貿易，卻持續成長。這些趨勢似乎因為全球因應疫情的措施，而越演越烈。製造商更了解自己容易受到供應中斷影響，因此會盡量在本地採購，而至少有一項重要的服務貿易，也就是跨國金流，則是蓬勃發展。

上一個全球化的全盛時期，是維多利亞與愛德華時代，因為第一次世界大戰而戛然而止。那場大災難的陰影至今還在。線上零售巨擘阿里巴巴創辦人馬雲說得好：「全球化是好事……如果貿易停止了，那戰爭也就爆發了。」整個中國，尤其是阿里巴巴，都是中國參與世界經濟的最大受益者，所以你可以說，馬雲會這樣說並不足為奇。你也可以說，至少因果關係應該是倒過來才對：戰爭來了，貿易也就停止了[10]。不過各國若是不再互相貿易，那確實代表地緣政治出現危機。所有重大的經濟運動，都有結束的一天。民族主義高漲，全球化至少略為式微，將是未來三十年難免會上演的現象。這個趨勢可以說已經開始了。二〇二〇年，馬雲因為公開發言反對中國的金融監理，得罪中國當局，自身的前途也不明朗[11]。

很多人會認為全球化式微會是個災難，等於重演一九三〇年代的保護主義。其實不見得。比較有可能發生的是貿易的本質改變。全球的原物料貿易仍將持續，不過隨著煤、石油、天然氣等能源的使用量減少，燃料的貿易量將達到顛峰，然後下降。農產品貿易將會持續，因為總有某些國家的競爭優勢是食物生產。不過製造品的貿易將會減少。資金會流向設計與行銷，製造將會在本地。

所以在未來的世界，全球化將會是金錢與技術的跨國流動，而不是商品與人的流動。這將會比較沒有爭議，比較不明顯。就業機會不會因為生產移往海外而流失。生產將在本地進行。各國仍將激烈爭搶技術，但是人員不需要移動，也照樣能發揮技術。他們可以遠端工作。

從各國對抗新冠疫情所採取的緊急措施，可以窺見新形態的全球化。如果你可以在家上班，你的家並不需要位在你的雇主或客戶所在的國家。這種新形態的境外作業，也有實務上的侷限，這些侷限將漸漸浮上檯面。但一個世代之後，世界將了解如何善用通訊革命創造的種種可能性，知道哪些事情需要人與人實際接觸，哪些不需要。因此，未來將會出現比較不具侵略性、社會破壞力較低，進而更討喜的全球化。

未來的世界仍將會有貿易對立，經濟強國之間的敵對仍然嚴重，尤其是美、中之間。保護主義不會消失，但也不可能重返一九三〇年代災難般的貿易限制。中產階級的世界會反對保護主義，因為受創最深的，正是中產階級的生活水準與整體健康。而且回到方才提到的第一個主題，未來將由全球的中產階級主導整個世界。

九、科技拯救世界

過去三十年來，對立的主因之一，是各國之間的不平等縮小，但一國之內的不平等卻越發嚴重。已開發國家與新興國家之間的差距縮小很好解釋，是因為迎頭趕上，中國使用了西方發展的科技。至於大多數已開發國家內部的不平等問題，則是比較難解釋，不過原因之一是擁有科技優勢的好處，提升整體生活水準的速度很慢。即使通訊革命的效益遭到低估，大多數已開發國家的生活水準，頂多只能說是緩慢進步。最主要的挑戰，在於讓服務業生產力的提升速度，與製造業生產力的提升速度一樣快。

現在這種情況幾乎一定會改變，原因之一是新冠疫情期間出現的新商業實務。在新冠疫情這種突發狀況，世界各地的企業不得不思考以更有效率的新方式，創造並提供服務。這就跟亨利・福特的流動生產線一樣重要。大數據與人工智慧的結合，已經大為改善品質與效率，但新的實務要普及，總是需要時間。現在的世界是將幾年的正常競爭發展，壓縮到幾個月之內完成。原本應該緩慢穩定的發展，變成飛速發展。

要預測科技進步，會面臨的問題之一，是過往的預測曾經失準。有些科技有所進步，有些則是停滯不前。正如 iPhone 與 iPad，有些科技是我們得到以後，才知道自己想要。在新冠疫情爆發之前，我們並不知道自己那麼需要 Zoom。三十年後普及的產品與服務，是現在的我們無法想像的。但如果我們退後一點思考，理論上人們會想要怎樣的科技，就或多或少能預料未來的發展。例如世人都想要更優質、更便宜的醫療。隨著人口老化，這種需求將會成長。因此我們可以研判，醫學科技、診斷，以及治療將大為進步，不僅能減少醫療支出，還能讓人們活得更久、更健康。

有個觀念很簡單，卻極為重要：我們對於科技能做什麼想得太多，對於我們想要、需要科技做什麼想得太少。也許到了二〇五〇年，人們可以飛到火星，但這對大多數人的生活毫無影響。能改變我們的生活的，是科技將如何解決全球實際的問題。而最重要的兩個問題，將是服務業的生產力，以及環境退化。服務業的生產力先前已談過，環境退化是這本書探討的十個重要觀念的最後一個。

十、人類與地球的關係更為和諧

我們除了地球，別無其他家園。因此我們要維護地球，將地球打造成適合我們自己、還有地球上其他物種長期居住的優質家園。重點並不只是氣候變遷，以及人類活動如何加速全球暖化。也包括幾千年來，人類活動對於世界的種種影響，以及這些影響又是如何在工業革命之後開始加劇。

過去五十年來，經濟發展的普及在很多方面來看都是好事，卻也加重了地球的負擔。大多數的已開發國家也不得不思考，該如何調整自身的經濟體，以減輕地球的負擔。改用低碳能源是主要的方向之一，但還有其他許多方法，包括增加農作物收成、減少使用淡水，保護並擴大森林等等。兼顧永續與更高生活水準，將是未來三十年、甚至更久以後的主題。

未來難免要有所取捨。不過我們在第三章提到，未來會有技術上的突破，因此取捨的雙方都可以大大降低成本。就氣候變遷而言，在未來某個階段，全世界可能突然決定動用一切資源對抗氣候變遷。二〇二〇年生產能有效預防新冠肺炎的疫苗競賽，足以證明各國政府、多國企業，以及學術機構攜手合作，在必須成功的時候，能有怎樣的成績。這些行動並非由中央規畫，並沒有單一的決策地點，而是競爭與合作結合的成果，而且大致有效。

這可以說是一次演習，是我們出手控制我們對地球的傷害。在二〇二〇年代初的現在，我們還沒拿出意志。西歐與北美的菁英，已經意識到問題有多嚴重，但拿出的回應卻是沒條理、不及格的表面功夫。這將會改變，尤其是全球資本主義意識到，私營部門與公共部門受到越來越多來自投資人的壓力，必須重新思考政策。說白了，如果追求綠色成長有錢賺，市場資本主義自然會想出辦法。選民要更多規範，各國政府就會加強規範。

難以預測的是改變的過程與時機。我的直覺是改變會突然發生，由某個大災難或是某位有魅力的領袖帶動。改用電動車就是個例子。全世界改用電動車的速度十分驚人。不過還是需要一位在加州工作的、特立獨行的南非人，發明引領潮流的電動車。改用電動車是遲早的事，但若是沒有伊隆・馬斯克與特斯拉，就會晚二十年才實現。

反過來說，要求改變的壓力會越來越高，某些科技創新將引發突如其來的經濟轉變。經濟一旦改變，一切就順利多了。但我們不需要知道，應該說我們不可能知道，科技將如何拯救環境。我們只需要有信心，保持警惕，務實思考在有限的時間內，能做到什麼程度。

至於氣候變遷，正如先前所言，或多或少是預防措施的問題。不確定性實在太高，時間差也很難拿捏，因此最好及早行動，而非等到氣候變遷的現象累積得越來越多。不過環境保護其實也是道德問題。我們是地球的管理者，必須妥善管理地球資源。如果覺得這話聽起來太一本正經，那就想想：隨著人口老化，財富與生活水準提升，人們關注的重點就能從日常需求，轉向子女及孫子女的長期利益。經濟成長確實會更耗費資源，人口成長也會。不過人們的價值觀已有所改變，而且這種轉變在未來還會更深更廣。價值觀改變，再加上科技進步，我們未來將能減少我們在地球上的足跡，這也是勢在必行。

二〇五〇年……以及之後的世界

一個世代以後的世界究竟會怎樣？我在這本書道出我的恐懼與希望，現在則是要盡可能判斷這些恐懼與希望將如何發展。判斷的依據除了事實之外，也包括歷史和我自己的直覺。

我相信人類會順利度過一段艱難的日子，不會發生讓這本書的預測盡皆無效的重大災難。美、中這兩個經濟強國之間的角力很明顯，而且會先惡化，然後才會好轉。印度崛起之後，逐漸發展為世界第三大經濟體，也會引發對立。不幸的是在中東以及其他引爆點，仍然會有一些問題。俄國仍將是一個棘手的夥伴，也會伺機破壞歐盟的穩定。非洲若希望能更繁榮，就必須減少內部衝突。但這些對立會不會演變成世界大戰，甚至類似從一九四五年二次世界大戰結束，至一九八九年柏林圍牆倒塌的新冷戰？我的答案是不會，它們不會。世界強國會勉強共處，但不會爆發武裝衝突。我之所以這麼說，主要的原因是人民還依稀記得那慘痛的二十世紀前半。那段日子讓全世界記取了很久的教訓。各國的領導者不會愚蠢或是傲慢到犯同樣的錯誤。

我相信世界能適應新興國家的地位水漲船高，已開發國家也將接受這一點。他們除了接受也別無選擇。但這應該不只是接不接受的問題。我認為歐洲與北美的人民，終將懂得欣賞中國與印度這兩個亞洲大國的樂觀。我也認為他們終將承認，西方社會的某些特質，尤其是過於重視個人權利而非集體和諧，並不會讓人民更快樂。西方還有很多東西可以傳授給東方，包括如何促進科技進步，以及能適時限制國家領導者權力的司法體系。但西方要學的也很多，只是大多數的英國、歐洲與美國人民恐怕不願承認。

科技會繼續迅速發展。大多數的科技會逐步發展。不過我們的知識也有可能出現較大的變化，讓我們得以從不同的角度，檢視我們既有的知識。是否會類似達爾文在他的著作《物種起源》闡述人類的演化[12]？還是會發現類似抗生素、甚至原子彈這種等級的新技術？這兩種情形都有可能，甚至很有可能發生。至於發現新的物理學原理，推翻我們視為基礎的定律，則是不太可能發生。我覺得不該由學經濟的人猜測這些。我要表達的重點，是未來三十年將出現改變我們日常生活的新科技，好比iPhone與社群媒體過去三十年的影響。這些新科技多半已經是世上某處的實驗室或研究部門研發出的原型。其中一小部分將會普及，改變我們生活的某些層面，但不會改變一切。到了二〇五〇年，人們住的還是同樣的房子，吃的多半還是同樣的食物，穿的大致是同樣的衣服，旅行使用的是現在科技的改良版，做的也是現在大家熟悉的工作。會改變的，是全球整體生活水準將有所提升，許多人會過上我們簡稱的中產階級生活。

這裡有一個很值得追求的巨大利益。一旦大多數人都過著中產階級生活，中產階級的觀念與期望就會主宰世界。未來的挑戰，在於要讓那些尚未加入中產階級的人，也能過上好日子。因為窮人若是覺得無法跨越藩籬，共享繁榮，就會起而反抗，影響整個世界的進步。重點在於各地區的財富差距，以及年齡差距。因此，非洲仍將是最貧窮的一洲，原因除了非洲的歷史之外，也包括非洲的年齡結構，意味著非洲是最年輕的一洲。累積財富需要時間。年輕人難免會比老人窮。但富有的老人不能築起高牆，將貧窮的年輕人擋在門外。富有的老人要想得到利益，必須普及財富。

這就提到最後一個想法。未來三十年極為重要，對我們每一個人顯然都很重要，因為這是我們生活的地球，我們無法選擇出生的時刻。不過正如本書第五十五頁所提到歐巴馬的言論，客觀來說，活在現在是最好的時機，而且對人類來說，現在也是特別的重要階段。在這個階段，人類可能會犯下嚴重的錯誤，無論是在環境、科技，還是在和諧或不甚和諧的國際關係上。在這個階段，人類也有可能做正確的事，讓本世紀後半更平靜，更穩定。我們必須盡全力，當然彼此還是會吵架，這並無所謂，但也要了解那些將我們團結在一起的共同點。我們極其幸運，能活在這個時代。這個時代顯然有很多問題，卻也是史上最和平、最繁榮的時期。

歷史是一直演進的，永遠不會結束。之所以聚焦在二〇五〇年，只是要呈現一個我們都熟悉的時期，也就是一個世代以後。屆時我們的子女將是我們現在的年紀，會展望本世紀的後半、地球上的人數開始減少的時候，那時候我們對於自己、對於我們與地球的關係的看法，也會因而改變。我們本身不會改變。我們對於社會應該如何組織的觀念，會稍有改變，但我們的希望、志向、恐懼，以及缺陷大致不變。屆時我們該做的，就像現在一樣，維護我們所擁有最珍貴的一切，盡可能稍微多做一些。對於我們的子女與孫子女來說，往後將是一段充滿挑戰，但終究精采的旅程。

附註與資料來源

序言：從二〇二〇年開始的旅程

1 鄰近日內瓦的歐洲核子研究組織（CERN）簡短介紹該單位的研究人員提姆・柏內茲—李（現為爵士）發明全球資訊網的過程，相當值得參考，見 https://home.cern/science/computing/birth-web/shorthistory-web。關於早期瀏覽器研發的歷史有不少資料，其中以維基百科最值得參考，見 https://en.wikipe dia.org/wiki/History of_ the_ web_ browser。

2 安格斯・麥迪森於二〇一〇年逝世之後，他以前在荷蘭格羅寧根大學的同事，持續將他的研究更新，加入新資料，即為「麥迪森計畫」，見 https://www.rug.nl/ggdc/historicaldevelopment/maddison/releases/maddison-project-database-2018?lang=en。經濟合作暨發展組織（OECD）提供麥迪森著作 *The World Economy: A Millennial Perspective* 的多國語言版本，見 https://www.oecd.org/dev/developmentcentrestudiestheworldeconomyamillennialperspective.htm。

3 見勞勃・梭羅一九八七年獲頒諾貝爾獎所寫的簡短自傳，https://www.nobelpr ize.org/prizes/economic-sciences/1987/solow/biographical/。二〇一九年十二月號的《麻省理工科技評論》刊出關於梭羅的研究分析，見 https://www.technologyreview.com/2019/12/27/131259/the-productive-career-of-robert-solow/。英國經濟研究團體 tutor2u 概略介紹梭羅成長模型，見 https://www.tutor2u.net/economics/reference/economic-growth-neo-classical-growth-the-solow-model。Harvard Web Publishing 詳細剖析梭羅成長模型，以供學者參考，見 https://scholar.harvard.edu/files/nbairoliya/files/lec10.pdf。

4 吉姆・奧尼爾的 *Building Better Global Economic BRICs* 全文，請見高盛檔案資料：https://www.goldmansachs.com/insights/archive/building-better.html。

5 見 Dominic Wilson and Roopa Purushothaman, 以及 Jim O'Neill, Paulo Leme, Sandra Lawson, Warren Pearson，還有高盛同仁，Dreaming with the BRICs。亦收錄於高盛檔案資料，https://www.goldmansachs.com/insights/archive/brics-dream.html#:~:text=Over%20the%20next%2050%20years,Th e%20results%20are%20startling。

6 滙豐經濟學團隊的原始預測名為 The World in 2050，僅含前三十大國家。這份預測報告於二〇一一年發表。隔年擴及前一百大國家，報告名稱為 *From the Top 30 to the Top 100*。原始報告請見 https://warwick.ac.uk/fac/soc/pais/research/researchcentres/csgr/green/foresight/economy/2011_hsbctheworld_i n_2050_-_quantifying_the_ shift_intheglobal_ economy.pdf。第二項研究請見 https://books.google.co.uk/books/about/The_World_in_2050.html?id=sGONnQAACAAJ&redir_esc=y。滙豐團隊於二〇一八年使用該模型評估前三十大國，修正某些輸入值，不過結論大致與先前研究相同，https://enterprise.press/wp-content/uploads/2018/10/HSBC-The-World-in-2030-Report.pdf。

7 Robert J. Gordon, *The Rise and Fall of American Growth: The U.S. Standard of Living Since the Civil War* (Princeton University Press, 2017), https://press.princeton.edu/books/paperback/9780691175805/the-rise-and-fall-of-american-growth

8《華爾街日報》將哈爾．范里安稱為「Google 經濟學的亞當斯密」。范里安在不少場合提出他對於衡量問題的見解，包括在這篇與 American Enterprise Institute 的訪談：https://www.aei.org/economics/googlenomicsa-long-read-qa-with-chief-economist-hal-varian/。他所舉的攝影例子，源自二〇一六年九月向 Brookings Panel 提交的簡報：*A microeconomist looks at productivity: A view from the Valley*, https://www.brookings.edu/wp-content/uploads/2016/08/varian.pdf。

9 Brookings Institution 於二〇一四年簡略介紹了配對知識，Richard V. Reeves and Joanna Venator,

Opposites Don't Attract – Assortative Mating and Social Mobility: https://www.brookings.edu/blog/social-mobility-memos/2014/02/10/opposi tes-dont-attract-assortative-mating-and-socialmobility/。二〇一九年發表於 *Quillette* 平台的研究 Branko Milanovic, *Rich Like Me: How Assortative Mating is Driving Income Inequality* 檢視了後續的數據，得出的結論是這項趨勢更為明顯，見 https://quillette.com/2019/10/18/rich-like-me-how-assortative-mating-is-driving-income-inequality/。

10 法蘭西斯．福山的文章「歷史的終結？」於一九八九年夏季發表於 The National Interest。這篇文章後來擴寫成書，書名 *The End of History and the Last Man* (The Free Press, 1992) 比文章篇名更長，也去掉了文章篇名的問號。

11 汽車產量於二〇一七年之後減少，二〇二〇年的汽車產量將近兩千萬台：https://www.oica.net/category/production-statistics/2020-statistics/。

12 二〇一三年推出的一帶一路，是中國在全球各地興建港口、鐵路、機場，推動能源計畫與其他投資，進而打造全球交通基礎設施。經濟暨合作發展組織於二〇一八年的研究指出，全球連結度提升將創造巨大效益，但各地主國必須確保能得到最佳投資收益，https://www.oecd.org/finance/Chinas-Belt-and-Road-Initiative-in-the-global-trade-investment-and-finance-landscape.pdf。後來證明許多計畫對於接受國來說並不划算。

13 英國於一八四一年入侵香港，中國依據南京條約，於一八四二年將香港割讓給英國。北京條約又將九龍半島的一部分割讓給英國。關於英國十九世紀對待中國的種種卑劣行徑，有不少記載。不過從英國占領香港，到香港回歸中國的這段短暫歷史，ＢＢＣ的報導就像其他媒體一樣公正客觀：https://www.bbc.co.uk/newsround/52907269。

14 史蒂芬．平克的研究，包括未來的作品，請見他的個人網站：https://stevenpinker.com/publications/betterangels-our-nature。

15 漢斯．羅斯林的ＴＥＤ演說請見 https://www.ted.com/speakers/hans_ rosling。大加讚賞羅斯林的研究的比爾蓋茲，曾詳細解釋為何他認為「《真確：扭轉十大直覺偏誤，發現事情比你想的美好》是我讀過最有收穫的一本書」：https://www.gatesnotes.com/books/factfulness。

16 歐巴馬對寮國學生的演說，請見 https://www.youtube.com/watch?v=nK7AbxTGDSU。

第一章：我們現在生活的世界

1 美國領先第二大與第三大產油國，也就是沙烏地阿拉伯與俄國的幅度，一路增加到二〇二〇年，當時美國的產量占全球產量百分之二十。美國能源資訊管理局提供詳細的產量資料：https://www.eia.gov/tools/faqs/faq.php?id=709&t=6。

2 上海交通大學於二〇〇三年率先提出世界大學排名，http://www.shanghairanking.com/ARWU2020.html。其他較具公信力的排名，包括英國兩家機構的排名，一家是QS：https://www.topuniversities.com/qs-world-universityrankings，另一家是 *Times Higher Education*：https://www.timeshighereducation.com/world-university-rankings。莫斯科的 Round University Ranking 提出大致類似的排名結果：https://round rank ing.com/ranking/world-university-rankings.html#world-2021。US News and World Report 的排名結果也相去不遠，https://www.usn ews.com/education/best-global-universities/rankings。排名結果會受到排名的方法，也許也會受到製作排名的機構所屬的國家影響，不過各項排名的相似之處，比不同之處明顯得多。

3 衡量美國商業優勢的方法之一，是將美國所有上市公司的市值，與其他大型經濟體比較。德國數據公司 Statista 主要依據美國高科技巨擘的估值資料，計算出美國企業在二〇二一年初的市值，占全球總和的百分之五十六，https://www.statista.com/statistics/710680/global-stock-markets-by-country/。

4 二〇一〇年的《社群網戰》是部很有意思的電影，描寫臉書的誕生，以及催生臉書的、哈佛大學的那種積極進取、養尊處優的氛圍。電影難免會有虛構的情節，不應完全信以為真，https://www.youtube.com/watch?v=lB95KLmpLR。

5 國際學生能力評估計畫（PISA）是由經濟合作暨發展組織（OECD）於二〇〇〇年展開的研究，「衡量十五歲少年運用閱讀、數學、科學的知識與技能，解決現實生活問題的能力」，https://www.oecd.org/pisa/。

6 美國國家經濟研究局解釋加拿大為何不同於美國，不僅順利避開二〇〇八年的金融危機，也躲過了十九世紀，以及一九〇七年、一九三〇年的危機。加拿大有集中化的金融體系，加上一個強而有力的主管機關，因此沒有一家銀行需要紓困，https://www.nber.org/digest/dec11/why-canada-didnt-have-banking-crisis-2008。

7 奇怪之處在於榮獲本國國民評選為世上最好的國家，竟然差點分裂。Harold D. Clark and Allan Kornberg, *Choosing Canada? The 1995 Quebec Sovereignty Referendum* 詳細闡述箇中原因。這篇文章由 Cambridge University Press 於二〇一三年線上發表。

8 https://www.wsj.com/articles/400-murders-a-day-the-crisis-of-latinamerica-1537455390。

9 二〇一四年二月十五日出刊的《經濟學人》簡短分析了箇中的問題，'The tragedy of Argentina: A century of decline': https://www.economist.com/briefi ng/2014/02/17/a-century-of-decline。

10 自從歐元問世，歐洲各國的經濟表現就有明顯的差距，新冠肺炎危機幾乎肯定會導致差距進一步擴大。見 Dirk Ehnts and Michael Paetz, 'COVID-19 and its consequences for the Euro Area,'

Eurasian Economic Review (2021): https://link.springer.com/article/10.1007/s40822-020-00159-w。

11 見 http://www.shanghairanking.com/ARWU2020.html, https://www.topuniversities.com/qs-world-university-rankings, https://www.times highereducation.com/world-university-rankings, https://roundranking.com/ranking/world-university-rankings.html#world-2021 以及 https://www.usnews.com/education/best-global-universities/rankings。

12 時任英格蘭銀行首席經濟學家 Andrew Haldane 於二〇一八年，在英國社會科學院的年度講座分析英國的生產力問題，The UK's Productivity Problem: Hub No Spokes: https://www.bankofengland.co.uk/-/media/boe/files/speech/2018/the-uks-productivity-problem-hub-no-spokes-speech-by-andy-haldane。

13 新創公司的計算結果，會隨著人均募集資金數，或是人均創辦企業數而有所不同。作為一個概略的指標，從二〇一五至二〇一九年，英國為新創公司募集的資金，超過德國與法國的總和，https://www.seedtable.com/european-tech-statistics。

14 二〇二〇年，服務業在國民所得的占比唯一超過英國的歐洲國家，是金融業比重極大的盧森堡。在德國，服務業占國民所得百分之七十，https://data.oecd.org/natincome/value-added-byactivity.htm。

15 內倫敦與英國其他地方的差距特別大，https://vividmaps.com/the-top-ten-richestand-poorest-areas/。

16 英國國家統計局定期發表健康狀態預期壽命的最新數據，https://www.ons.gov.uk/peoplepopulationandcommunity/healthandsocialcare/healthandlifeexpectancies/bulletins/healthstatelifeexpectanciesuk/2017to2019。

17 國際學生能力評估計畫（PISA）研究：https://www.oecd.org/pisa/。

18 Haldane, *The UK's Productivity Problem*。

19 同前註。

20 這項由美國國家經濟研究局發表的研究請見 https://gabriel-zucman.eu/fi les/TWZ2 018.pdf。二〇二一年，美國總統拜登提議設置通行全球的最低公司稅率，以減少企業鑽國際稅務漏洞所造成的稅收流失。

21 這些是二〇二〇年的數據。到了二〇二一年，美國可能被中國超越。中國幾乎肯定會成為德國最大出口市場。中國原本是第二位，法國則是第三位。第四位是荷蘭，第五位則是英國。所以德國的前五大市場當中，有三個位於歐盟之外，https://tradingeconomics.com/germany/exports-by-country。

22 The World's Top Exports 提供的出口排名資料相當實用：http://www.worldstopexports.com/car-

exports-country。

23 World's Top Exports：http://www.worldstopexports.com/drugsmedicine-exports-country/。

24 世界銀行：https://data.worldbank.org/indicator/NV.IND.MANF.ZS。

25 荷蘭與墨西哥互相競爭第一大番茄出口國的地位，荷蘭於二〇一八年勝出，墨西哥則是在二〇一九年拔得頭籌，https://www.worldstopexports.com/tomatoes-exports-country/。

26 精品品牌排名頗具爭議，保時捷是精品品牌，還是汽車製造商？但若是只以時尚產品以及配件論，法國明顯領先，又以路易威登為首，https://www.businessupturn.com/companies/here-are-the-top-10-luxury-brands-of-the-year-2020/。

27 YouTube 上有一些世界博覽會的重新錄製的彩色影片，可以看出那個時代的現代氛圍，例如這段影片中會動的道路：https://www.youtube.com/watch?v=a-c28UwMAnc。

28 普林斯頓大學出版社出版：https://press.princeton.edu/books/paperback/9780691037387/making-democracy-work。

29 希臘從二〇〇八至二〇一六年，GDP下降超過四分之一。希臘銀行總裁 Yannis Stournaras 於二〇一八年向歐洲審計院提出詳盡客觀的報告，分析經濟衰退對於希臘的影響：https://www.bis.org/review/r190816e.htm。

30 生育率有所提升的證據憂喜參半。生育率從二〇〇〇年代初期開始略有提升，但依然遠低於替代率。正式預測數據請見 http://www.ine.es/prensa/np994.pdf。

31 Statista 持續更新這些主權基金規模的資料。二〇二一年，挪威的主權基金規模最大，https://www.statista.com/statistics/276617/sovereign-wealth-funds-worldwide-based-onassets-under-management/。

32 世界幸福報告衡量一百五十六國人民的幸福程度。*The Conversation* 分析為何丹麥的幸福程度最高：http://theconversation.com/whydenmark-dominates-the-world-happiness-report-rankings-year-afteryear-93542。

33 俄國的教育深受年輕人口下降影響，不過俄國政府已經拿出對策，一邊吸引外國學生，一邊則是將本國國民送往國外，再提供回國獎勵，https://wenr.wes.org/2017/06/education-in-the-russian-federation。

34 分析鄧小平的成就的相關研究實在太多，很難挑選。有兩個值得參考的研究，一個是倫敦政經學院二〇一七年的特別報告，*From Deng to Xi*: https://www.lse.ac.uk/ideas/Assets/Documents/reports/LSE-IDEAS-From-Deng-to-Xi.pdf。另一個是 *Quartz* 於二〇一八年發表的 *The charts that show how Deng Xiaoping unleashed China's pent-up capitalist energy in 1978*，https://qz.com/1498654/

the-astonishing-impact-of-chinas-1978-reforms-in-charts/。

35 二〇二一年一月，使用者最多的前五大社群媒體是美國企業，以臉書及 YouTube 為首，不過第五到第十名全是中國企業，https://www.statista.com/statistics/272014/global-social-networks-ranked-by-number-of-users/。

36 一九九七年，香港依據「一國兩制」協議回歸中國，當時占中國ＧＤＰ將近百分之二十。到了二〇二〇年，中國大陸成長速度遠超過香港，因此香港僅占中國ＧＤＰ不到百分之三，https://www.ejinsight.com/eji/article/id/1580225/20170609-hk-versus-china-gdp-a-sobering-reality。

37 在新冠疫情爆發之前，包括匯豐在內的比較多的預測機構，認為印度將在二〇二〇年代末超越日本。但由於疫情的關係，可能會延後兩三年才會實現，美國銀行預測將會在二〇三一年實現，https://www.cnbc.com/2021/03/24/india-to-overtake-japan-asthird-largest-economy-in-2031-bofa-securities.html。

38 斯里蘭卡的表現格外出色，但孟加拉也拉近與巴基斯坦的距離，二〇一九年的人均ＧＤＰ已經與巴基斯坦相同。相對來說表現最差的是巴基斯坦。一九九八年的巴基斯坦比中國富有，但是到了二〇一九年，人均所得不到中國的三分之一，https://data.worldbank.org/indicator/NY.GDP.PCAP.PP.CD?locations=IN-PK-BD-LK-CN。

39 各國計算犯罪率的方式不同，但顯然日本的他殺率是世界最低，https://worldp opulationreview.com/country-rankings/murder-rate-by-country。以整體犯罪率來看，瑞士、紐西蘭、挪威也很低，某些計算結果甚至比日本還低，https://www.encyclopedia.com/articles/countries-with-the-lowest-crime-rate-in-the-world/。

40 南韓相當煩惱出生率偏低的問題，二〇一九年的出生率還在下降，https://data.worldb ank.org/indicator/SP.DYN.TFRT.IN?locations=KR。二〇二〇年由於疫情的緣故，出生率進一步降低。

41 麥肯錫全球研究所發表一項頗有見地的研究，名為 *South East Asia at the crossroads: Three paths to prosperity*，指出東南亞從現在到二〇三〇年，仍將是世上最活躍的區域之一，https://www.mckinsey.com/~/media/McKinsey/Featured%20Insights/Asia%20Pacific/Three%20paths%20to%20sustained%20economic%20growth%20in%20Southeast%20Asia/MGI%20SE%20Asia_Executive%20summary_November%202014.ashx。

42 大英百科全書的各國研究，明確呈現各國的經濟表現與問題：https://www.britannica.com/place/Nigeria/Economy。

43 迦納也是非洲最成功的民主國家之一，有公正的選舉，政權移轉平和有序，https://www.nytimes.com/2018/03/10/world/africa/ghana-worlds-fastest-growingeconomy.html。

44 我是與安南在牛津共進午餐，私下聊天時發現這項經濟成長的阻礙。他對我說，從一個非洲國家到另一個非洲國家，最方便的途徑往往是從倫敦或巴黎轉機。

45 世界銀行資料：https://www.worldbank.org/en/country/ethiopia/overview。

46 欲了解相關的進展與挑戰，請參考 *Quartz Africa*：https://www.oecd.org/pisa/, https://qz.com/africa/1109739/ethiopia-is-one-of-the-fastest-growing-economies-in-the-world/。

47 牛津大學出版社手冊系列也提供實用資訊：https://global.oup.com/academic/product/the-oxford-handbook-ofthe-ethiopian-economy-9780198814986?cc=gb&lang=en&。

48 世界銀行資料：https://data.worldbank.org/indicator/SL.UEM.TOTL.ZS?locations=ZA。

49 中國推出「一帶一路」，計畫以更好的港口（帶），更好的道路與鐵路設施（路）連結中國與歐洲，卻是極具爭議。有些計畫失敗，導致相關的國家不僅背負巨債，還無法控制本國的某些運輸基礎設施。不過一帶一路的投資也創造出巨大且顯著的效果，https://www.the-american-interest.com/2019/04/04/misdiagnosing-the-chinese-infrastructure-push/。

50 見 http://www.shanghairanking.com/ARWU2020.html, https://www.topuniversities.com/qs-world-university-rankings, https://www.timeshighereducation.com/world-university-rankings, https://roundranking.com/ranking/world-university-rankings.html#world-2021 以及 https://www.usnews.

com/education/best-global-universities/rankings。

51 很多人評論過亞當斯密這段文字真實的意思。他與好友約翰．辛克萊爵士的完整對話如下：辛克萊爵士說：「照這個速度發展下去，國家就完蛋了。」斯密說：「孩子別怕，一個國家完蛋的地方多了去了。」有篇文章探討這段話經常遭到錯誤解讀的問題，值得一看，http://adamsmithslostlegacy.blogspot.com/2008/08/is-this-correct-useof-quotation.html。

第二章：人口結構：老化的世界與年輕的世界

1 *2019 Revision of World Population Prospects* 收錄了聯合國第二十六次正式人口估計與預測結果，https://population.un.org/wpp/。這是全球最詳盡的人口趨勢研究，而且聯合國已累積多年研究經驗，因此這項研究是判斷人口結構對世界經濟影響的最佳依據。另一項很有意思的分析，發表於二〇二〇年的 *The Lancet*，同樣探討人口對於各國經濟規模的影響。這本書主要參考的是聯合國的資料，但也參考結論與聯合國不同的 The Lancet 研究，https://www.thelancet.com/article/S0140-6736(20)30677-2/fulltext。

2 二〇一八年，日本登記為「akaya」，亦即沒有繼承人、沒有房客的廢棄住宅，在所有不動產的占比創下新高，為百分之十三．六，https://www.bbc.com/worklife/article/20191023-what-

willjapan-do-with-all-of-its-empty-ghost-homes。

3 國立社會保障暨人口問題研究所（ＩＰＳＳ）是日本的國立研究機構，於一九九六年成立，隸屬於厚生勞動省，https://www.g20-insights.org/think_tanks/national-institute-for-population-and-social-security-research/。

4 見 Brookings Institution 發表的論文，Giovanna di Maio, *Italy and Immigration: Europe's Achilles heel*: https://www.brookings.edu/blog/order-from-chaos/2019/01/14/italy-and-immigration-europes-achilles-heel/。

5 作者群註：「即使我們無法親口對你說出（很遺憾地）：『我早就告訴你了。』我們也盡了吹哨者的責任。」https://www.robert-schuman.eu/en/european-issues/0462-europe-2050-demographic-suicide。

6 Brookings 發表了人口調查結果的摘要報告，指出整個國家在二〇四五年之前，會變成「白人是少數」，https://www.brookings.edu/blog/the-avenue/2018/03/14/the-us-will-become-minority-white-in-2045-census-projects/。

7 皮尤研究中心對於全球經濟與社會資料的分析相當公正客觀，https://www.pewresearch.org/fact-tank/2019/05/22/u-s-fertility-rateexplained/。

8 俄國總統普丁將吸引更多移民列為第一要務，https://www.rferl.org/a/migrants-welcome-is-russia-trying-to-solveits-demographic-crisis-by-attracting-foreigners-/30677952.html。

9 對於移民趨勢是否已反轉，俄國內部議論紛紛，https://www.rbth.com/lifestyle/329990-has-russia-migration-crisis。

10 想掌握中國與印度之間（以及其他主要集團）的關係的長期趨勢，不妨參考 Angus Maddison Historical Statistics，內含GDP與人口估計值，因此也有人均GDP資料，https://www.rug.nl/ggdc/historicaldevelopment/maddison/?lang=en。

11 二〇一九年，新冠疫情即將爆發之前，印度的失業率已創下一九七〇年代以來的新高，https://www.bbc.co.uk/news/world-asia-india-47068223。

12 見 *2019 Revision of World Population Prospects* : https://population.un.org/wpp/ 以及 https://www.thelancet.com/article/S0140-6736(20)30677-2/fulltext。

13 見 Hover Institution 發表的論文，Jack A. Goldstone, 2019, *Africa 2050: Demographic Truth and Consequences*: https://www.hoover.org/research/africa-2050-demographictruth-and-consequences。

14 聖地牙哥州立大學 John Weeks 教授，曾研究「人口就是命運」這句話的起源。這句話大概是首次出現在 Richard Scammon and Ben Wattenberg, *The Real Majority* (New York: Coward-McCann,

1970). https://weekspopulation.blogspot.com/2013/11/the-origins-ofdemography-is-destiny.html。

15 在這篇論文，歐盟執行委員會對於歐洲二〇六〇年之前的人口問題，看法相對樂觀。這篇論文於二〇一九年發表，計算卻是以歐盟二十八個會員國為依據，仍將英國視為歐盟會員國，https://publications.jrc.ec.europa.eu/repository/handle/JRC116398。

16 移民研究中心是位於華盛頓特區的智庫，自稱立場是「少移民，挺移民」，持續統計美國各地的庇護城市、郡、州的總數，https://cis.org/Map-Sanctuary-Cities-Counties-and-States。

17 愛爾蘭從一九五〇年代至今，扭轉了國內的人口趨勢與經濟表現。相關的研究不少，其中Economics Observatory 於二〇二一年發表了貝爾法斯特女王大學與都柏林大學的幾位學者看法的摘要，值得參考，https://www.economicsobservatory.com/irelands-economy-since-independencewhat-lessons-from-the-past-100-years。

18 《紐約時報》對資料與未來展望的分析：https://www.nytimes.com/interactive/2019/01/17/world/asia/china-populationcrisis.html。

19 World By Map 發表許多地區的經濟及人口詳細資料。二〇二〇年的中位數年齡計算結果，分別從摩納哥的五十五．四歲、日本的四十八．六歲，到烏干達的十五．七歲、尼日的十四．八歲。二〇二〇年，世界人口的中位數年齡估計值為三十一歲，https://www.citypopulation.de/en/

world/bymap/medianage/。

第三章：資源與環境：世界經濟去碳化

1 *The Stern Review* 由劍橋大學出版社出版，https://www.cambridge.org/us/academic/subjects/earth-andenvironmental-science/climatology-and-climate-change/economics-climate-change-stern-review?format=PB。

2 聯合國氣候變遷綱要公約闡述了巴黎協定的內容，見 https://unfccc.int/process-and-meetings/the-paris-agreement/the-paris-agreement。

3 二〇〇六年，十六個國家的各大投資機構領導者，簽署了安南發起的「責任投資原則」協議，https://www.un.org/press/en/2006/sg2111.doc.htm。

4 不少人說過特斯拉的故事，Business Insider 於二〇一四年整理特斯拉早年的起伏，強調伊隆・馬斯克並非特斯拉最初的創辦人之一。特斯拉是由 Marc Tarpenning 與 Martin Eberhard 於二〇〇三年創辦，伊隆・馬斯克後於二〇〇四年加入。https://www.busi nessinsider.com/the-complete-tesla-story-2014-7?r=US&IR=T#tesla-motors-was-foun ded-in-2003-by-fivesilicon-valley-entrepreneurs-1。特斯拉於二〇一〇年上市。

5 世界資源研究所研判，全世界四分之一人口面臨嚴重缺水的壓力。https://www.wri.org/blog/2019/08/17-countries-home-one-quarterworld-population-face-extremely-high-water-stress。

6 鹹海於一九六〇年代開始縮小，二〇一四年，鹹海的東海盆六百年來第一次乾涸，https://www.nationalgeograp hic.com/science/article/141 001-aral-sea-shrinkingdrought-water-environment。後來鹹海的北部開始重新注入海水，恢復工作也持續進行中，https://www.usaid.gov/central-asia-regional/success-stories/jun-2021-regional-eff orts-restore-aral-sea-ecosystem。

7 從一九七〇年開始，死於饑荒的人數創下歷史紀錄新低，https://ourworldindata.org/why-do-far-fewer-people-die-in-famines-today。

8 Amartya Sen, *Poverty and Famines: An Essay on Entitlement and Deprivation*, 1983, 收錄於 Oxford Scholarship Online, November 2003: https://www.oxfordscholarship.com/view/10.1093/0198284632.001.0001/acprof-9780198284635。

9 生產的棕櫚油多半是當成生質燃料。棕櫚油生產是東南亞環境毀壞的主因之一，在南美洲也毀壞越來越多的環境，https://www.transportenvironment.org/what-we-do/biofuels/why-palm-oil-biodiesel-bad。

10 英國政府從一九七〇年開始，每年發布國內能源使用與能源績效的詳細報告，內容包括各燃料與各部門的使用量，https://assets.publishing.service.gov.uk/government/uploads/system/uploads/attachment_data/file/928350/2020_Energy_Consumption_in_the_UK_ECUK_.pdf。

11 英國自從決定脫離歐盟，就持續增加自行生產的食物量。二〇一七年，英國自產食物比例達到百分之五十，其餘百分之五十為進口。二〇一九年，自產食物比例升至百分之五十五，https://www.gov.uk/government/statistics/food-statistics-pocketbook/food-statistics-in-your-pocket-global-and-uk-supply。

12 再生能源的成本不斷下降，再加上限制使用化石燃料的法令，因此ＢＰ石油公司最樂觀的預期，也最有可能實現，https://www.bp.com/content/dam/bp/business-sites/en/global/corporate/pdfs/energy-economics/energyoutlook/bp-energy-outlook-2019.pdf。

13 資料來自Union of Concerned Scientists，該機構由麻省理工的一群科學家與學生於一九六九年創立，https://www.ucsusa.org/resources/environmental-impacts-natural-gas。

14 根據World Nuclear Association統計，一九八九年全球共有四百二十個運作中的反應器，到了二〇二〇年有四百四十一個，https://www.world-nuclear.org/information-library/current-andfuture-generation/nuclear-power-in-the-world-today.aspx。

15 到了二〇五〇年，雅加達可能有一大半位於水面下，但將首都遷至加里曼丹並不能解決問題，還會導致先前未開發的區域也都市化，https://www.bbc.co.uk/news/world-asia-49481090。

16 世界自然基金會（WWF）以及倫敦動物學會（ZSL）二〇一五年的研究顯示，海洋中魚的數量「瀕臨崩潰」，https://www.scientifi camerican.com/article/ocean-fish-numbers-cut-in-half-since-1970/。

17 全球一群研究者組成的「國際海洋生物普查」於二〇一一年發表史上第一份全球物種統計：https://www.sciencedaily.com/releases/2011/08/110823180459.htm。

18 歐盟於二〇〇九年的一份指令表示：「提倡使用生質燃料，能顯著提升能源供給的安全，還能有效減緩氣候變遷」，https://ec.europa.eu/transport/themes/urban/vehicles/road/biofuels_en。

19 二〇一八年，歐洲議會呼籲禁止將植物油用於運輸，https://www.reuters.com/article/us-eu-climatechangepalmoil/eu-to-phase-out-palm-oil-from-transport-fuel-by-2030-idUSKBN1JA21F。

20 國際猩猩基金會嚴詞批評棕櫚油園大幅擴張，嚴重影響野生猩猩的生存，https://orangutan.org/rainforest/the-effects-of-palm-oil/。

21 鈷是生產電池所需的瓶頸礦物之一，https://ec.europa.eu/jrc/en/news/cobalt-potentialbottleneck-transition-electric-mobility。

22 世界經濟論壇的全球電池聯盟於二〇一九年指出兩項重要議題：開採稀有礦物的環境成本與人

力成本，以及壽命已盡的電池的回收問題，https://www.weforum.org/agenda/2019/03/the-dirty-secret-of-electric-vehicles/。

23 BBC二〇一九年報導：「電動車的未來，可能取決於在海底開採重要的金屬。」https://www.bbc.co.uk/news/science-environment-49759626。

24 *Newsweek* 一九七五年的一篇報導引發恐慌。不少人擔心全球氣候突然變化，氣溫更低會導致食物產量下降，https://yaleclimateconnections.org/2007/11/common-climate-misconceptions-1970s-globalcooling-concerns-lacked-todays-scientific-rigor-and-relevance/。

25 政府間氣候變化專門委員會於二〇一八年發表一份特別報告，分析全球氣溫比工業革命前的水準高出攝氏一點五度，所造成的影響，https://www.ipcc.ch/sr15/about/。

第四章：貿易與金融：全球化轉向

1 主張貿易對雙方有益的主要原因，是比較利益的概念。比較利益是由英國經濟學家 David Ricardo 於著作 *On the Principles of Political Economy and Taxation* (John Murray, 1817) 提出。Investopedia 詳細解析這個概念：https://www.investopedia.com/terms/c/comparativeadvantage.asp。

2 討論雷曼兄弟倒閉的書籍不少，現在也有人討論，當初美國政府要是出手拯救雷曼兄弟，金融體系與世界經濟受到的衝擊是否會較小。關於這場金融危機，最值得參考的分析研究，是 Alan S. Blinder 的 *After the Music Stopped* (Penguin Random House, 2013): https://www.penguinrandomhouse.com/books/312602/after-the-music-stopped-by-alan-s-blinder/。不過想了解創立雷曼兄弟金融帝國的家族的故事，最有意思的還是欣賞 Stefano Massini 的 *The Lehman Trilogy*，分別於二〇一八年、二〇一九年在倫敦及紐約演出，https://www.nationaltheatre.org.uk/shows/the-lehman-trilogy。

3 在十九世紀的一八六六年，倫敦最大貼現商號 Overend Gurney 倒閉，各國央行從此體認到，自己必須作為金融體系的最後貸款方。英格蘭銀行讓 Overend Gurney 倒閉，後來卻不得不提供流動現金給其他銀行，支出的金額遠超過拯救 Overend Gurney 所需的費用。英格蘭銀行於二〇一六年七月，一百五十週年行慶之際，於該行的 *Quarterly Bulletin* 發表對於這起危機的分析，https://www.bankofengland.co.uk/-/media/boe/files/quarterly-bulletin/2016/the-demise-of-overendgurney.pdf?la=en&hash=04B001A02BD5ED7B35D4FB3CF1DDC233A1D271BD。

4 就業機會回流美國的趨勢，大約是從二〇一〇年開始，當時原本不斷下降的製造業就業率開始上升。*Industry Week* 於二〇一九年七月分析這項轉變，https://www.industryweek.com/the-

economy/article/22027880/reshoring-was-at-record-levels-in-2018-is-it-enough。

5 澳洲儲備銀行於其所發行的 Bulletin 的二〇一九年三月號，探討貿易重心轉向服務貿易的現象，https://www.rba.gov.au/publications/bulletin/2019/mar/the-international-trade-in-services.html。

6 反對外匯管制最有力的理由，是外匯管制根本無效。英格蘭銀行在其所發行的 *Quarterly Bulletin* 一九六七年九月號，簡短介紹各國的外匯管制措施。英國能阻止英國投資人將錢移轉到其他貨幣，卻無法阻止持有英鎊的外國人將英鎊兌換成其他貨幣。英國拚命維護英鎊的價值，兩個月後，亦即十一月十八日，英鎊卻依然貶值，https://www.bankofengland.co.uk/quarterly-bulletin/1967/q3/the-uk-exchange-control-a-short-history。

7 外國人持有的多倫多分戶共管式公寓的比例僅有百分之六，https://www.cmhc-schl.gc.ca/en/media-newsroom/news-releases/2019/new-insights-non-residentownership-and-participation-bc-ons-housing-markets。

8 到了二〇二一年年中，蘋果與微軟的市值都超過兩兆美元，https://www.cnet.com/news/microsoftjoins-apple-in-2-trillion-market-cap-club/。

9 實質利率為負在歷史上極為罕見。在二十世紀之前，第一次世界大戰與第二次世界大戰之後分別出現負利率。一九七〇年代大通膨期間，也短暫出現過負利率。過去七百年來，唯一出現負利率的時期，是一三四〇年代的黑死病疫情之後，Paul Schmelzing, *Eight centuries of global real interest rates, R-G, and the 'suprasecular' decline, 1311–2018*, Bank of England Staff Working Paper No. 845, 2020: https://www.bankofengland.co.uk/-/media/boe/files/working-paper/2020/eight-centuries-of-global-real-interest-rates-rg-and-the-suprasecular-decline-1311-2018。

10 Eswar Prasad, *Has the dollar lost ground as the dominant international currency?* Brookings Institution, September 2019: https://www.brookings.edu/research/has-the-dollar-lost-groundas-the-dominant-international-currency/。

11 Bloomberg 一個專欄介紹了阿根廷接二連三債務違約的悲慘故事：Ben Bartenstein, Sydney Maki and Marisa Gertz, 'One Country, Nine Defaults: Argentina Is Caught in a Vicious Circle', updated May 2020: https://www.bloomberg.com/news/photo-essays/2019-09-11/one-country-eight-defaults-the-argentine-debacles?sref=IVPqAjWt。

12 一篇文章指出人類史上第一次有半數的人口屬於中產階級，Homi Kharas and Kristofer Hamel, 'A global tipping point: Half the world's population is now middle class or wealthier', 由 Brookings Institution 於二〇一八年九月發表。文章開頭寫道：「一件關乎全球的大事正在發生，世人卻幾乎渾然不覺。以農業為主的文明於一萬年前展開，而在這一萬多年的歷史上頭一回，大多數的人類不再貧窮，也不再容易陷入貧窮。」這篇文章的作者群預測的範圍，是二〇三〇年之前。這本書對於中產階級革命的規模的預測，是依據本書前言所提到的，滙豐計算的人均GDP，https://www.brookings.edu/blog/future-development/2018/09/27/a-global-tipping-point-half-theworld-is-now-middle-class-or-wealthier/。

13 新冠疫情對全球經濟的打擊雖然沉重，而且各地的嚴重程度不一，但比起二十世紀的幾場戰爭，還是小巫見大巫。國際貨幣基金估計，全世界在二〇二〇年的損失，會在二〇二一年年底之前恢復。*World Economic Outlook*, April 2021: https://www.imf.org/en/Publications/WEO/Issues/2021/03/23/world-economic-outlook-april-2021。

第五章：科技飛速發展

1 網路上有不少賈伯斯二〇〇七年推出 iPhone 的影片，值得一看再看，就能體會賈伯斯如何以淺顯的方式，介紹後來確實「改變一切」的 iPhone。這是其中一部影片：https://www.youtube.com/watch?v=x7qPAY9JqE4。

2 美國高等教育的成本從一九八五至一九八六學年，到二〇一七至二〇一八學年，上漲了百分之四百九十七，超過整體通貨膨脹率的兩倍，https://www.forbes.com/sites/zengernews/2020/08/31/

college-tuition-is-rising-at-twice-theinflation-rate-while-students-learn-at-home/?sh=38e7c2652f98。

3 約旦的水供給在二〇〇〇年代初期相當緊繃，當時約旦的人口僅略高於五百萬。到了二〇二〇年，約旦人口增至超過一千萬。https://millenniumindicators.un.org/unsd/ENVIRONMENT/envpdf/pap_wasess4a3jordan.pdf。

4 約旦的每年人均供水量不到一百五十立方公尺，是美國的六十分之一，https://www.nature.com/articles/549142a。

5 英國國家統計局每月發布線上零售銷售（馬達燃料除外）的比例。這個比例從百分之十九，上升到新冠疫情顛峰的超過百分之三十六，又在二〇二一年中期，所有商店都能重新開始營業之際，跌落到百分之二十六，https://www.ons.gov.uk/businessindustryandtrade/retailindustry/timeseries/j4mc/drsi。

6 新冠疫情帶給我們許多教訓，其中之一是線上兒童教學不可能成功。兒童可能不願意上學，正如莎士比亞劇作《皆大歡喜》Jacques 的獨白所言，https://www.poetryfoundation.org/poems/56966/speech-all-the-worlds-a-stage，但兒童長時間不上學，未來可能會長期處於劣勢。

7 一九〇二年創立的 *Popular Mechanics*，長期預測未來的科技發展，還會針對某些預測進行線上民調，網址：https://www.popularmechanics.com/flight/g462/future-that-never-was-next-gen-tech-

concepts/。

8 英國國家統計局發表了英國長期經濟變化的資料，包括自營作業的趨勢。一九四五至一九八〇年這段期間的自營作業比例相對較低，堪稱異常，現在的比例則是持續上升，https://www.ons.gov.uk/economy/nationalaccounts/uksectoraccounts/compendium/economicreview/april2019/longtermtrendsinukemployment1861to2018#employees-and-self-employed-workers。

9 皮尤研究中心長期研究美國以及其他國家的社會及經濟態度，最近發表的一篇文章，總結了美國個人滿意度的研究結果：Patrick Van Kessel, 'How Americans feel about the satisfactions and stresses of modern life' in February 2020: https://www.pewresearch.org/fact-tank/2020/02/05/how-americans-feel-about-the-satisfactions-and-stresses-of-modern-life/。

10 經濟合作暨發展組織於二〇一五年進行一項詳細的研究，*The Labour Share in G20 Economies*, https://www.oecd.org/g20/topics/employment-and-socialpolicy/The-Labour-Share-in-G20-Economies.pdf。

11 Charles Goodhart and Manoj Pradhan, *The Great Demographic Reversal: Ageing Societies, Waning Inequality, and an Inflation Revival* (Palgrave Macmillan, 2020)

12 勞動力在GNP占比不斷下降的情形，很有可能即將改變。一篇論文道出了原因：Charles

Goodhart and Manoj Pradhan, *Demographics will reverse three multidecade global trends*, BIS Working Papers No. 656, 由國際清算銀行於二〇一七年發表。這篇文章後來擴寫成書，見上方註十一。

13 一篇論文清楚分析整個歷史，見 Chris Smith, Brian McGuire, Ting Huang and Gary Yang, *The History of Artificial Intelligence* (University of Washington, 2006): https://courses.cs.washington.edu/courses/csep590/06au/projects/history-ai.pdf。

14 世界大學排名中心二〇一七年發布的排名中，Moorfields Eye Hospital 與倫敦大學學院眼科學研究院，在眼科學研究與教學的世界排名第一，https://www.moorfields.nhs.uk/content/breakthrough-ai-technology-improvecare-patients。

15 二〇二〇年十月的 The Harvard Gazette 收錄的一篇論文，探討人工智慧應用普及可能造成的負面影響：Christina Pazzanase, 'Great promise but potential for peril': https://news.harvard.edu/gazette/story/2020/10/ethicalconcerns-mount-as-ai-takes-bigger-decision-making-role/。

16「ＺＥＴＡ慘敗以雄心萬丈的口號開始，以全然難堪收場。」這是國際熱核融合實驗反應爐計畫（ＩＴＥＲ）發布的文章。國際熱核融合實驗反應爐是在法國南部展開的國際計畫，目的是要打造核融合裝置，以產生淨能：https://www.iter.org/newsline/-/2905。

17 見 John Horgan, 'Brilliant Scientists are Open-Minded about Paranormal Stuff , So Why Not You?',

Scientific American, July 2012: https://blogs.scientificamerican.com/cross-check/brilliant-scientistsare-open-minded-about-paranormal-stuff -so-why-not-you/。

18 Pew Research Center, October 2015: https://www.pewresearch.org/fact-tank/2015/10/30/18-of-americans-say-theyve-seen-a-ghost/。

第六章：政府以及治理將會如何改變

1 皮尤研究中心經常調查各國民主政治的支持度。二〇二〇年二月（亦即在新冠疫情爆發之前）舉行的三十四國民意調查顯示：「一般民眾仍然支持民主政治，但不見得一直強烈擁護民主政治的理想。而且許多民眾對於民主政治的運作感到不滿。」https://www.pewresearch.org/global/2020/02/27/democratic-rightspopular-globally-but-commitment-to-them-not-always-strong/。

2 國際貨幣基金接連發表的《世界經濟展望》報告，提供不同時期的世界經濟表現的比較資料，以及已開發國家與新興國家經濟表現的比較資料，https://www.imf.org/en/Publications/WEO/Issues/2021/03/23/world-economic-outlook-april-2021。

3 見 Hal Varian, https://www.aei.org/economics/googlenomics-along-read-qa-with-chief-economist-hal-varian/, 以及 *A microeconomist looks at productivity*。

4 希拉蕊・柯林頓絕對不是唯一一位貶低不支持自己的選民的政治人物。全國公共廣播電台以無關政治的角度，說明這句話為何會引發軒然大波：https://www.npr.org/2016/09/10/493427601/hillaryclintons-basket-of-deplorables-in-full-context-of-this-ugly-campaign。

5 雖然，或者應該說因為，挪威並非歐盟會員國，因此挪威的諾貝爾委員會將諾貝爾和平獎頒給歐盟，https://www.nobelprize.org/prizes/peace/2012/summary/。

6 柏林圍牆果然在兩年後倒下。雷根基金會保存了這場演說的錄影：https://www.youtube.com/watch?v=5MDFX-dNtsM。

7 根據經濟合作暨發展組織資料，芬蘭是最受信任的民主國家之一，https://www.oecd.org/gov/understanding-the-drivers-oftrust-in-government-institutions-in-finland-52600c9e-en.htm。

8 政治人物即使做出不受歡迎的決策，仍將得到選民支持。這是歐盟執委會一篇探討歐洲經濟的論文所提出的觀點：Marco Buti, Alessandro Turrini, Paul Van den Noord and Pietro Biroli, *Defying the 'Juncker Curse': Can Reformist Governments Be Re-elected?*, European Commission, Rodolfo Debenedetti Foundation, May 2008: https://ec.europa.eu/economy_finance/publications/pages/publication12586_en.pdf。

9 世界衛生組織成立了一個獨立小組，負責考核世界衛生組織的績效。該小組指出，世界衛生組織應該更早宣布疫情，而且各國政府與世界衛生組織的因應之道簡直是「有毒的混合物」，https://theindependentpanel.org/wp-content/uploads/2021/05/COVID-19-Make-it-the-Last-Pandemic_fi nal.pdf。

10 見 Ben Bartenstein, Sydney Maki and Marisa Gertz, *One Country, Nine Defaults*, https://www.bloomberg.com/news/photoessays/2019-09-11/one-country-eight-defaults-the-argentinedebacles?sref=IVPqAjWt。

11 見 *ESG Reports and Ratings: What They Are, Why They Matter*, The Harvard Law School Forum on Corporate Governance, July 2017: https://corpgov.law.harvard.edu/2017/07/27/esgreports-and-ratings-what-they-are-why-they-matter/。

12 英國的「無平台」運動始於一九七〇年代。見 Dr Evan Smith, 'A Policy Widely Abused: The Origins of the"No Platform" Policy of the National Union of Students, *History & Policy* , 2016. https://www.historyandpolicy.org/opinion-articles/articles/a-policy-widely-abused。

13 見 Homi Kharas and Kristofer Hamel, *A global tipping point*: https://www.brookings.edu/blog/future-development/2018/09/27/a-global-tipping-point-half-theworld-is-now-middle-class-orwealthier/。

14 山繆・杭亭頓的文章《文明衝突論》於一九九三年首度發表於 Foreign Affairs，後於一九九五年擴寫成書。這篇文章極具影響力，呼應當時各界對於西方承受的壓力的擔憂。二〇一三年，*Foreign Affairs* 進行回溯研究，說明這篇文章誕生的經過，並分析文章哪些地方有道理，哪些地方不正確，https://www.foreignaff airs.com/system/files/c0007.pdf。

15 *The Future of World Religions: Population Growth Projections, 2010-2050: Why Muslims Are Rising Fastest and the Unaffiliated Are Shrinking as a Share of the World's Population*: https://www.pewforum.org/2015/04/02/religious-projections-2010-2050/。

第七章：美洲

1 大多數國家的生育率，因為新冠疫情而降低，但最好還是先以聯合國二〇一九年的預測為準，直到疫情的影響明朗為止，https://population.un.org/wpp/Publications/Files/WPP2019_Highlights.pdf。

2 如果皮尤研究中心的預測正確，美國的工作年齡人口的比例只會略為下降，代表美國的經濟規模，大於聯合國的估算，https://www.pewresearch.org/hispanic/2008/02/11/us-population-projections-2005-2050/。

3 醫療在GDP占比的成長，大約從二〇一〇年開始呈現平穩。二〇一八年，醫療占政府支出百分之二十四。Ryan Nunn, Jana Parsons and Jay Shambaugh, *A dozen facts about the economics of the US healthcare system*, Brookings, 2020: https://www.brookings.edu/research/adozen-facts-about-the-economics-of-the-u-s-health-care-system/。

4 見 Patrick T. Ryan and Thomas H. Lee, 'Patients Are Giving High Marks to U.S. Health Care Providers During the Crisis', *Harvard Business Review*, May 2020: https://hbr.org/2020/05/patients-aregiving-high-marks-to-u-s-health-care-providers-during-the-crisis。

5 「功績體制」一詞由 Michael Young 發明，後來成為 Lord Young of Dartington 的他，在一九五八年的諷刺作品 *The Rise of the Meritocracy 1870 – 2033* 首度提及此詞。這個詞在他的作品中是貶義，後來卻演變成一種政治理想，特別是東尼・布萊爾曾說：「我要的是功績體制，不是最適者生存。」https://www.independent.co.uk/voices/commentators/i-wantmeritocracy-not-survival-fittest-5365602.html。

6 Daniel Markovits, *The Meritocracy Trap: How America's Foundational Myth Feeds Inequality, Dismantles the Middle Class and Devours the Elite* (Penguin Random House, 2020): https://www.penguinrandomhouse.com/books/548174/the-meritocracy-trap-by-daniel-markovits/。

7 Anne Case and Angus Deaton, *Deaths of Despair and the Future of Capitalism* (Princeton University

Press, 2020)。

8 美國對於新冠疫情的回應，可能將整個美國推向重視集體責任更甚於個人選擇。疫苗接種是個很重要的指標。美國的疫苗接種相對成功，代表美國人在疫苗接種方面的集體責任意識很強烈，https://www.cnbc.com/2021/07/30/us-covid-vaccine-rates-delta-variant.html。

9 最高的是 Los Cabos，每十萬人就有超過一百一十起他殺案。排名前十的其他墨西哥城市包括 Acapulco、Tijuana、La Paz 以及 Ciudad Victoria，https://www.statista.com/statistics/243797/ranking-of-the-most-dangerous-cities-in-the-world-by-murder-rateper-capita/。

10 在一九六〇年代以及一九七〇年代初期，委內瑞拉的人均GDP大約維持在美國的百分之八十。資料來自 Maddison Historical Statistics Project，摘自 Diego Restuccia, *The Case of Venezuela*, Working Paper, Becker Friedman Institute, University of Chicago, 2019: https://bfi.uchicago.edu/wp-content/uploads/The-Case-of-Venezuela_2.pdf。

第八章：歐洲

1 國際透明組織每年統計民眾感覺的貪腐程度。二〇二〇年，紐西蘭與丹麥最低，接下來是芬蘭、新加坡、瑞士以及瑞典。調查的一百七十九國當中，西班牙排名第三十二，義大利排名第五十二，希臘排名第五十九，https://www.transparency.org/en/cpi/2020/index/nzl。

2 二〇二〇年，歐盟執委會宣布推出七千五百億歐元的復原計畫，名為 NextGenerationEU，旨在協助會員國恢復受到新冠疫情重創的經濟。目前並不清楚這項計畫是否如某些人所言，要將歐洲的債務共同化。歐盟執委會否認這項傳言。截至二〇二一年年中，這項計畫仍在進行中，https://ec.europa.eu/commission/presscorner/detail/en/AC_21_3028。

3 布魯塞爾歐洲暨全球經濟研究院論文的作者群「主張現有的與歐盟之間的夥伴關係模式，沒有一個適合英國。他們建議一種新形態的合作，一種與歐陸的夥伴關係，深厚程度遠不如歐盟會員國身份，但比單純的自由貿易協定緊密。」Jean Pisani-Ferry, Norbert Röttgen, André Sapir, Paul Tucker and Guntram Wolff , *Europe after Brexit: A proposal for a continental partnership*, Bruegel, August 2016: https://www.bruegel.org/2016/08/europeafter-brexit-a-proposal-for-a-continental-partnership/。

4《大西洋憲章》是由邱吉爾與美國總統羅斯福，於一九四一年八月十四日簽訂，正式開啟英國與美國之間的軍事合作，https://www.nato.int/cps/en/natohq/official_texts_16912.htm。情報合作的談判於二月展開，當時布萊切利園的主管 Alastair Dennison 接待四名美國情報官員。這是一連串會面的第一場，後來演變成五眼聯盟：https://www.bbc.co.uk/news/uk-56284453。五眼聯盟持續發展。澳洲外交部長 Marise Payne 於二〇二〇年表示，五眼聯盟於二〇一九年討論拓展合作範圍，除了共享情報之外，也要在關鍵科技、香港問題、供應鏈，以及新冠疫情方面合作。紐西蘭反對擴張五眼聯盟的功能：https://www.reuters.com/world/china/new-zealand-says-uncomfortable-withexpanding-five-eyes-2021-04-19/。

5 *New Statesman*, 29 January 2020: https://www.newstatesman.com/politics/uk/2020/01/over-next-decade-existential-questions-aboutmonarchy-will-have-be-answered。

6 愛爾蘭政府明確定義《貝爾法斯特協議》的不同要素。與未來公投有關的段落是：「在《貝爾法斯特協議》簽訂之前，愛爾蘭憲法主張北愛爾蘭為愛爾蘭共和國之領土。但依據公投通過的新規定，雖然愛爾蘭共和國堅決追求愛爾蘭島的統一，然而唯有北愛爾蘭與愛爾蘭共和國的多數人民以民主方式表達同意，方能統一。」https://www.citizensinformation.ie/en/government_in_ireland/ireland_and_the_uk/good_friday_agreement.html。

7 Ray Bassett, *Ireland and the EU Post Brexit* (Grangeland Ventures, 2020): https://www.waterstones.com/book/ireland-and-the-eu-post-brexit/ray-bassett/9781838039707。

8「祖先的聲音」成為他所寫的小冊子的書名，*Ancestral Voices: Religion and Nationalism in Ireland* (University of Chicago Press, 1994): https://press.uchicago.edu/ucp/books/book/chicago/A/bo3623618.

html。

9 二〇一五年，德國總理梅克爾面臨尋求入境德國的大批移民，說出一句名言：「我們做得到。」她承認移民需要很長時間才能融入德國社會。哈佛大學甘迺迪學院將此作為案例研究：https://case.hks.harvard.edu/wir-schaffen-das-angela-merkel-and-germanysresponse-to-the-refugee-crisis-in-europe/。

10 法語國家組織有兩層意思。一層是指五大洲三億說法語的人口，另一層則是自一九七〇年開始，提倡法語以及法語人口的政治、教育、經濟，以及文化合作的組織，https://www.francophonie.org/francophonie-brief-1763。

11 非法語人口可能覺得奇怪，政治嚴重動盪的三十年，竟然稱為「光榮三十年」。但正如德國與法國所謂的經濟奇蹟，代表的是西歐在二次世界大戰後逐漸恢復，那種如釋重負的感覺。見Nicholas Crafts and Gianni Toniolo, *'Les Trente Glorieuses': From the Marshall Plan to the Oil Crisis* (Oxford University Press, 2012): https://www.oxfordhandbooks.com/view/10.1093/oxfordhb/9780199560981.001.0001/oxfordhb-9780199560981-e-18。

12 瑞士與歐盟之間關於未來關係的談判，於二〇二一年五月破裂，https://www.bruegel.org/2021/05/what-swissvoters-expect-to-happen-next-after-eu-talks-fail/。

13 東色雷斯是土耳其位於歐洲的領土，占土耳其土地面積的百分之三，占土耳其總人口的百分之十四，https://en.wikipedia.org/wiki/East_Thrace#:~:text=East%20Thrace%20has%20an%20area,2%20for%20Asiatic%20Turkey%2C%20which。

第九章：亞洲

1 有關中國為何決心革除百年國恥的種種弊端的精采分析，見 Matt Shiavenza, 'How Humiliation Drove Modern Chinese History', *The Atlantic*, October 2013: https://www.theatlantic.com/china/archive/2013/10/how-humiliation-drove-modern-chinese-history/280878/。

2 中國國家主席習近平於二〇二〇年九月宣示，中國要在二〇六〇年之前實現碳中和，https://www.bbc.co.uk/news/science-environment-54256826。

3 根據聯合國對於中國人口的主要預測，中國人口在二一〇〇年仍將超過十億。這個數字可能太高。The Lancet 研究二一〇〇年前全球人口趨勢以及其對經濟的影響。這項新研究對於中國人口的所有預測，都顯示中國人口將在二〇七〇年代跌破十億。'Fertility, mortality, migration, and population scenarios for 195 countries and territories from 2017 to 2100: a forecasting analysis for the Global Burden of Disease Study', Prof Stein Emil Vollset, DrPH et al., *The Lancet*, July 2020: https://

www.thelancet.com/article/S0140-6736 (20)30677-2/fulltext。

4 Christian Nordqvist, 'The Origins of The Black Death Traced Back To China, Gene Sequencing Has Revealed', *Medical News Today* , November 2010: https://www.medicalnewstoday.com/articles/206309#1。

5 *The Lancet* 的人口研究（見前註 3）預測，到了二一〇〇年，美國會重返世界最大經濟體的寶座，在本世紀末超越中國。

6 Lev Nachman, Nathan Kar Ming Chan and Chit Wai John Mok, 'Hong Kongers Say Taiwan Is Their First Choice As Exile Looms', *Foreign Policy* , July 2020: https://foreignpolicy.com/2020/07/08/hong-kong-exile-taiwan-first-choice/。

7 前百分之一以及前百分之十的印度人的稅前所得占比，在一九九〇至二〇一〇年間激增，但之後增加的幅度似乎不大，https://wid.world/country/india/。

8 日本向內發展的指標之一，是日本學生海外留學的人數減少。這項人數在二〇〇四年創下八萬三千人的顛峰，後來卻降至六萬人以下，https://thediplomat.com/2021/06/japans-youth-lack-interest-in-studyingabroad-thats-a-problem-for-japanese-businesses/。

9 世界銀行於二〇一八年推出人力資本計畫，衡量勞動力的技術水準，並研究如何透過更好的教育、醫療等方式，提升勞動力的技術：https://www.worldbank.org/en/publication/human-capital。

10 世界銀行的各國研究以客觀平衡的角度，衡量各國的經濟成長：https://www.worldbank.org/en/country/vietnam/overview。

11 二〇一六年，位於海牙的國際仲裁法庭宣判，中國宣稱擁有南海主權，並無法律依據，https://www.nytimes.com/2016/07/13/world/asia/southchina-sea-hague-ruling-philippines.html。

第十章：非洲與中東

1 資料來源：World Population Review。奈及利亞的北方鄰國尼日，二〇二〇年的中位數年齡更低，為十四．八歲，為全球最低，https://worldpopulationreview.com/country-rankings/median-age。

2 根據世界銀行資料，撒哈拉以南的非洲的預期壽命中位數，在一九六〇年僅僅是四十出頭。一九八九年則是超過五十。後來略有下降，直到二〇〇一年開始回升。二〇一九年是將近六十二，https://data.worldbank.org/indicator/SP.DYN.LE00.IN?locations=ZG。

3 布萊爾與格達費歷史性的握手，結束了西方與利比亞之間三十年來的零交流，https://www.theguardian.com/world/2004/mar/25/libya.politics。

4 賽義夫·格達費於二〇一〇年五月，在倫敦政經學院發表拉爾夫米利班德講座。拉爾夫·米利班德系列講座，是以大衛以及艾德·米利班德的父親命名。大衛是前英國首相戈登·布朗內閣的外交大臣，艾德則是英國工黨的前任黨魁，https://www.bbc.co.uk/news/uk-england-london-12659391。

5 埃及、蘇丹，以及衣索比亞最近的爭議，是衣索比亞復興大壩。爭議的重點是大壩蓄水，以青尼羅河的水發電。聯合國安理會於二〇二一年七月討論這個問題：https://www.bbc.co.uk/news/world-africa-53432948。

6 BBC製作的丹尼爾·巴倫波因的 Reith Lecture 演說內容逐字稿：http://downloads.bbc.co.uk/rmhttp/radio4/transcripts/20060428_reith.pdf。

第十一章：澳洲、紐西蘭與太平洋

1 嚴格說來，大洋洲僅含太平洋西南方這四分之一區塊上的陸地，並不是太平洋本身。洲指的是陸地，而非海洋。但太平洋對於世界的未來極為重要，因此無法忽視，https://www.britannica.com/place/Oceania-region-Pacific-Ocean。

2 澳洲政府設置了一個網站，提供資訊「以因應澳洲自然資源管理部門的規畫需求，並提供氣候適應程序所需的資訊」，https://www.climatechangeinaustralia.gov.au/en/overview/about-site/。

3 關於紐西蘭對抗疫情的分析，見 Alexis Robert, 'Lessons from New Zealand's COVID-19 Outbreak Response', *The Lancet* , October 2020。

4 見 Dr Jamie Schutler and Professor Andy Watson, Guest post: 'The oceans are absorbing more carbon than previously thought', *Carbon Brief* , September 2020: https://www.carbonbrief.org/guest-post-theoceans-are-absorbing-more-carbon-than-previously-thought。

5 通用海洋水深圖發布該項計畫的最新進度報告：https://www.gebco.net/。

第十二章：影響未來世界的重要議題：恐懼、希望、判斷

1 我在二〇二一年寫作之際，尚無法判斷新冠疫情對於中美關係的長期影響，尤其是在病毒的來源尚未明朗的時候。但絕對不可能是正面的。問題在於是略為負面，還是嚴重負面。

2 認知偏誤在高等教育尤其明顯，至少在陷入困境的學術單位是如此。見 Sebastian Wraight, C. K. Gunsalus and Nicholas Burbules, 'Understanding and Navigating Cognitive Biases', *Inside Higher Ed*, September 2018: https://www.insidehighered.com/advice/2018/09/26/cognitive-biases-are-workmany-troubled-academic-departments-opinion。

3 Janna Anderson and Lee Rainie, 'The Future of Truth and Misinformation Online', Pew Research Center, October 2017: https://www.pewresearch.org/internet/2017/10/19/the-future-of-truth-and-misinformation-online/。

4 'Why Obama Fears for Our Democracy'. Interview in *The Atlantic*, November 2020: https://www.theatlantic.com/ideas/archive/2020/11/why-obama-fears-for-our-democracy/617087/。

5 這句話有時被濃縮成「民主政治是除了其他所有形式的政府之外，最糟糕的政府……」省略了「據說」。演說是在一九四七年十一月舉行，https://winstonchurchill.org/resources/quotes/the-worst-form-of-government/。

6 中國政府認為中國人口將在二〇二九年開始下降。但也許會更早。https://www.reuters.com/article/us-china-population-idUSKCN1OZ08A。

7 發表於 *The Lancet* 的人口研究的主要估計顯示，英國在二一〇〇年的人口將會達到七千一百四十五萬，為歐洲最高。其次是法國六千七百一十五萬，以及德國六千六百四十二萬。見'Fertility, mortality, migration, and population scenarios', Vollset et al., The Lancet : https://www.thelancet.com/article/S0140-6736(20)30677-2/fulltext。

8 喬治華盛頓的《告別演說》是集體作品，James Madison 貢獻了初稿，Alexander Hamilton 大幅改寫，最後由華盛頓定稿。https://www.mountvernon.org/library/digitalhistory/digital-encyclopedia/article/george-washington-s-farewell-address/。

9 格陵蘭二〇二一年的人口為五萬七千，因此格陵蘭一九八二年脫離歐盟的影響極其有限。https://www.thenewfederalist.eu/23rd-febru ary-1982-the-day-greenland-left-theeuropean-union?lang=fr#:~:text=On%202 3rd%20February%201982%2C%20Greenland,times%20the%20size%20of%20Germ any。

10 馬雲於二〇一九年一月於達佛斯舉辦的世界經濟論壇，呼籲各界徹底重新思考全球化應如何運作，涵蓋的範圍才能更廣，https://www.weforum.org/agenda/2019/01/jack-masplans-to-reform-globalization-from-the-bottom-up-heres-how/。

11 ＢＢＣ關於馬雲在二〇二〇年底銷聲匿跡的一篇報導值得參考：https://www.bbc.co.uk/news/technology-56448688。

12 古騰堡計畫網站收錄達爾文《物種起源》的電子書：https://www.gutenberg.org/files/1228/1228-h/1228-h.htm。

中英名詞對照表

人物

山繆·杭亭頓　Samuel Huntington
丹尼爾·巴倫波因　Daniel Barenboim
丹尼爾·馬可維茨　Daniel Markovits
巴布·狄倫　Bob Dylan
戈登·布朗　Gordon Brown
戈登·蓋柯　Gordon Gekko
史蒂芬·平克　Steven Pinker
尼古拉斯·馬杜洛　Nicolás Maduro
尼古拉斯·斯特恩　Nicholas Stern
布萊爾　Tony Blair
伊隆·馬斯克　Elon Musk
吉姆·奧尼爾　Jim O'Neill
安格斯·迪頓爵士　Sir Angus Deaton
安格斯·麥迪森　Angus Maddison
安·凱斯　Anne Case
艾弗德·馬歇爾　Alfred Marshall
艾倫·圖靈　Alan Turing
艾瑪·拉撒路　Emma Lazarus
西爾萬·高德曼　Sylvan Goldman
亨利·福特　Henry Ford
佛朗哥將軍　General Franco
希拉蕊·柯林頓　Hillary Clinton
尚—巴蒂斯特·柯爾貝　Jean-Baptiste Colbert
尚—克勞德·榮克　Jean-Claude Juncker
尚恩·富拉斯蒂埃　Jean Fourastié
法蘭西斯·福山　Francis Fukuyama
阿馬蒂亞·森　Amartya Sen

雨果 Victor Hugo
哈爾・范里安 Hal Varian
查爾斯・古德哈特 Charles Goodhart
科菲・安南 Kofi Annan
約翰・辛克萊爵士 Sir John Sinclair
唐諾・霍恩 Donald Horne
夏洛克 Shylock
格達費 Muammar Gaddafi
格蕾塔・童貝里 Greta Thunberg
海倫・湯普森 Helen Thompson
馬諾伊・普拉丹 Manoj Pradhan
康納・克魯斯・奧布賴恩 Conor Cruise O'Brien
莫迪 Narendra Modi
傑弗里・布萊尼 Geoffrey Blainey
凱倫・華德 Karen Ward
勞勃・梭羅 Robert Solow
勞勃・穆加比 Robert Mugabe
提姆・柏內茲-李 Tim Berners-Lee
雷・巴塞特 Ray Bassett
漢斯・羅斯林 Hans Rosling
維克多・奧班 Viktor Orbán
賽義夫・格達費 Saif al-Islam Gaddafi
羅伯特・巴羅 Robert Barro
羅伯特・戈登 Robert J. Gordon

地點

太平洋邊緣區 Pacific Rim
巴斯克 Basque
比哈爾邦 Bihar
加里曼丹 Kalimantan
卡拉奇 Karachi

布拉馬普特拉河　Brahmaputra
瓦爾迪維亞　Valdivia
休達　Ceuta
艾文斯頓　Evanston
伯斯　Perth
亞得里亞海　the Adriatic
坦博拉火山　Mount Tambora
拉哥斯　Lagos
昔得蘭群島　Shetland
東色雷斯　East Thrace
林道市　Lindau
果亞邦　Goa
的黎波里　Tripoli
直布羅陀　Gibraltar
阿克拉　Accra
恆河　Ganges

海峽群島　Channel Islands
馬利　Mali
馬里亞納海溝　Mariana Trench
基督城　Christchurch
曼島　Isle of Man
梅克納河　Meghna
梅利利亞　Melilla
清奈　Chennai
奧克尼群島　Orkney
愛德蒙頓　Edmonton
聖保羅　São Paulo
達卡　Dhaka
達佛斯　Davos
維蘇威火山　Vesuvius
墨累—大令盆地　Murray-Darling River Basin
環太平洋火山帶　Ring of Fire

薩赫爾　Sahel

鹹海　Aral Sea

機構和團體

五眼聯盟　Five Eyes

巴西石油　Petrobras

日本財團　Nippon Foundation

日產汽車　Nissan

世界大學排名中心　Centre for World University Rankings

世界資源研究所　World Resources Institute

北大西洋自由貿易區　North Atlantic Free Trade Area

北岩銀行　Northern Rock

布萊切利園　Bletchley Park

布魯塞爾歐洲暨全球經濟研究院　Bruegel

本田　Honda

皮尤研究中心　Pew Research

全國公共廣播電臺　National Public Radio

沙烏地阿拉伯國家石油公司　Saudi Aramco

法語國家組織　La Francophonie

空中巴士　Airbus

金磚國家開發銀行　BRICS Development Bank

保時捷　Porsche

美國步槍協會　National Rifle Association

美國國家經濟研究局　National Bureau of Economic Research

倫敦動物學會　Zoological Society of London

格羅寧根大學　University of Groningen

海外國家與區域聯盟　Overseas Country and Territory

國民聯盟　National Front

國際特赦組織 Amnesty International
國際清算銀行 Bank for International Settlements
國際透明組織 Transparency International
國際猩猩基金會 Orangutan Foundation
捷豹路虎 Jaguar Land Rover
現代汽車 Hyundai-Kia
移民研究中心 The Center for Immigration Studies
麥肯錫全球研究所 McKinsey Global Institute
富豪汽車 Volvo
華沙公約組織 Warsaw Pact
菲利普斯埃克塞特學院 Phillips Exeter Academy
塔塔集團 Tata
新開發銀行 New Development Bank
雷根基金會 Reagan Foundation
雷曼兄弟 Lehman Brothers
維謝格拉德集團四國 Visegrad Four
摩菲爾德眼科醫院 Moorfields Eye Hospital
歐洲煤鋼共同體 European Coal and Steel Community
聯合國政府間氣候變化專門委員會 Intergovernmental Panel on Climate Change
羅伯特舒曼基金會 Robert Schuman Foundation
蘇黎世聯邦理工學院 ETH Zurich

其他

《二〇二〇的世界》 *The World in 2020*
《大西洋》 *The Atlantic*
《大西洋憲章》 *Atlantic Charter*

《文明衝突論》 *The Clash of Civilizations*

《世界經濟：千禧年觀點》 *The World Economy: A Millennial Perspective*

《光榮三十年》 *Les Trente Glorieuses*

《我們本性中的善良》 *The Better Angels of Our Nature*

《貝爾法斯特協議》 *Good Friday Agreement*

《美國成長的崛起與衰退》 *The Rise and Fall of American Growth*

《英國脫歐後的愛爾蘭與歐盟》 *Ireland and the EU Post Brexit*

《英語民族史》 *A History of the English-speaking Peoples*

《氣候變遷經濟學：斯特恩報告》 *The Economics of Climate Change: The Stern Review*

《真確：扭轉十大直覺偏誤，發現事情比你想的美好》 *Factfulness*

《麻省理工科技評論》 *MIT Technology Review*

《絕望死與資本主義的未來》 *Deaths of Despair and the Future of Capitalism*

《菁英體制的陷阱：社會菁英為何成為威脅平等正義、助長貧富不均，甚至反噬自己的人民公敵？》 *The Meritocracy Trap*

《歷史之終結與最後一人》 *The End of History and the Last Man*

「時代在變」 The Times They Are A-Changin

「責任投資原則」 Principles for Responsible Investment

「黑人的命也是命」 Black Lives Matter

「與金磚四國共同築夢：邁向二〇五〇年之路」 Dreaming with BRICs: The Path to 2050

人力資本計畫　Human Capital Project
工廠回流　reshoring
巴勒維王朝　Pahlavi dynasty
世界幸福報告　World Happiness Report
布列頓森林固定匯率制度　Bretton Woods fixed exchange rate system
本地生產　onshoring
印地語　Hindi
里斯講座　Reith Lectures
油峰　peak oil
美國優越論　American exceptionalism
馬歇爾計畫　Marshall Plan
核融合　nuclear fusion
國際海洋生物普查　Census for Marine Life
通用海洋水深圖　General Bathymetric Chart of the Oceans

麥迪森計畫　Maddison Project
絕望至死　deaths of despair
進步恐懼症　progressophobia
愛爾蘭蓋爾語　Irish Gaelic
榮克困境　Juncker dilemma
歐陸夥伴關係　Continental Partnership
確認偏誤　confirmation bias
選型交配　assortative mating
薩拉托加之役　Battle of Saratoga
蘇格蘭蓋爾語　Scottish Gaelic

2050全球政治經濟新局勢

人口結構、天然資源、貿易、科技、政治將如何塑造我們下一代人的世界

作者　哈密斯・麥克雷（Hamish McRae）
譯者　龐元媛
主編　劉偉嘉
校對　魏秋綢
排版　謝宜欣
封面　萬勝安
社長　郭重興
發行人兼出版總監　曾大福
出版　真文化／遠足文化事業股份有限公司
發行　遠足文化事業股份有限公司
地址　231 新北市新店區民權路 108 之 2 號 9 樓
電話　02-22181417
傳真　02-22181009
Email　service@bookrep.com.tw
郵撥帳號　19504465 遠足文化事業股份有限公司
客服專線　0800221029
法律顧問　華陽國際專利商標事務所　蘇文生律師
印刷　成陽印刷股份有限公司
初版　2022年11月
定價　560元
ISBN　978-626-96591-1-1

國家圖書館出版品預行編目 (CIP) 資料

2050 全球政治經濟新局勢：人口結構、天然資源、貿易、科技、政治將如何塑造我們下一代人的世界／哈密斯・麥克雷 (Hamish McRae) 著；龐元媛譯.
-- 初版. -- 新北市：真文化出版，遠足文化事業股份有限公司發行，2022.11
面；公分 --（認真職場；23）
譯自：The world in 2050 : how to think about the future
ISBN 978-626-96591-1-1（平裝）
1. CST: 趨勢研究 2. CST: 未來社會
541.49　　111016333